多元文化视角下的英语教学研究

李 琴 著

中国原子能出版社

图书在版编目（CIP）数据

多元文化视角下的英语教学研究 / 李琴著. -- 北京：中国原子能出版社，2019.8（2021.9重印）

ISBN 978-7-5022-9970-5

Ⅰ. ①多… Ⅱ. ①李… Ⅲ. ①英语－教学研究－高等学校 Ⅳ. ①H319.3

中国版本图书馆 CIP 数据核字（2019）第 180490 号

多元文化视角下的英语教学研究

出版发行 中国原子能出版社（北京海淀区阜成路 43 号 100048）

责任编辑 杨晓宇

责任印制 潘玉玲

印　　刷 三河市明华印务有限公司

经　　销 全国各地新华书店

开　　本 787 毫米 ×1092 毫米 1/16

印　　张 10.375　　字　　数 214 千字

版　　次 2019 年 8 月第 1 版

印　　次 2021年 9 月第 2 次印刷

标准书号 ISBN 978-7-5022-9970-5　　定　　价 58.00 元

网　　址：http://www.aep.com.cn　　E-mail: atomep123@126.com

发行电话：010-68452845　

前　言

随着经济和技术的飞速发展，我们正处在一个全球化的时代，世界各国在政治、经济、文化等领域的交流达到了一个空前的广度与深度。与此同时，文化多元化也已成为不可逆转之势。如何在多元文化发展的大环境下，更好地进行大学英语教学，培养出大批的优秀外语人才，是摆在英语教学工作者面前的艰巨任务。纵观我国的英语教学研究，还主要停留在所谓的语言差异与文化差异的分析上，缺乏对“多元文化”这一全新理念的深入探究。有鉴于此，笔者精心撰写了《多元文化视角下的大学英语教学研究》一书。本书充分把握时代的发展特征，立足于更广阔的多元文化视角，在继承传统的基础上充分吸收最新的理论研究与成果，不仅涵盖了丰富的英语教学理论知识，还将其与多元文化有机结合，多维论述、视角新颖，希望能对大学英语教学进一步的研究起到抛砖引玉的作用。

本书共分为七章。第一章系统地介绍了文化与多元文化的有关内容以及多元文化教育等，为后面各章节的展开提供了研究背景。第二章将多元文化理念与英语教学相结合，主要探讨了目前我国英语教学现状、多元文化对英语教学的影响以及在多元文化视角下英语教学改革的方向等内容。第三章至第七章从英语听、说、读、写、译等五个方面分析英语教学现状，研究教学策略，对多元文化视角下的英语听、说、读、写、译教学进行了详细的探究。

本书在撰写过程中参阅了大量相关的文献资料，在书后已经一一列出，再次对相关作者表示衷心的感谢。由于时间和水平有限，书中不妥之处在所难免，恳请广大读者批评指正。

目　录

第一章　文化与多元文化

第 1 节　文化概述

何谓文化？从最广泛的意义上来说，文化是指人化的自然，即人类通过思考所创造的一切。具体来说，文化是人类存续发展中对外在物质世界和自身精神世界的不断作用及其引起的变化。文化是人类生活的反映、活动的记录、历史的沉积；文化是人们对生活的需要和要求、理想和愿望；文化是人们认识自然和思考自己的行为。下面就对文化的概念及特征、分类及功能进行研究。

一、文化的概念及特征

（一）文化的概念

关于文化的定义，各位学者、专家的观点可谓是见仁见智。据统计，现已存在的关于文化的定义已经有 200 多种，这里先就其中较有代表性的定义进行分析。

1. 文化一词的来源

古汉语中的“文化”和现在的“文化”有着不同的含义。汉代的《说苑 . 指武》中第一次记载了该词，指出：“文化不改，然后加诛。”这里的“文化”与“武功”相对，有文治教化的意义，表达的是一种治理社会的方法和主张。

我国《辞海》指出，广义的文化是指人类社会历史实践过程中所创造的物质财富以及精神财富的总和；狭义的文化是指社会的意识形态以及与之相适应的制度以及组织机构。

culture 一词来源于拉丁文 cultura，是“耕种、居住、保护和崇拜”的意思。它曾经的意思是“犁”，指的是过程、动作，后来引申为培养人的技能、品质。然后到了18世纪，该词又进一步转义，表示“整个社会里知识发展的普遍状态”“心灵的普遍状态和习惯”和“各种艺术的普遍状态”。

2. 近现代学者的见解

英国人类学家爱德华・泰勒（Edward Burnett Tylor）对文化所下的定义可以算作文化定义的起源，是一种经典性的定义，被学术界普遍接受和认同。19 世纪 70 年代，他出版了《原始文化》一书。他在该书中指出，从广泛的民族学意义来讲，文化是一个复合整体，包括了知识、信仰、艺术、道德、法律、习俗以及作为一个社会成员的人所习得的其他一切能力和习惯。

萨姆瓦（Larry A.Samovar）等人是研究有关交际问题的学者，他们对文化下的定义概括起来就是：文化是经过前人的努力而积累、流传下来的知识、经验、信念、宗教以及物质财富等的总体。文化暗含在语言、交际行为和日常行为中。

莫兰（Moran，2004）认为文化是人类群体不断演变的生活方式，包含一套共有的生活实践体系，这一体系基于一套共有的世界观念，关系到一系列共有的文化产品，并置于特定的社会情境之中。其中，文化产品是文化的物理层面，是由文化社群以及文化个体创造或采纳的文化实体；文化个体的所有文化实践行为都是在特定的文化社群中发生的；文化社群包括社会环境和群体。

美国社会学家伊恩·罗伯逊（Lan Robertson）从社会学的角度对文化做了界定，他认为文化包括大家享有的物质的和非物质的全部人类社会产品。

张岱年和程宜山指出，文化是人类在处理其与客观现实的关系时所采取的行为和思维方式及其所创造出来的一切成果，是活动方式与活动成果的辩证统一。

金惠康指出，文化是生产方式、生活方式、价值观念以及社会准则等构成的复合体。

总的来讲，文化可以分为广义和狭义两种类型，具体含义如下。

（1）广义的文化是人类从事物质生产活动和精神生产活动时所创造的一切成果。从这个意义上讲，文化实际是人类通过改造自然和社会而逐步实现自身价值观念的过程。

（2）狭义的文化是指精神创造活动及其结果。美国《哥伦比亚百科全书》指出，文化是在社会中习得的一整套价值观、信念和行为规则。

（二）文化的特征

1. 动态的可变性

文化的稳定性是相对的，而可变性却是绝对的。文化的可变性具有内在和外在两种原因。

文化可变性的内在原因：文化是为了满足人类生存需要而采取的手段，文化随着生存条件的变化而变化。在人类文化史中，因为科技的发展导致了人们思想和行为的变化，所以重大的发明和发现都推动着文化的变迁。

文化可变性的外在原因：文化传播或者文化碰撞可能使得文化内部要素发生“量”的变化，“量”的变化也可能促使“质”的变化。社会的发展，以及国家、民族之间在经济和政治方面的频繁沟通、交流，都使文化不断碰撞乃至发生变化。例如，佛教的传入导致了中国传统文化的变化；儒家思想等也导致了东南亚文化的变化。

物质形态的文化比精神形态的文化变化得更快、更多。例如，发生在衣、食、住、行等方面的变化要比信仰、价值观等方面的变化更加明显。随着改革开放的不断推进，人们的衣、食、住、行等“硬件”都发生了巨大的变化，但是“软件”方面的变化并不明显。文化定势决定了中国人对西方文化的接受度是非常有限的，“同国际接轨”的多数属于文化结构的表层，而深层文化的差异永远存在。

2. 交际的符号性

文化是通过符号加以传授的知识，任何文化都是一种符号的象征，也是人们的思维和行为方式的象征。人类最明显的特征就是符号化的思维和行为，文化的创造过程也就是运用符号的过程，所以说人是一种“符号的动物”。在创造文化的过程中，人类将认识世界和理解事物的结果转化为外显有形的行为方式，因而这些行为方式就构成了文化符号，从而成为人们的生活法则。人们在生活中必然接受这些法则的规范和引导，世界是充满文化符号的。人们一方面不可能脱离文化的束缚，另一方面又在这种文化中展现人生的意义和价值。例如，在中国封建社会，服装的不同颜色代表着不同的地位等级，服装颜色成了特定身份的象征符号：帝王一般穿着明黄色的衣服，高级官员和贵族一般穿着朱红或紫色的衣服，中下层官员通常穿着青绿色的衣服，衙门差役常常穿着黑色的衣服，囚犯穿着赭色的衣服。然而，随着社会的发展，服装颜色的等级象征已不复存在，只是人们又给色彩和款式赋予了一定的审美意义。

文化和交际之所以具有同一性，就是因为文化的这种符号性特征。文化是“符号和意义的模式系统”，交际被视为文化的编码、解码过程，语言被视为编码解码的工具。在交际中，误解是常见的一种现象，要想尽力避免误解的产生而使交际顺利进行，就需要交际双方对同一符号具有一致或相近的解释。在交际过程中隐藏着一种潜在的危险，那就是差异，交际的顺利进行要求交际双方共享一套社会规范或行为准则。

3. 观念的整合性

文化集中体现群体行为规则，某一群体所有成员的行为可能都会打上文化的烙印。因此，才有了中国文化、东方文化或西方文化等一些概念和说法，而主流文化又包含亚文化或群体文化、地域文化等。世界观、价值观等是文化的核心成分，社会组织、社会关系、社会地位等都属于文化范畴，文化规定着人们交际行为的内容和方式。由此可见，文化是一个由多种要素构成的复杂整体，在这个整体中，各要素互相补充、互相融合，共同塑造着民族性格。整个民族文化具有一个或几个“文化内核”，它发挥着整合文化的潜在作用。文化的整合性可以保证文化在环境的变迁中，维持在一定限度的稳定性。例如，在中国的传统文化中，融自然哲学、政治哲学和伦理哲学为一体的“天人合一”世界观，以及“经国济世”等精神元素，作为中国文化的“内核”，一直发挥着“整合”作用。由于不同文化有着不同的“内核”，必然导致在价值观念、认知模式、生活形态上的差异，如果交际双方不能理解对方的文化，就会导致交际冲突。

4. 民族的选择性

文化植根于人类社会，而人类社会以聚居集中的民族为区分单位，因此文化也是植根于民族的机体。文化的疆界一般和民族的疆界一致，民族不仅具有体貌特征，还具有文化特征。例如，同为上古文明，古希腊、古印度、古埃及和古代中国的文化各有独特性；同为当代发达国家，日本和美国、欧洲就存在着文化差异。当一个社会容纳着众多民族时，不可能保持文化的完全一致，其中必定包括一些互有差异的亚文化，使得大传统下各具特色的小传统得以形成。于是在民族文化的大范围内，多种区域性文化常常同时并存。

因此，文化具有选择性。每一种特定文化只会选择对自己文化有意义的规则，所以人们所遵循的行为规则是有限的。文化的这一特点导致了群体或民族中心主义，因此它对跨文化交际来说十分重要。群体或民族中心主义是人类在交际过程中的普遍现象，人们会无意识地以自己的文化作为解释和评价别人行为的标准，显然，群体或民族中心主义会导致交际失误，达到一定程度时会带来文化冲突。

二、文化的分类及功能

对于文化的分类，学术界存在多种观点，如“两分说”“三分说”“四分说”等。从不同的角度，可以对文化进行不同的分类。不管如何分类，文化所承担的功能是一定的。

（一）文化的分类

1. 从表现形式的角度

按照表现形式，可将文化分为物质文化、制度文化和精神文化，这也是当今比较流行的“文化三分法”。

物质文化是人类在社会实践中的物质生产活动以及产品的总和。物质文化是文化的基础部分，它以满足人类最基本的衣食住行等生存需要为目标，为人类适应和改造环境提供物质装备。物质文化直接对自然界进行利用与改造，并最终以物质实体反映出来。

制度文化是指人类在社会实践中建立的各种社会规章制度、法规、组织形式等。人类之所以高于动物，其根本原因在于人类在创造物质财富的同时，创造了一个服务于自己、同时又约束自己的社会环境，创造出一系列用以调节内部关系，从而更有效地应对客观世界的组织手段。

精神文化是指文化的意识形态部分，它是人类认识世界中的关系和完善自己的一种知识上的措施，包括价值观、文学、哲学、道德、伦理、习俗、艺术、宗教信仰等。精神文化是由人类在长期的社会实践活动和意识活动中孕育出来的，因此也称为观念文化，它是文化的精神内核。

2. 从内涵的角度

从文化的内涵特点出发，可将其分为知识文化和交际文化。

所谓知识文化，涉及的是跨文化交际中没有表现出直接影响的文化知识，主要表现为一定的物质形式，如实物存在 . 艺术品、文物古迹等。交际文化主要是指在跨文化交际中有直接影响的文化信息。交际文化主要以非物质为表现形式（金惠康，2004）。显然，在知识文化和交际文化中，交际文化是需要学者密切研究和关注的重点。而在交际文化中，对内隐交际文化的研究又显得更为重要。因为只有深入研究不易察觉的、较为隐含的内隐交际文化，了解和把握交际对方的价值取向、心理结构情感特征等，才能满足深层次交往的需要，如政治外交、商务往来、学术交流等。在交际文化中，生活方式、社会习俗等属于外显交际文化，易于察觉和把握；而诸如世界观、价值观、思维方式、民族个性特征等则属于内隐交际文化，它们往往不易觉察和把握，但却更为重要。

3. 从层次的角度

按照层次的高低，可将文化分为高层文化、深层文化和民间文化。

高层文化又称“精英文化”，它是指相对来说较为高雅的文化内涵，如哲学、历史、文学、艺术等。深层文化又称为“背景文化”，它指那些隐而不露，但起指导作用和决定作用的文化内涵，如价值取向、世界观、态度情感、思维模式、心理结构等。可见，深层文化与前述所提及的内隐交际文化相当。而民间文化又称“通俗文化”，它是指那些与人们生活密切相关的文化内涵，如生活方式、风俗习惯、社交准则等。

4. 从价值体系和地位的角度

按照价值体系的差异与社会势力的强弱，可以将文化分为主文化与亚文化。主文化与亚文化反映的是同一个政治共同体内的文化价值差异与社会分化状况。

所谓主文化是在社会上占主导地位的，并被认为应该为人们所普遍接受的文化。主文化在共同体内被认为具有最充分的合理性和合法性。具体来说，主文化包括三个子概念：侧重权力支配关系的主导文化，强调占据文化整体的主要部分的主体文化，以及表示一个时期产生主要影响、代表时代主要趋势的主流文化。其中，主导文化是在权力捍卫下的文化；主体文化是由长期的社会过程造就的；而主流文化是当前社会的思想潮流。

亚文化又称为“副文化”，它仅为社会上一部分成员所接受，或为某一社会群体所特有。可见，亚文化所包含的价值观与行为方式有别于主文化，在文化权力关系中处于从属地位，在文化整体中占据次要的部分。亚文化又有休闲亚文化、校园亚文化、宗教亚文化等之分。一般来说，亚文化不与主文化相抵触或对抗。但是，当一种亚文化在性质上发展到与主文化对立的时候，它就成为了一种反文化。正如文化不一定是积极先进的一样，反文化也不一定是消极落后的。有时文化与反文化之间只是一种不同审美情趣的对立。在一定条件下，文化与反文化还可以相互转化。

5. 从文化对语境依赖程度的角度

按照文化对语境依赖程度的不同，可以将文化分为高语境文化和低语境文化。语言是人类交流最主要的工具，而人们的交流总是在特定的语境中进行的。关于语言与语境的关系，美国学者、人类学家爱德华·霍尔（Edward T.Hall）认为，人类的每一次交流总是包含两个方面：一是文本（text），二是语境（context），二者之间的关系如图 1-1-1 所示。

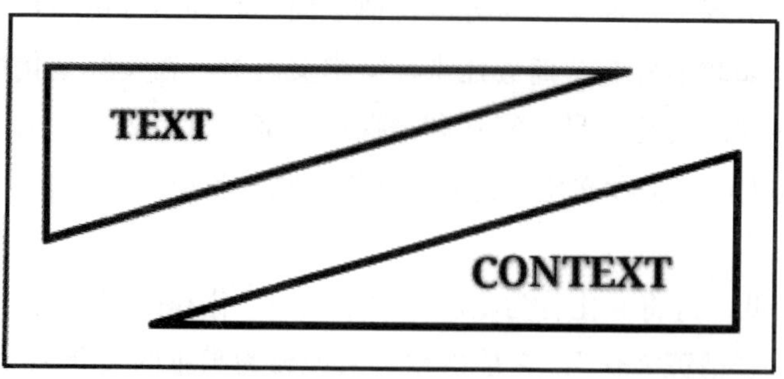

图 1-1-1 霍尔三角形——文本与语境关系示意图

据此，在不同的文化中，人们通过语境进行交际的方式及程度就存在着差异，而这种差异制约着交际的顺利进行。也正是根据这种差异，霍尔将文化分为高语境文化和低语境文化。

高语境的交际或信息意味着，大多数信息存在于自然环境中或者交际者的头脑里，只有极少数是以符号代码的形式进行传递。而低语境的交际则正好相反，大量的信息借助符号代码来传递（爱德华·霍尔，1977）。

进一步说，高语境文化是指对语境的依赖程度较高、主要借助非语言符号进行交际的文化；低语境是指对语境的依赖程度较低、主要借助语言符号进行交际的文化。霍尔认为，中国、日本、韩国等国家属于高语境文化，他们在生活体验、信息网络等方面几乎是同质的。而美国、瑞士、德国等国家则属于低语境文化，他们之间的异质性较大。

低语境文化与高语境文化的成员在交际时易发生冲突。相对于高语境文化来说，语言信息在低语境文化内显得更为重要。处于低语境文化的成员在进行交际时，要求或期待对方的语言表达要尽可能清晰、明确，否则他们就会因信息模棱两可而产生困惑。而高语境文化的成员往往认为事实胜于雄辩，有时一切可尽在不言中。如果低语境文化的人有困惑之处，他们就会再三询问，这时高语境文化的人常常会感到不耐烦甚至恼怒，从而产生误解。

高语境文化与低语境文化之间还涉及信息转换的过程。具体来说，高语境文化中的文本信息可以轻松地转换成低语境文化的文本信息，但高语境文化中大部分语境信息很难转换成低语境文化中的语境信息，而是需要借助于低语境文化的文本信息来弥补。这种转换过程如图 1-1-2 所示。

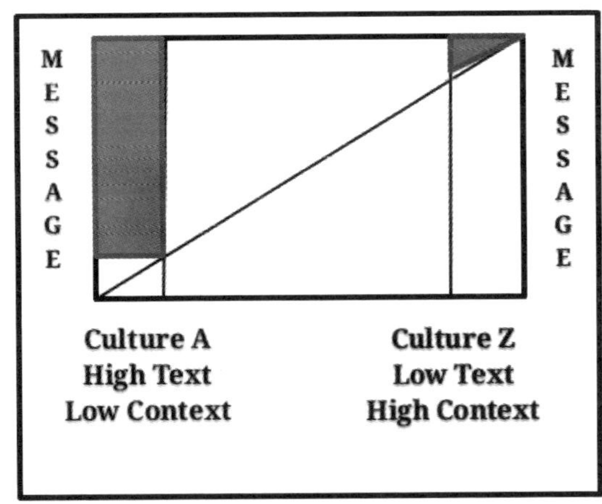

图 1-1-2 语境转换过程示意图

在上图中，左侧的柱状图是文化 A 表示的一个信息（MESSAGE），其主要依靠文本（TEXT）来传达，因此文化 A 属于低语境文化。右侧柱状图是文化 Z 表示的相同信息，尽管是表达相同信息，但文化 Z 主要依靠的是语境信息，因而文化 Z 属于高语境文化。依照上图，文化 A 中的文本信息只有一部分需要转化成文化 Z 的文本信息，其余的文本信息和原有的语境信息都转化成了文化 Z 的语境信息。由于信息的总量没有变化，所以身处 A、Z 两种文化的人可以通过翻译进行有效的交流。

6. 从民族文化的比较的角度

根据不同民族文化的比较，还可将文化分为评比性文化与非评比性文化。

评比性文化是指有明显优劣、高下之分的文化。因此，它是比较容易鉴别价值的文化，人们对它的态度也较为明显。例如，和平文化是一种优性文化，而暴力文化则是一种劣性文化；文化中的先进科技等为优性文化，而吸毒等则为劣性文化。

非评比性文化也就是中性文化，它是指没有明显的优劣或高下之分的文化。非评比性文化一般与人们的行为方式、风俗习惯、审美情趣等相联系，如行为方式、玩笑方式、禁忌等。例如，中国人习惯用筷子，西方人习惯用刀叉，有人说使用筷子有利于人脑发展，也有人说使用刀叉简单。这些观点并无对错，也无优劣、高下之分。承认并尊重非评比性文化，意味着承认各民族之间的平等，赞同各民族之间的文化差异。

（二）文化的功能

1. 人生于世的基本需求

文化已经渗透到生活的每个角落，成为了人类的基本生活需求。马利诺夫斯基认为，文化到现在已经成为满足人们三种需求的主要手段：基本需求、派生需求和综合需求。这些需求的满足方式受到文化差异的影响，但是归根到底人们求助于文化，是想要正常而健康地存活下去。

2. 为人处世的一面镜子

从人们来到这个世界开始，文化就为他们提供了行为模式，引导人们的行为举止去符合特定文化的行为准则。有了文化的熏陶，人们才会逐步形成本文化的思维模式，并遵循一定的社会习俗、生活方式以及交往方式，从而能够在特定的文化中自由存在。失去了文化的引导，人们反而会觉得与他人的交往无法顺利进行，整个社会也会变得无序而凌乱。文化能教会我们利用人类历经数年的进化而积累起来的智慧，与他人、社会、自然和谐地相处，从而健康、顺利地向前发展。

3. 认识世界的锐利武器

文化能够帮助我们正确地认识世界，以及解决与文化相关的问题。文化的存在有其必然性，因为它使人们清楚地认知和了解身处其间的环境。只有认识周围环境，才能以恰当的方式与他人、社会和自然交往，从而顺利地生存。

第 2 节　多元文化的内涵

当今社会是一个文化多元的社会，这是一个毫无疑问的事实。由于地理、历史、语言等方面的差异，各国、各民族在价值观念、宗教信仰、风俗习惯等方面形成了独特的文化认同，构成了各自的文化，各种不同的文化丰富和推动着社会的发展。多元文化的提出正是社会发展的产物，也是人们对文化进行深入研究的结果。

一、多元文化的兴起与发展

20 世纪初，“文化多元论”作为对“同化论”的反叛问世并引起欧美学术界的关注。随着 20 世纪 60 年代欧美民权运动的兴起，“多元文化主义”跃出书斋，引入政坛，在西方各国备受推崇，并在教育、历史研究、文化批评和社会改革等不同的领域得到了不同程度的研究和运用。

就文化本身发展而言，长期以来，以达尔文的“进化论”为基础，认为文化是精英成员活动的总体象征，更是从野蛮到高度文明的发展历程。这一观点自 20 世纪 50 年代以来受到质疑和批判。文化被认为是由不同时间和地点的人们以不同的方式集体所做的事情，文化就是一定的时空条件下的一定的人类群体，他们的生活方式、习俗、秩序与生存样态。这种建立在相对论基础上的文化相对论，认为文化具有历史的特殊性，其意义取决于特定的情境。这一文化的理念成为现代多元文化主义的基础。“多元文化论”认为，一个国家由不同信念、行为方式、肤色、语言等多样化民族所组成的文化，其彼此间的关系应是相互支持且均等存在的。

此外，被称为“多元主义的赞歌”的后现代理论对多元文化也提出了自己的阐释。这一理论认为人类发展知识的方式和人类求知的手段都有了革命性的改变，所有的观念、意义、价值全部都可以从过去的固定结构中区别出来，应该尊重文化的差异。欧美民权运动的兴起，文化本身的发展，再加上后现代主义的张扬，多元文化不仅是事实，而且成了社会和政治生活的一个条件，成了国家政策中的一个重要组成部分。多元文化成为当代世界和社会发展中表现得尤为突出的世界文化发展问题，成为解决当今世界文化、民族和哲学价值观问题的普遍模式。

多元文化概念本身是针对传统的单一（单元）文化概念而言的。以往的文化发展定势是在一定的区域、地域、社会、群体和阶层中存在着某一种单一文化。而多元文化则是指在一个区域、地域、社会、群体和阶层等特定的系统中，同时存在、相互联系且各自具有独立文化特征的多种文化。它不同于以往的文化存在方式，在空间上具有多样性，在时间上具有共时性。在这个概念的提出过程中，蕴含着对文化的几个基本假设。

第一，文化的平等性。

多元文化观点认为，社会是由不同民族、不同群体组成的，社会成分的多元化决定了文化的多元化。各种文化都有其独特的价值，并无优劣贵贱之分，因而各种文化都有平等的生存权和发展权。

第二，文化的交往性。

多元文化必须是指在一个区域联合体、社会共同体和集体群体等系统内共存的，并在系统结构中存在着一定的相互联系的文化。文化间的交流和交往是多元文化形成的必要条件，也是它存在的基础。

第三，文化的差异性。

各民族或集团在长期的历史发展中，通过其独特的生产和生活过程而逐渐确立起自己的文化，不同民族或集团的文化各具特色，表现出多元发展的特性。即使是在同一性质的群体、集团的社会内，由于区域发展的不平衡，社会各阶层在社会中的地位和作用的不同，文化的自我更新、创造、变革的内在机制不同，同一性质的文化在同一社会的不同区域、不同社会阶层、不同历史时期，也会表现出一定的差异性，从而形成了文化的多样性。

第四，文化的内聚性。

不同的文化之所以能共存于一个共同体内，其重要原因就在于各种文化不仅承认了彼此的差异性，更重要的是它们也发现了彼此间的共性，即各种文化间存在相互借鉴的可能。从这个意义上说，多元文化的实质目的不是要突出某一种文化，而是提供处理两种以上文化间相互关系的态度和方法。

虽然多元文化的现象从来就存在，但“多元化”概念的提出却是全球化的结果。全球化一般是指经济体制的一体化、科学技术的标准化，再加上信息网络的高度发达，三者不可避免地将世界各地联结成一个不可分割的有机整体。全球化使某些强势文化遍及全世界，大有将其他文化全部“同化”和“吞并”之势，似乎全球化与文化的多元发展很难两全。其实，这只是事情的一方面；另一方面，如果没有全球化，多元化的问题显然也是不可能提出的。

首先是全球化促进了殖民体系的瓦解，造就了全球化的后殖民社会。原殖民地国家取得了合法的独立地位后，最先面临的就是从各方面确认自己的独立身份，而自己民族的独特文化，正是确认独特身份最重要的因素。第二次世界大战以来，马来西亚为强调其民族统一性，坚持以马来语为国语；以色列决定将长期以来仅仅用于宗教仪式的希伯来文重新恢复为日常通用语言；一些东方国家的领导人和学者为了强调自身文化的特殊性提出了“亚洲价值”观念等。这些都说明当今文化并未因世界经济和科技的一体化而“趋同”，反而是向着多元的方向发展。后殖民主义显然为多元文化的发展奠定了基础。

经济全球化和后殖民状态在西方社会也引起了阶段性的大变动，这就是以后现代性为标志的后工业社会。后现代性大大促进了各种“中心论”的解体。世界各个角落都成了联成整体的地球的一个不可分割的组成部分。每一部分都有自己存在的合法性，过去统率一切的“普遍规律”和宰割各个地区的“大叙述”面临挑战。人们最关心的不再是没有具体实质、没有时间限制的“纯粹的理想形式”，而首先是活生生地存在、行动、感受着痛苦和愉悦的“身体”。它周围的一切都不固定，都是随着这个身体的心情和视角的变化而变化的。这对于多元文化的发展实在是一个极大的解放。正是由于这一认识论和方法论的深刻转变，对“他者”的寻求，对文化多元发展的关切等问题才被纷纷提了出来。人们认识到不仅需要吸收他种文化以丰富自己，而且需要在与他种文化的比照中更深入地认识自己以求发展，这就需要扩大视野，了解与自己的生活习惯、思维定势全然不同的他种文化。法国学者法朗索瓦·于连（Francois Jullien）在他的一篇新作《为什么我们西方人研究哲学不能绕过中国？》中有一段话说得很好。他说：“我们选择出发，也就是选择离开，以创造远景思维的空间。在一切异国情调的最远处，这样的迂回有条不紊。人们这样穿越中国也是为了更好地阅读希腊：尽管有认识上的断层，但由于遗传，我们与希腊思想有某种与生俱来的熟悉，所以为了解它，也为了发现它，我们不得不割断这种熟悉，构成一种外在的观点。”

其实，这个道理早就被中国哲人所认知。宋代著名诗人苏东坡有一首诗写道：“横看成岭侧成峰，远近高低各不同；不识庐山真面目，只缘身在此山中。”也就是要造成一种“远景思维的空间”，“构成一种外在的观点”。要真正认识自己，除了自己作为主体，要有这种“外在观点”外，还要参照其他主体（他人）从不同角度、不同文化环境对自己的看法。有时候，自己长期并不觉察的东西经“他人”提醒，往往会得到意想不到的发展。

当然，最后还应提到，全球化所带来的物质和文化的极大丰富也为原来贫困地区的人们创造了在发展物质文化的同时也发展自身精神文化的条件。正是受益于经济和科技的发达，人类的相互交往从来没有像今天这样频繁，旅游事业的开发遍及世界各个角落。一些偏僻地区、不为人知的少数民族文化正是由于旅游和传媒的开发才广为人知和得到发展的。尽管在这一过程中，不免会有形式化（仪式化）的弊病，但总会吸引更多人来关注某种文化的特色和未来。

二、多元文化的内涵

多元文化提出后，不同的学者和机构从不同的角度提出了对多元文化的理解。多元文化的含义可谓众说纷纭。

英国著名多元文化教育家詹姆斯·林奇（James Lynch，1989）认为，多元文化指特定地域如行政区、村庄、市镇、国家、同宗教区或全球范围内多种文化共同存在并相互作用的现象。

多元文化在20世纪五六十年代指的是两种文化现象：一是指殖民地和后殖民地社会的文化。在这种社会中，既存在着殖民国家的统治文化（特别是欧洲文化），也存在着原住居民的种族或民族文化，两种差异悬殊的文化并存。二是指不同的民族文化，即具有不同社会和文化来源的民族虽然共存，但民族之间以及各民族群体之间的文化特性有着较大的差异。近年来，随着人们对文化认识的深入，多元文化的释义有了较大的变化。研究者认为，不仅殖民地国家存在着统治文化与被统治文化的分野，世界上发达地区和国家同样存在这种状况；并且价值体系、思想观念上的差异也不仅在民族间才存在，在社会各阶层之间、地域之间、年龄之间、性别之间、小群体之间和宗教之间同样存在着这种差异。

“多元文化”不限于“文化”，而是囊括了给予各民族政治、经济、社会、文化等平等权的多重内涵。1995年，联合国教科文组织在澳大利亚召开了“全球多元文化大会”（Global Cultural Diversity Conference）。该组织提交给大会的报告对“多元文化”的内涵做了如下总结：多元文化包含各族群平等享有“文化认同权、社会公平权以及经济受益需求”（the right to cultural identity，the right to social justice and the need for economic efficiency）。多元文化的含义进一步扩大了，而且“多元”的内涵也在扩展，从最初的非主体民族的外来移民族群或弱小群体而扩大到妇女、残疾人到同性恋等弱势群体，甚至包括所有族群的人。

对多元文化定义纷争的一个重要方面是关于如何界定文化的问题。由于文化这个概念的多义性和多层次性，界定它本身就是一个复杂的问题，迄今为止有关文化的定义已经超过百种。在多元文化中，文化的含义不仅仅是指狭义的文化概念，而且也涵盖了广义的人类文明现象，概括了人类的一般生活方式，它既包括了人类的文化知识内容和教育水准，同时也包括一定区域、社会、群体中的人的全部生活方式。因此，从宏观上讲，多元文化是包括人的多种哲学价值观、信仰、艺术风格、法律观念、风俗和人的行为习惯等的综合体；从微观上讲，多元文化概念中的文化也包括狭义的文化含义，即专指从人的生活中提炼、升华、积淀出的理性化的高度智慧的东西。因此，综合起来看，多元文化中的文化含义是指区域、社会、集团、群体和阶层中的成员所创造、掌握、运用和共享而又作为社会性遗产代代承袭的生存、生活和发展方式。它具有超越性，是超生物、超个体、超民族的社会化、理性化的群体文明的产物。

由此，多元文化的内涵也是多层次的。它不仅指全球范围内不同民族文化的共存共荣，而且也意味着单一民族国家中的传统文化对其他民族文化的宽容以及必要的吸收。

三、多元文化的意义

多元文化的发展是历史和社会的事实，多元文化对于社会的持续发展具有重要的意义。各种文化如希腊义化、希伯来文化、中国文化、阿拉伯伊斯兰文化以及非洲文化等都深深地影响着人类社会发展的历史进程，并在当今产生持续性的影响。

从历史的角度来看，文化发展首先依赖于人类学习的能力以及将知识传递给下一代的能力，而每一代人也都会为当时的时代增添一些新的内容。这些新的内容包括他们从当时的社会所吸收的东西以及他们自己的创造，也包括他们接触到的外来文化。其中，外来文化的影响是文化发展过程中最值得重视、也是最复杂的因素。正如英国哲学家罗素（Russell，1922）所认为的："不同文化之间的交流已被多次证明是人类文明发展的里程碑。希腊学习埃及，罗马借鉴希腊，阿拉伯参照罗马帝国，中世纪的欧洲又摹仿阿拉伯。文艺复兴时期的欧洲则仿效拜占庭帝国。"以欧洲文化为例，可以说，欧洲文化之所以发展到今天仍有强大的生命力，就是因为它能不断吸收不同文化的闪素，使自己不断得到丰富和更新。

再以中国文化为例，中国文化是在不断吸收外来文化的过程中逐渐发展的。典型的例证是印度佛教在中国的传播与发展。印度佛教在中国的发扬光大使得佛教在中国的成就远远甚于印度本土。不仅如此，印度佛教传入中国也大大促进了中国宗教、哲学、义学、艺术等领域的发展。而在印度佛教与中国本土文化结合的过程中，形成了一些新的佛教宗派，这些新的佛教宗派又传入朝鲜和日本，给当地的文化带来了巨大影响。正是各种文化之间各有差异而又相互融合，才构成了一个文化大宝库，启迪人们的灵感而导致某种文化的革新。可见，没有文化之间的差异性，就没有文化的多元发展，更不可能出现今天多姿多彩的人类文化。

第 3 节　多元文化视角下的教育

在现代社会中，多元文化体现和渗透于社会的各个方面，它一方面对文化自身的发展历程和文化的诸多方面构成了冲击，另一方面也对教育产生着不可低估的影响。本节就对多元文化视角下的教育进行讨论。

一、多元文化对教育的冲击

（一）促使教育日益多元化

虽然文化与教育的关系不能说是一一对应的，但由于教育是文化的一个组成部分，与文化呈现出一种部分与整体的关系，因而，文化上的整体变革总是或多或少地反映到教育上来。文化上的多元化一个明显的特征是文化模式的多样，与此相关，教育上的模式也越来越呈多样化、个性化的特点。

智利教育社会学家布伦纳曾对拉丁美洲的教育多元化进行了考察，认为拉丁美洲教育的新多元化在很大程度上与社会及其文化现代化有关。教育已开始反映出拉丁美洲大多数国家比较复杂的城市化和半工业社会里的各种各样的多样化。他区分了拉丁美洲存在的四种文化模式：注重等级与个人决定相结合的选择性文化模式；注重个人竞争的竞争性文化模式；注重互相支持的社区性文化模式；尊重等级制度的仪式文化模式。他认为不同的社会文化形态和模式造就了不同的教育模式：强调英才教育的精英型教育模式；强调个人自主控制的满足需求型教育模式；强调团结和互相支持的实验型教育模式；强调尊重社会等级的促进型教育模式。布伦纳借用文化人类学的“文化模式”概念对文化模式与教育模式之间关系所做的分析，在一定程度上表明了社会文化制度是如何通过教育以不同的方式来传播特定的文化，并使参与教育者共享这种文化的同时，达到文化复制的。

当代社会中，文化已经日益多元，它们所促成的教育多元色彩，既可能体现在教育整体上，也可能体现在教育某一方面或某些方面上。一般地说，在文化间差异较大，相互又彼此隔绝时，教育整体上的多元化色彩会越明显；而在社会发展促使不同文化相互融合、其间差距缩小时，教育的多元化色彩更多的是体现在教育的某些局部上。

（二）引发教育中的文化冲突

多元文化衍生相应的多元教育形态。教育将特定社会的文化态度和行为加以接受，并按该文化之价值体系规范自身的活动过程，是教育对文化的认同。但如果某一文化并未出现相应的教育模式，换句话说，教育并未对一定的文化予以认同，文化冲突也就随之出现了。

对于文化冲突何以产生这一问题？文化学或文化人类学等学科大致是从以下三方面去认识的：第一，多种文化型式并存，以及各文化形式间发展的不平衡；第二，不同文化间的相互接触；第三，不同文化接触过程中所产生的种种矛盾。在这三种因素中，其中的第一种是前提，有差别才会有矛盾；第二种是条件，只是有文化上的差异，如果相互之间不接触，也不会构成对立、冲突；第三种是动力，接触并不一定导致冲突。接触的结果有可能产生冲突；也有可能相互之间在不发生冲突的情况下就融合起来，结成一种新的文化型式；同样有可能在接触以后，由于相互之间并不矛盾而仍保留各自的形态。可以说，文化间由接触所产生的矛盾，是将各冲突因素由潜在转化为现实的根本动力，它使得文化间的冲突活生生地表现出来，成为现实形态。

就产生文化冲突的原因来看，多元文化的存在似乎是一个根本性的前提，文化如果是一元的，是围绕一个共同的价值体系组织起来且相互之间高度协调的，也就无所谓冲突。多元文化衍生或者说诱发的文化冲突，对于教育来说，影响至深。一方面，教育是以进行文化传递与传播为己任的，在教育过程中，文化上的矛盾与冲突会自觉不自觉地反映出来；对教师来说，他们往往是文化冲突的无意识的反射器；在教师经历文化冲突并使其内化以后，常常把它们传递给学生，因而使教育目标受挫。这些冲突还会渗透到正规教育的亚文化之中，出现在课程设计、教科书和教学用具之中，以及师生关系和师资培训之中。另一方面，教育是教育者与受教育者共同参与的活动，也是不同的文化型式互动的过程，无论是教育者还是受教育者，都在一定程度上有着自己的文化特征，由此，教育在反映社会文化冲突的同时，有时也会产生自身独有的文化冲突型式。这一点正如美国教育人类学家斯宾德勒（Spindler）所说："教育对文化的传递常常被文化中的种种分歧和冲突弄得复杂化。"

多元文化的存在，使得教育过程中文化冲突的类型增多、范围扩大。美国学者戈尔尼克（Gollnick）等人在他们所著的《多元社会中的多元文化教育》中，罗列出的由文化差异导致的教育上的冲突有：种族群体间的冲突、民族间的冲突、移民间的冲突、群体内部的冲突、个体与群体间的冲突、不同宗教信仰间的冲突、语言上的冲突、非言语行为上的冲突、社会经济地位间的冲突、性别间的冲突、同辈团体间的冲突、残障儿童与正常儿童之间的冲突、学业成绩优秀学生与落后学生之间的冲突。正是这种种冲突构成了教育发展的动力，使得教育一方面会对原本渊源不同、价值体系不同的文化产生融合、整合作用，推动教育协调发展；另一方面也会促使自身适应多元文化的需要，打破原有的教育体系，衍生出新的教育形态来。当然，这种文化冲突也会造成教育功能上的失调及教育内部结构的紊乱，如不能及时加以控制、协调，就会影响教育进程，导致教育的失败。

（三）弱化教育的文化整合功能

文化整合是各种不同的文化要素或型式相互适应、协调从而成为一个有机整体的过程。它主要指不同的文化要素或型式在意义上相互协调，如文化规范、表征与行为间的协调，不同的文化制度等彼此间在功能上建立起互相依赖的关系。文化整合既可以发生在两种或多种文化相互接触、变迁之时，也可以发生在一种文化的各组成部分或者说各种型式之间。

文化系统自身的目的因素或者说价值因素，是整合过程中的核心因素，正是因为它们的存在，才把文化的各种型式或要素连接起来，结成相互联系的整体。教育活动是受一定的目的和价值观念引导的，它往往与文化中的"中心目的"和价值规范相一致。教育与文化整合两者之间的这种"复合性"，使得教育在传递和传播文化的过程中，就把文化中所蕴涵的价值观念等因素传递给了受教育者，使他们自觉或不自觉地习得了所处社会的思想观念与行为方式。正是从这个意义上，杜威指出，社会通过教育"能够明确地表达它自己的目的，能够组织自己的方法和手段，因而能够明确地和有效地朝着它所期望的前进目标塑造自身”。

与教育可以依文化的要求反映文化的“中心目的”从而促进文化的整合密切相连的，是教育还可以依靠自身的整合力量，经过文化选择和文化传播等手段，将不同的文化加以协调、归整，在剔除与文化中心目的相异、相斥的要素并进行传播的同时，使得文化的各要素都有机地结合起来，并为一定的社会成员所掌握。整合的要旨是要在文化各型式、要素之间建立起相互协调、互相支持的关系，使社会成员在一定程度上共享相同的价值和思想观念，这实际上也可看作使人社会化的过程。教育在其实施过程中，通过有目的、有意识地传递、传播文化，使得受教育者熟悉、适应所属社会的文化，认同本群体特有的价值规范和普遍观念，不仅在行为及行为表现形式等外部属性上与周围的人们保持一致，而且在价值、情感、态度、意向等内部属性上与周围群体共享。英国社会学家伯恩斯坦将这一过程称为“获得一种特殊的文化身份的过程”。

教育的这种文化整合功能正在由于文化多元态势的出现而产生一系列变化。当今社会，多元文化间的共存以及文化的自主、自律倾向日益明显，而且随着各文化群体的成员主体意识的提升，要求尊重和学习不同文化，特别是亚文化的呼声越来越高，这一切都促使已有的价值观念逐步发生变革，并且在很大程度上弱化着教育的文化整合功能。对此，文化多元论提出了以下三点认识。

（1）要重视由于特殊文化影响所造成的学生在学习态度等方面的差异问题。在文化多元论者看来，以往的教育中学生的学习形态都是相同的，忽视了学生在学习态度等方面的差异，并且教材中只反映了主流文化的经验，导致的结果是那些来自于非主流文化或其他文化的学生无法有效地学习。

（2）消除学校文化传递中的种族－民族中心倾向。在他们看来，教育中传递的所谓共同文化，不过是国家主流文化的同义词，忽视了国家中其他民族、其他群体的文化。这种做法实际上暗含着下列假设：非主流文化或亚文化会使其成员在共同文化中难以生存、运作，因而是有缺陷的，不应予以提倡。

（3）应设法改变因文化差异导致学生学习困难的状况。在教育中由于过度地强调整合和同化，很大程度上忽略了文化间真正的差异。在他们看来，无论以何种理由，都不应该忽视这些差异，而要注意从这些差异入手，改变学习困难学生的学习状况。

（四）推进教育的变革

多元文化对教育的影响，还表现在要求教育参与多元文化的融合和变革，从而改变教育自身的形态上。一般说来，彼此分立的多元文化，在相互接触的过程中会相互融合，使原有的文化改变其形态，接受与自己相异的文化特质。大概也正是在这种传播、接触的过程中，文化与文化之间才相互交融，并从而带来文化上的变迁。

多元文化间的这种融合与变革态势客观上要求教育参与其中。实际上，教育自身一方面在其发展过程中会自觉不自觉地将不同的文化类型加以一定程度的整合，并会经由教育者与受教育者的传播活动及创造性的活动或多或少地带来文化上的变革；另一方面也会参与到多元文化的整体发展之中。美国曾有学者将多元文化的发展划分为下列 7 个阶段。

（1）一元化阶段。这一时期，每一群体总是用自己的价值观来判断事物，用“文化绝对论”的眼光看问题，以为自己的文化是最优越的。

（2）文化接触阶段。在与其他文化的相互接触中知道对方的存在。

（3）文化冲突阶段。由于文化间的价值体系等方面存在诸多差异，在文化接触中，会因某一群体对其他文化的误解等造成文化间的对抗。

（4）通过教育进行调停的阶段。利用课程使学生了解自己的文化，同时对其他文化也有所认识，使文化间相互沟通、联系。

（5）不平衡阶段。在这一阶段，文化中的各部分发展是不平衡的，需要通过适应来达到同化。

（6）觉悟阶段。在不平衡中建立新的文化体系从而达到平衡。

（7）多元文化阶段。人们能接受文化间的差异性，在理智和情感上确认、接受不同文化。

虽然这一分析有将教育与多元文化的复杂关系简单化之嫌，但对于我们认识多元文化引发文化间的接触与冲突，并从而要求教育参与文化变革来说，有着一定的裨益。它说明，多元文化的发展会对教育提出这样或那样的要求，促成教育自身产生这样或那样的变革。

在注意到多元文化推进教育变革的同时，也应注意到其相反的方面，即有可能成为教育变革的阻力或者说障碍性因素。由于多元文化的存在，才使得不同的人对变革有着不同的认识，也才使得变革不能全部兼顾到各不同文化及不同人的需要。对于即将发生的变革，教育中的有关人员需要有着一致的认识，因为教育上的变革往往涉及多个不同的方面，需要各不同集团的共同协作。然而，在他们中间由于有着不同的文化要求，对于是否需要变革，在变革的方向、变革的计划和应采取的步骤以及变革的结果等认识上往往难以取得统一，这样就会使得变革难以有效地进行。

二、多元文化教育

（一）多元文化教育的概念界定

不同的文化背景下的学者对多元文化教育的界定有着不同的方法和理念，有的界定强调文化的多样性与多元发展；有的界定强调文化的差异与相应的不同发展规则；有的界定侧重人类学、社会学、心理学等学科的综合；教育学界的界定则更加注重和一些国际组织和地方性、民族性组织理念的一致，即突出教师教什么、学生学什么等问题。

1. 多学科综合界定中的多元文化教育概念

多元文化教育领域的一些专家仿效人类学家和民族学家，将文化集团（人种的、职业的、种族的、性别的）而不是阶级和阶层作为研究对象。

美国文化问题专家S.尼托指出，在制定教育政策、规划教育内容、培训各种教师、构建教育体系时，应首先考虑文化的差异，进而通过保证每个学生，不论他们在肤色、眼眶形状、种族出身、性别和性取向、年龄、宗教信仰、政治、阶级、语言、言语及其他方面有什么差别，都拥有获得智力、社会、心理发展的一切必需的机会。同时指出，文化可以被理解为一系列综合因素——如共同的历史、地理位置、语言、社会阶级和宗教等——结合在一起的人口集团创造并赞同的不断变化的价值取向、传统、社会和政治态度、世界观。

2. 民族学专家界定的多元文化教育

美国多元文化教育专家詹姆斯·A·班克斯（James A.Banks）在其教育论著中对多元文化教育的界定为:“多元文化教育包括三个方面的事情：一种思想或概念，说明所有的学生，不管他们属于什么群体，例如属于性别、民族种族、文化，社会阶层、宗教或特殊者的那些群体，应该在学校里体验到教育平等的思想；一场教育改革运动，它规划并引起学校的改革，以保证少数民族学生取得成功的平等机会；一个持续的教育过程，说明它努力去实现的理想目标在人类社会中短期内不能完全取得，需要一个过程。”

班克斯教授对多元文化教有的这一界定，以少数民族及其文化为视角，是来自于多元文化教育内部的研究者的理论成果，是多元之中一元的典型代表者，是多元文化教育中关于多元的一个独特理解，与世界其他多元文化教育国家中该领域专家的有关界定十分吻合，因此可称为目前国际较公认的多元文化教育概念的界定。

3. 教育学界专家有关多元文化教育的界定

多元文化教育发展演进的历史告诉我们，多元文化教有并非先在教育界引发并被重视，而是在民族运动过程中被首先提出来的。

因此，教育学界对多元文化教育的界定一方面和文化与民族学界的界定有密切的联系，另一方面从以教育学的角度对多元文化教育做了独特的解释。

多元文化教育既是一种观念，更是一种典型的教育设计过程（包括两点）：教会学习者认识、接受和欣赏不同的文化、种族、社会阶层、性别差异、宗教信仰、能力差别、妇女等；使儿童和青少年在他们发展的关键期形成在未来民主，平等与公平社会中工作时所必备的责任心和公共性。

4. 西方著名的多元文化网站的概括性界定

多元文化教育是一场产生教育新思想，让社会成员积极社会化的教育革新运动。它不是简单地改变学校的一些课程或增加一些活动就能完成的。它作为一场教育变革需要以变革的社会当中的新的态度、新的途径、新的贡献为基础。

允许所有学生发挥其潜在的学习天赋；相互尊重差异，教学生成为有效地参与民主社会的成员；强调不同族群的贡献；聚焦于如何学会一些独特的知识；鼓励批判性地分析教学材料、课程内容，鼓励弥补的生活教育；重点在于不同民族之间相互学习、相互容忍、相互合作；帮助学生解决多民族、多种族、多元文化社会中遇到的所有问题。

5. 日本，德国等关于多元文化教育的界定

日本自称为单一民族的国家，在20世纪60年代以后，不得不面对“在日朝鲜人”的教育，因此，多元文化教育在日本更是一种跨文化教育，是在两种不同文化之间进行的教育。

德国的多元文化教有主要是对移民劳动者子女的教育，主要包括三种模式：单一文化、单一语言模式，双文化、双语模式，多元文化模式。

6. 中国的多元文化一体教育

中国民族教育中的多元文化教育和国家一体教育是并存发展的。一是中华民族中各民族的传统教育；二是中华民族自觉形成的国家一体教育；三是在全球多元文化发展背景下形成的中华民族多元一体教育。

（二）多元文化教育的基本理念

多元文化教育实质是要通过教育改革特别是课程改革，来培养学生跨文化适应能力，帮助学生从其他文化角度来观察自己的主流文化，使他们获得本民族文化、主流文化以及全球化社会所必需的知识、技能，态度，消除在性别、种族、民族宗教、社会阶层等方面存在的偏见与歧视，使每个学生都有同等的学习机会，都能体验到学习的成功。多元文化教育体现了这样一种思想，即所有学生，不管他们来自何种社会阶层、性别、种族，都应该在学校享有平等的学习机会，其基本理念可归纳如下。

1. 尊重文化的多元与平等

文化是在对人性、事物、自然，社会等规律及应对办法的探索中概括和总结出来的思想。由于不同的地理环境、思维习惯时代背景，观察角度，就产生了不同的文化类型。从这个观点来看，文化只有类型的差异，没有高低的分别。推行单一文化和自称代表进步与文明的文化霸权主义都会破坏自由、民主和全球安全。多元文化教育观认为，各民族文化都是人类的财富，具有重要的教育价值。承认文化之间的平等性，不仅要从思想上充分认识不同文化都具有其自身的特色，更要从教育内容、教育最终结果上保证教育对文化的保存和传递。只有承认文化之间只存在差异而不存在先进与否，才能使一种文化得以保存并不断传递下去。因此，在课程设计上，多元文化课程应打破主流文化为中心的藩篱，在强调主流文化的同时，给予少数民族文化相同的地位与空间。

2. 强调文化的整合互动与创生

多元文化教育不能是各种文化简单叠加在一起的结果。因此，多元文化教育需要接触、相互作用和相互渗透。多元文化应实现多文化之间有效的对话、沟通和整合，以宽广的视野关注和整合各民族文化的精华、容纳区域文化和文化间的理解与和谐，并以开放的态度反映文化全球化的趋势和要求。在培养学生民族自尊心和自豪感的同时，促使

学生对不同民族文化的认同和接纳。透过文化间的相互理解，促进整体的和谐发展。当然，多元文化教育不是一个静止的对文化复制，而是个动态生成、文化创新的过程，强调在民族交流中实现文化创新。多元文化教育不仅是文化传承的载体，其本身就是一种新的课程文化，即在对多元文化进行反思批判的基础上，构建生成的创新课程文化。

3. 追求全纳教育的公平与正义

全纳与多元文化教育的重要理念都是要改变弱势群体的受教育机会，追求全社会教育权利和机会的均等，要求人们不受政治、经济、社会地位和民族、种族，信仰及性别差异的限制，都享有同等受教育的权利它既是实现教育民主化的前提，又是教育民主化的重要内容。在承认文化平等的基础上，尊重、鼓励不同文化的发展，让学生能在学校中有权利和机会学习到不同文化，体现教育的公平与正义。多元文化教育对社会公平与正义的追求就是通过承认文化的多元平等，传播公平正义地对待不同种族、性别、阶层和国家的价值与理念，培养具有多元文化理念的学生而不断实现的。

4. 提倡个性化教育

我国是一个多民族国家，学生的文化背景差异是不可忽视的客观事实。从教育公平角度看，这种差异不应该成为学生学习的障碍。多元文化教育充分尊重学生的这种差异性，从学生不同文化背景角度，考虑个人的生理、心理、年龄特点，考虑个人的天赋、特长、兴趣、爱好，考虑个人的社会志向和职业选择；尊重人和人的个性，突出学生在整个教育过程中的主体地位，培养学生的主体意识和主体能力；提倡发挥学生的学习积极性，尊重学生个性和谐发展，唤起学生的求知欲和对个人全面发展的追求；同时，引导学生独立思考，主动获取信息，实现知识、能力和人格的协同发展。这种理念体现在课程上就是要通过多元文化课程的建构来适应不同文化背景学生的学习需要，为他们创造平等的学习和发展机会。

多元文化教育的提出转变了传统教育的知识观、教育观和社会观，促进了新型教育思想体系的形成。所以，学校引入多元文化教育就是要让学生在学习国家主流文化的同时认识和理解世界上、区域内、社会中的其他文化，包括学生自身所属的文化等。

第二章　多元文化与大学英语教学

第 1 节　大学英语教学现状

从 20 世纪 80 年代开始，中国的外语教学伴随着改革开放的步伐进入了一个新的阶段，各种教学理论被大量介绍到国内，许多关于外语教学的文章相继发表，为我国的外语教学注入了新鲜的气息和改革的动力。但是我国英语教学仍存在许多不容乐观的现象。下面我们分析下我国当前英语教学的现状。

一、过分重视应试能力

英语是我国学校教育中历时最长、学时最多的一门学科。从小学到博士，学生们都一直投入大量的时间和精力学习英语，可见国家和社会对英语教育的重视。但是，许多学生在花费大量时间、精力学了那么多单词和语法后，依然没有真正掌握语言的运用技巧，不会用、听不懂、说不出。这是因为传统英语教学模式以应试教育为目标，在这一目标之下，人们只看重考试的选拔功能，以考试结果评价学校、教师的教学效果和学生的学习效果，制约了英语教学的发展。

为了检验学生对英语的学习掌握程度，我国每年举行的大大小小的英语考试种类繁多，既包括小学到大学的各种期中考试、期末考试、升学考试，又包括各种托福、GRE 等出国必备的考试，还包括各种英语证书考试，其中最著名的是全国大学英语四、六级考试。以英语四、六级为例，虽然这一考试的设置为提高大学生的英语水平和能力作出了很大贡献，推动了我国的英语学习，也使我国英语教学走上了正轨。但是，四、六级考试主要是考查学生对大纲规定的英语单词、语法等的掌握程度，标准化的测试方法主要是让学生做选择题，而且通过率成为评价学校及教师好坏的一个主要标准，这在某种程度上助长了应试教育的风气，使其失去了原本意在改进大学英语教学的作用。

在应试教育的影响之下，教师将重点放到了应付考试上，忙于完成教学进度，因为课堂时间紧，很少抽出时间进行语言实践。大多数学生学习英语只是为了应付考试，考试过后就把英语抛到脑后，许多学生考试成绩不错，但是听、说、写的能力却很差，英语应用能力提高的目标得不到落实。英语的学习，需要大量的听、说、读、写练习，尤其是需要通过大量的背诵取得“语感”。而我国当前的考试以选择题为主，教师上课时在讲解语法和词汇上花费了大量时间，学生则在做大量的模拟试题上花了大量的时间和精力。而且，在应试教育之下，学生在英语学习过程中，追求标准的、唯一的答案，过度相信、依赖教师讲解知识，并且排斥课堂讨论、交流等交际活动，认为这类活动无法提供准确的答案，从而逐渐丧失了自主思考的能力，失去了对教师提供答案的质疑能力，失去了创新的能力，最终导致了学生应试技能较强，而交际素质却很差的结果。

在应试教育的指挥棒之下，英语教学重视应试能力却忽视实际运用能力。虽然近年来各高校英语教学条件、设备得到了相当大的改善，学校领导、教师及学生都付出了很大的努力。但是，教师的教学效果却依然令人失望，学生的听、说、读、写的能力依然不强，特别是听、说、写的能力较差，相当一部分学生学的是哑巴英语。教师与学生付出的代价与收到的成果不太相称，英语教学没有真正达到学习语言的目的。这是我国英语教学急需解决的问题。

二、忽视学生兴趣

心理学家认为，兴趣在学习中十分重要，兴趣往往是推动学生乐于刻苦钻研、勇于攻克难点的强大动力。当一个人做自己感兴趣的事情时，会投入全部精力，专心致志。

但是，传统的英语教学忽视了对学生学习语言的兴趣的培养。数量繁多的单词，繁杂复杂的语法规则，让学生望而生畏，乏味的填鸭式教学，使学生兴趣全无。现在，学生被各种考试比如英语四、六级考试压得喘不过气来，疲于应付，整天埋首于题海中无法脱身。这种考试方式，使学生把学习语言当作任务和沉重的负担，而不是需要和享受，英语成为了学生害怕、讨厌的课程。这样，不要说学习兴趣，学生连想把语言学好的想法也没有了。

因此，教师在教学中应当想办法激发、培养学生的兴趣，激发学生兴趣时应当注意的问题主要包括以下几方面。

（1）学生的学习、认知水平和生活经历。例如，选取的话题是否与学生的生活经历有联系？话题是否能够激发学生的想象力或好奇心？学生就这个话题是否有想与同学交流的想法？学生通过这个话题是否能够获得他们想了解的信息？

（2）创设情境，尽可能为学生提供视觉物体，如图片、幻灯片等。

（3）增加教学活动的形式，如可以采用英语故事比赛、英语话剧表演等活动形式。

教师激发学生兴趣可以采用的方式有很多种。比如，适当地增加英文歌曲，用优美的旋律、脍炙人口的歌词调动学生的学习兴趣和学习热情。或者讲述一个英语故事将学生的热情和兴趣调动起来后，然后让学生分组讨论，每组选派代表用英语把本组的讨论结果向全班同学汇报，学生不知不觉中学习了表达、思考。更重要的是学生对英语学习产生了浓厚的兴趣，自己想学，自己爱学，自己巧学。只要学生感兴趣，就为学好语言提供了前提。多媒体授课也是激发学生学习激情、培养学生学习兴趣的方法。

外语教学过程是教师引导学习利用语言这种交际工具进行交际的过程，教师应该以自己的满腔热情、充沛精力以及认真细致的备课感染学生，让学生以积极的态度参加教师设计的各种各样的训练。总而言之，教师在教学中应该自始至终地关注学生的兴趣，不断改进教学方法，增加新的教学内容，用多样化的方法、直观的教具激发学生的兴趣，调动学生的积极性。

三、缺乏科学的教学方法

随着时代的发展，社会对外语人才的需求会有所变化，因此，学校培养外语人才的模式也有所变化，教师的教学方法也应该有所变化。

但是目前，我国大多数学校的教学模式仍是黑板、粉笔、书、教师加课堂的方式，有的教师也用一点多媒体技术，但总的教学模式变化不大。由于资金、师资有限，我国学校的班级大多规模比较大、学生数量多，在这种情况之下，只能采取教师讲、学生记的教学模式，也就是教师讲讲单词、语法、翻译、课文，再让学生进行一些笔头练习，基本上没有给学生提供口语练习机会的可能，学生则专注于听教师讲课、记笔记，课后背笔记。这种已经沿用了一百多年的教学模式似乎很难改变。而且在这种大规模的班级之中，学生的基础差别大，教学内容众口难调，教师很难照顾到不同类型的学生。即使是有条件实施小班教学的学校，大多数教师仍然倾向于采取传统的讲授方式，师生之间缺乏互动，学生之间缺乏交流，单调的授课方式无法调动学生的学习积极性，无法有效提高教学质量和教学效果。

语言技能的掌握不是仅仅通过老师讲解实现的，而是通过不断运用、练习而提高、掌握的，如果不运用，即使学了很多东西，也会很快遗忘。培养学生英语的交际能力是一种习惯的培养过程，学生使用英语交际的习惯并非通过一两节课就可以培养起来，而是需要长期坚持不懈的学习、运用，需要主动的、有意识的操练。然而，我国传统的教学方法无法向学生提供运用英语实践的机会，这是导致大多数学生空有语言知识却没有语言交际能力的主要原因。

虽然我国已经引进了多种英语教学方法，但是这些方法大部分在我国的教学中并没有得到广泛应用，并且这些并非源于我国的方法并不是很适合我国英语教学的情况和特点，因此应用效果并不是十分理想。虽然我国的教学大纲对教法的选择有宏观的导向，但是具体实施方法却是由教师选择的。

因此，教师应当认真研究教学理论，理解教学方法，总结自己的教学实践经验，研究出满足教学需要的教学方法，并在实践中根据学生的具体情况、自己的教学特点、教学内容等，适当改变教学方法、技巧等。比如，根据教学内容是听、说、读、写各项技能要求的不同，教学的侧重点不同，可以采取不同的教学方法。

四、教材不适合教学需求

教材在很大程度上决定课程的教学目的和教学方法，因此，对于任何一门课程而言，教材的设计和选择十分重要，甚至决定了这一门课程教学的成功与否，英语也不例外。

我国非英语专业大学英语教材在内容选择上重文学、重政论，忽视了贴近现代生活内容。改革开放以来，我国社会各方面发展迅速，变化很大，但是外语教学的变化不大。就教材而言，有的已经连续使用了十几年，甚至几十年，教材内容已经与现代社会发展脱节，教材设置目的已经远不能满足现代的外语教学要求。其中最突出的是，传统教材教学对学生的口语部分要求非常低，鲜见实用性较高的口语练习。可见，落后的教材设计和模式已经不能适应学生充分交际的要求。

20 世纪 90 年代以来，虽然我国引进了和英美国家合编的或原版英语教材，如《走遍美国》《剑桥英语》《展望未来》《新概念英语》等名目繁多的教材，另外，我国本土教材的设计也已经有了很大的变化，已经较好地解决了我们原有教材的诸多问题。但是由于教材编写与内容挑选基本属于英美文学取向的教材，其中不少选文出自名家，是“久经考验，读者喜爱的经典著作”，这些“选自经典名家”的教学内容只追求“可教性与可学性”，而忽视最重要的实用性，学生从课本上学到的内容与现代英语相差甚远，难免使学生感到英语缺乏实用性，从而对英语失去兴趣。

总而言之，尽管我国不断引进国外的教材，并且国内的相关机构、学者也设计出多种教材但是始终没有一本教材能够达到人们所期待的自由交际的目的。

实际上，一本好的教材应该包括：(1) 好的教学指导思想；(2) 体现先进的教学方法；(3) 内容的安排和选择符合教学目标；(4) 教材的组成完整，包括学生用书、教师用书、练习册、录音带或录像带等；(5) 教材的设计合理，包括教材的篇幅版面安排、图文比例和色彩等；(6) 教材语言的素材真实、地道。教师是教材的直接使用者，在使用教材的过程中，可以结合以上的好教材要素发现现存教材存在的问题，还可以向学生征求意见，从而为教材的设计提出建议，开发出适合我国学生的科学的教材，促进我国英语教学的发展。

五、忽视文化的渗透

各国文化内涵深蕴，有很多方面要学习，而教师、学生的精力有限，不可能学习文化差异的所有内容，只能有所取舍。对我国学生而言，主要是以下三方面的差异影响交际能力：语言的文化内涵；中西文化习俗、行文规范；中西文化价值观。然而，我国教师和学生普遍认为，学好英语就是学好语音、语调、语法和词汇，但是实际上，即使掌握了完美的语音语调、精确的语法、巨大的词汇量，如果不了解中西文化的差异，就容易在跨文化交际中出现误解、误会甚至是不得体的行为。

我国教师和学生对英语学习的误解，导致教师的教学和学生的学习都把重点放在了语言知识上，而忽视了英语的文化背景。在这种观念影响下培养出来的学生，尽管掌握了大量的英语词汇，也十分熟悉语法知识，但是常常在听、说、读、写等方面受到很大限制。比如，由于对英语词汇内涵的不了解，将 soldier’s heart（军人病）误解为“铁石心肠”，将 blackbird（画眉鸟）误解为“乌鸦”，将“ she prefers dry bread.（她喜欢无奶油的面包。）”误解为“她喜欢干面包”等。再如，有些学生用姓称呼外籍教师，导致外籍教师的不满。因为在英语国家用姓作称谓的情况只限于几种少数情况，例如监狱看守对囚犯的称呼，教练对球员的称呼，小学里教师对学生的称呼。而称呼教授一般是“Professor+姓”，如称呼名字为 Linell Davis 的教授应该是 Professor Davis。学生的错误称呼，是因为不了解西方文化习俗、行为规范而造成的。我国学生对中西方文化基本价值观的差异缺乏了解，就容易误解西方人的某些行为方式。例如，美国人对父母的关爱方式是独立的，因为西方崇尚独立精神，如果父母完全依靠孩子，父母会觉得很失落；而在我国，孩子对父母的关爱，表现在孩子可以让父母完全依靠。

王佐良先生曾说：“不了解语言当中的社会文化，谁也无法真正掌握语言。”语言是交际工具，如果不了解语言所承载的文化，不了解文化差异，就难以顺利地进行沟通，那么语言的学习就失去了意义。文化差异的存在，往往容易导致跨文化交际的失败。教师在英语教学过程中，除了要强调听、说、读、写四要素之外，还要帮助学生了解西方文化，让学生了解文化的差异，从而学会跨文化交际。

六、英语教师水平参差不齐

英语教师作为英语教学的主导者，肩负着重大责任。教师素质的高低关系到学生对英语学习的积极性，关系到教学质量的高低，可以说，教师素质的高低关系到英语教学的成功与否。

随着我国对教育的重视和我国教育事业的不断发展，特别是近几年来，高等教育的招生规模不断扩大，无疑，这将大大提高我国人民的文化水平。但是，随着招生规模的扩大，出现了外语师资不足的现象。一些大学甚至还因师资不足请来了研究生担任公共英语课教师。另外，师资不足使英语教师工作繁重，没有足够的时间进行自我学习、提高教学水平。在这样的状况下，英语教师的门槛越来越低，英语教师的教学水平参差不齐。不少英语教师在发音、语法、教学方法运用水平、文化修养等方面都存在不足，有待提高。

教师的角色如此重要，国家应该加快、加强师资培养，教师自身也应该不断提高自身素质、改进教学方法，以更好地将自己掌握的专业知识和技能有效地转换为学生的能力。教师在树立创新的教学观念的同时，还要更新教学方式，重新调整知识结构，把教学重点由传授语言知识转变为培养语用能力。

第 2 节　多元文化对大学英语教学的影响

当今世界是一个文化多元的时代，不同民族的文化差异问题正在被关注。由于处于社会转型时期，各种文化思潮不断泛起，这些都会对教育产生一定的影响。多元文化的社会环境对学校教育产生了直接的影响，这种影响体现在学校环境的各个方面，使学校自身也成为一种多元的环境。如何在与各种文化要素的广泛联系中发展适应多元文化社会的教育，是学校教育面临的重要问题。

一、多元文化视角下英语课程的教学

随着世界各国、各民族经济的迅猛发展，世界的发展日益趋向多元化，国际交往增多，文化的流动和渗透日益明显。不同国家、不同民族因其历史、地理、语言等方面的差异，在价值观念、宗教信仰、风俗习惯等方面形成了独特的文化认同，构成各不相同、丰富多样的文化。不同文化的差异性在全球化的背景下凸现出来。由于不同国家、民族之间的巨大差异性，因此各种文化之间的冲突、碰撞变得激烈。于是人们开始关注文化的多样性，为了使人们能够适应文化多元性，多元化教育逐渐被提出来。随着社会的发展，人们对多元化教育的理论和实践研究逐渐深入。人们对多元化教育和课程进行了全面且深入的研究。

美国教育学、文化学专家詹姆斯·A·班克斯是美国著名的多元文化教育专家，他认为，多元文化课程的目标包括教学方法与教学评价多元化、教学内容多元化、知识结构的差异、消除偏见与歧视、加强校园文化建设及教育机会均等，其终极目标是形成学生容忍和接纳其他民族及文化的态度，获得多元文化知识与技能。英国多元文化教育研究领域专家詹姆斯·林奇认为多原文课程的目标包括“尊重他人与尊重自己”，并对每一部分分别在学生的认知领域的知识、技能所应达到的理想变化做了具体陈述。德国柏林高等教育法研究专家托比亚斯·吕尔克尔提出，在多元文化教育条件下，课程的目标应该是把面向实际经验的课程与具有现代化科目的课程结合起来。

（一）多元文化视角下的中国英语

英语成为实际上的国际交流语言经历了两个发展阶段。第一个阶段中，大批英国移民来到美洲、加拿大、澳大利亚、新西兰，并将英语带去和当地土著方言融合，分别发展成为美国英语变体、加拿大英语变体、澳大利亚英语变体和新西兰英语变体。这些英语变体共同构成了“新大陆英语”变体，并在很大程度上加快了英语的全球化。

第二个阶段发生在 18、19 世纪，主要是亚洲和非洲“新型英语”的产生与发展。其中非洲英语分为西非和东非。西非英语与“洋泾浜”英语和克里奥耳语有极大关联。当时英国商人来往于西非，和当地土著人做生意，使用混合英语交谈。至今，即使这些地方已经确定英语的官方地位，当地居民仍将“洋泾浜”作为第二语言。东非英语是指英国在东非建立殖民以后被广泛用于政府、法律和教育等部门的语言。东非独立后，英语成为他们的官方语言。

18世纪后半叶，英语被引入南亚次大陆。印度引进英国的教育体制以后，英语就成为印度教育领域使用最广的语言。英语在印度经历了印式化的过程，形成了具有印度特色的新的英语变体。今天，即使印地语已经成为印度官方语言，英语在印度的作用仍然不可小觑。东南亚和太平洋地区的英语也产生于这一时期。马来西亚、新加坡、菲律宾和中国香港等地使用的均是“洋泾浜”英语。

至此，英语的全球化历程已走上一个全新的阶段，世界各国均受到英语的深刻影响，并已经形成或正在形成新的英语变体，以致语言学家们很难将其分类。然而，英语的各种变体也都具有其自身的特点，在口音、词汇、语法等方面都和标准英语存在明显差别。其中，中国英语就是一个典型的例子。

1980年，葛传椝先生首次提出“中国英语”（China English）这个概念，以区分Chinglish和Sinicized English。李文中认为，“中国英语是以规范英语为核心，表达中国社会文化诸领域特有事物，不受母语干扰和影响，通过音译、译借及语义再生诸多手段进入英语交际，具有中国特色的词汇、句式和语篇，具有广阔的发展前景和研究价值”。除此以外，黄金棋、贾德霖、林秋云、谢之君等也都肯定了中国英语的存在，并认为对待中国英语的态度要谨慎，不能将其和美国英语、英国英语相提并论，它是跨文化交际中产生的干扰性变体。

通过上述有关专家的观点，我们可以认为，中国英语是“以规范英语为核心，用来表达中国特有的事物与现象的一种英语变体。它在遵守英语语言规则的前提下，保持着中国文化的特色，是英语跟中国特有的社会文化相结合的产物”。需要指出的是，中国英语和中式英语（Chinglish）是不同的两个概念。中式英语是不符合英语文化习惯和语言规范的“畸形英语”。

可以说，中国英语是英语和中国文化相结合的产物，肩负着承载中国文化的重任。作为英语的一种变体，中国英语在使用过程中所产生的“变异”也是意料之内的事情，只要能够实现语言交际，传递信息和文化，就并无对错优劣之分。尽管中国英语目前尚未被广泛地接受，西方人在面对中国英语时经常会有陌生的感觉，认为表达“不标准”“不地道”，但要想成功地完成交际活动，在中国英语充分尊重英语习惯和文化的基础上，西方人也需要充分理解中国英语中的他国特色，这样才能更加深入地了解中国文化。毕竟英语和汉语之间存在很大的鸿沟：不仅分属不同的语系，也承载着截然不同的文化。很多时候标准英语并不能表达出中国传统文化特有的事物和现象，出现极大的文化空缺。而处理这一情况最好的办法就是使用中国英语。中国英语的特点是由中国人特有的思维模式和中国传统文化所决定的。中国英语中处理文化差异的最好方法是异化和归化。我们在尊重英语规范与文化的前提下，尽量将所要表达的内容忠实地体现出中国文化，并争取得到国外更多人的理解和熟悉，只有这样才能保证国际交际活动顺利进行。

综上所述，我们认为：中国英语是中国人用以表达中国特有事物、文化的语言，它体现了中国人特有的思维方式，是汉语文化和英语语言结合的必然产物，是对英语的发展和丰富。随着我国经济文化的发展，我国在国际上的地位越来越高，影响力越来越大，越来越多的具有中国特色的事物、概念和文化会被翻译成英语，介绍到世界各地，这就必然为英语染上中国色彩，同时使英语受汉语文化的影响而更加丰富。中国英语也将和美国英语、印度英语等英语变体一样在国际上发挥特殊的作用和价值。当代中国学生更应该建立自信，将中国英语发扬光大，让中国走向世界，更让世界了解中国。

（二）多元文化视角下英语课程的目标

我国过去把“掌握语言基础知识和基本技能”作为培养外语人才的目标，已经不能满足现代社会文化多元化发展趋势。在多元文化的现代社会，我国需要重新制定英语课程的目标，了解英汉文化差异，增强跨文化意识，才能培养出符合当今社会需要的人才。根据对我国当今的社会背景，并借鉴他国的多元文化课程目标之后，归纳总结出我国的多元文化课程的目标。

1. 帮助学生学习和了解世界文化

世界各地因为地理环境、历史背景、社会发展、生活方式、科技水平等的不同，孕育了不同的文化传统，而每一种文化都有不可剥夺的存在理由和不可替代的独特价值，不同的文化群体使世界的文化呈现多元化。

随着社会的发展，各国、各民族之间的交流越加频繁，而不同的民族文化之间存在着巨大的差异，如果不能够了解不同民族的文化，就难以避免文化冲突。如果学生没有学习、了解世界文化的多样性，就有可能对其他国家、民族的文化持排斥、否定的态度，导致交往中的文化冲突，对学生个体的成长、社会的发展都将带来无法弥补的破坏。因此为了适应现代生活的需要，为了适应不同国家、民族之间交流的需要，教师应该帮助学生学习和了解世界文化，使学生了解到世界文化的多样性，使学生形成开放的心态去对待世界，不惧怕陌生的事物，不惧怕陌生的面孔，对外国文化理解、尊重，从而避免文化冲突，实现平等交往、成功合作。

学校教育应给学生提供机会，拓宽学生对外国民族文化（包括语言）的学习和了解，培养学生对该民族文化的尊重及深刻理解，获得理解世界不同国家、民族文化所必需的基本技能。

学校应给学生提供学习外国文化的机会，一方面是因为对某一民族文化的深刻理解及获得的积极态度，可以引导学生养成尊重其他外国文化的态度，并且在学习外国文化期间获得的跨文化的学习基本技能可以帮助学生更好地理解其他民族文化。这样，可以使学生在有限的学习时间和有限的精力下学习其他民族文化，实现教学的举一反三。另一方面，学习其他民族文化，可以为学生评价和反思本国文化提供一个完整的、系统的参考体系。通过系统地学习外国文化，深入了解外国文化的形成与发展，深刻领会其文化的内涵，从而可以为学生反省本国文化提供对比。缺乏对不同民族文化的学习，会使学生对本民族文化的反省不全面、评价不公正，甚至会使学生从不反思本国文化，这将不利于文化的发展。

2. 引导学生尊重和接纳世界文化

多元文化视角下，学生仅仅学习和了解世界文化是不够的。在世界文化呈现多元化的背景之下，要培养学生跨文化的交际能力，不仅需要帮助学生确立多元化观念，更重要的是引导学生尊重和接纳世界文化。

引导学生尊重和接纳世界文化，就是要引导学生广泛地了解多种文化，扩充对人类不同的丰富多彩的文化的认识，使学生发现多种不同的文化所蕴含的共同对美好生活、美好世界、美好未来的追求，理解平等与正义，使学生认识到促进社会的平等与发展是每一个社会成员的职责；引导学生尊重和接纳世界文化，就是要帮助学生运用所获得的方法与技能去探究其他文化形成与本质，时时以其他民族文化为参照，解剖、反思自己民族的文化，促进个人修养的不断成长；引导学生尊重和接纳世界文化，就是要帮助学生以开放的心态去认识世界、认识自我，养成多角度考察问题、概念的思维方式，发现文化多元的价值，增进对文化平等的认识。

值得注意的是，在多元文化教育下，本国文化课程不但不能削减，反而应该加强。多元文化教育是学校教育的一个组成部分，它与国家的教育目的是一致的；但它也不是学校课程的全部，它是与单一文化教育相对而言的，是以单一文化教育的存在为前提的。没有一个已有的、本国的、本民族的文化学习，就无所谓外国的、其他民族的文化学习；一个国家、一个民族只有具有和保留本国文化的独特性，才有可能在国际上占有重要地位，才能对世界文化的发展作出自己的一份贡献。理解自己与理解他人本身是一个互相促进的过程，多元文化教育在理解与尊重其他文化的过程中，同时也是对自己文化的更深刻的理解及发展。

3. 培养学生批判性思维

在多元文化视角下，我们不应用自己的文化、道德、价值观的标准去衡量和评价，或者拒绝其他民族文化，也不应盲目模仿、追随其他民族文化，而应以公正、宽容的态度对待其他文化并坚持自己民族的优秀文化。因此，多元视域下的英语课程除了要帮助学生学习和了解世界文化，引导学生尊重和理解世界文化，还需要促进学生反思本国文化，发展学生的批判性思维。

如果说中小学阶段的英语教育注重的是英语语言知识的教学，那么思维能力就是高等教育的教学核心。思维能力对学生的语言学习乃至对宏观事物的认知都起着至关重要的作用，在国外，很多学校都将培养学生的思辨能力作为教育目标纳入教学计划。1993

年，美国政府把思维能力纳入教育目标中。2001 年，美国德克萨斯州和英国剑桥大学等在高校入学考试中增加了思维能力测试这个部分。而我国的英语教学仍然沿循传统的英语教学理念和模式，并未对学生思维能力的发展予以足够的重视，造成当前英语专业学生的分析、推理、解释、批评等能力普遍较弱，且发展速度甚至还比不上其他文科专业的学生。针对这种情况，我国英语教学应将培养学生的思辨能力视作高等英语教学的重中之重。

近几十年来，国外关于思维能力的研究较国内更加成熟。这些研究成果中，“德尔夫研究”模型（The Delphi Research）和保罗·埃尔德什提出的思维结构模型是最有名的两个理论模型。“德尔夫研究”指出，思维能力是由认知能力和情感特质两个部分构成的。“认知能力包括理解、分析、推论、评价、解释和自我修正等 6 个部分。情感特质指寻求真理、思想开放、分析能力、系统性、自信心、追根探究和认知成熟等 7 种性格特征。” 1990 年，美国学者保罗·埃尔德什从教学需求的角度指出分析思维包括 8 项要素、9 个评判标准和具有批判性思维的人所具备的 7 个智力特征。“8 个要素为：目的、问题、概念、信息、结论、假设、蕴意和视角。9 个标准：清楚、真实、准确、相关、深度、广度、意义、逻辑和公正。7 个智力特性分别为谦虚、勇气、移情、正直、毅力、推理和公正。”

通过上面两个理论模型的介绍我们不难看出，思维能力包括理解能力、分析能力和评价能力以及追求真理、公正，自信和思想开放等多个特质。具体来说，即要求具备全面思考、分清主次、通过现象看本质、具体问题具体分析的能力。根据思维能力的这些要求，我们可以借鉴西方文化下的研究视角和研究成果，结合中国学生的现实情况进行有针对性的训练和培养。

目前国内的英语教学仍然实行一二年级重点教授英语基础知识，培养学生的基本技能、正确的学习方法和良好的学习习惯；三四年级在巩固基本功的同时学习英语专业知识，扩大知识面，增加对文化差异的理解。从认知的角度来看，国内大学阶段的英语专业学生的认知程度要高于其学习内容所要求的认知程度，这就造成学习内容对学生的思辨能力缺乏应有的挑战。另外，当前英语教学中大量使用模仿、记忆、重述的机械练习法，这显然无法培养学生分析、推理和评价的能力，造成学生的思辨空间有限，训练不够。对此，我们不妨借鉴西方学者的研究视角，通过西方文化认知观念来改变我们传统的英语教学观念和教学方法。

相对于中国文化的感性思维和集体主义价值观，西方文化更强调理性思维，并强调个人的追求和发展。因此，西方学者更加重视对事物的客观认识和对个人思辨能力的培养。安杰利·瓦兰金（Angeli.Valanides）提出了四种提高学生思辨能力的教学方法：通用型（general）、混合型（mixed）、灌输型（infusion）和沉浸型（Immersion）。课堂教学中，角色扮演、口头报告、小组对话、分析文章、合作学习、项目研究、论文写作等课堂活动往往比选择题更加有助于提高学生的思维能力。它们使学生在发挥主观能动性的同时能够积极思考，运用批判性思维，最终对所研究、讨论的事物形成全面的、客观的、独特的、辩证的观点。由此可见，学习世界文化给学生审视本国文化提供了良好的机会。多元文化教育、多元文化课程为学生打开了视野，使学生能够从多个角度看待本国文化以及目的语文化。在对本国文化与外国文化对比分析中，学生能够用新的视角去看待、考虑母语文化中的观点与现象，发现其中隐藏的文化预定，并以多元文化的视角反思这些既定的价值观、信仰、行为方式。部分之前认为无可厚非的或者“天经地义”的观点在多元文化的视角下变得摇摇欲坠，部分新鲜的外国文化观念展现出其优越性。多元文化的碰撞促成了学生对本国文化，乃至对外国文化的反思，并取其精华，去其糟粕，最终建立起属于自己的个人文化观念。只有广泛接触世界文化，了解世界文化的多样性，了解本国文化与其他文化的差别，学生个体的独特性才能得到自由的发展与充分的尊重，文化的繁荣昌盛才有可能实现。

综上所述，在世界文化碰撞剧烈的今天，国内英语教学不能再局限于中国文化观的指导而应从多元文化的角度来审视国内的英语教学，发现其中的不足，树立科学的英语教学目标，以便更好地提高我国高等院校英语专业学生的思辨能力，形成成熟的批判性思维，为将来的学习和工作起到促进作用。

（三）多元文化视野下英语课程的价值选择

1. 语言与认同的关系及其启示

关于语言与认同之间的关系，国际上存在两种看法，即结构观和建构观。结构观强调了形成认同的社会条件与限制，认为认同就是在社会结构的影响下去除个人化，将个体视为群体中个成员的过程。语言学习者的社会认同通常受到其母语和目的语之间权力关系的影响。结构观认为，一个群体本质上具有某些固定的相同要素，而语言被认为是群体认同的一个重要标志。

从结构观来看，要想实现群体认同，语言是必须冲破的关卡。这对英语教与学来说具有重要意义。学生只有获得语言能力的提升，使自身的语言水平尽量达到本族语使用者的水平，才能更多地被目的语群体所接受。学生个体是否能够被本族语人群所认同的衡量标准就是其语言的程度。

结构观理论对于语言研究具有重要的意义，并曾长期占据主导地位。然而，结构观仍然存在一定的局限性，即过分强调社会结构的限制作用，忽略了个体的能动作用，语言对于群体认同的作用以及语言和认同之间复杂的、多元的关系。20 世纪 90 年代，建构观取代了结构观的主导地位。

“从社会建构的视角来看，现实、知识、思想、事实、文本、自我等，都是由社群生产和维持着语言性存在，广而言之是符号性存在，它们定义或‘构成’生产它们的社群。”此观点将语言看作社会中的各种规则、力量和资源相互协商和竞争的产物。认同既不是个人主观意图的结果，也不是社会结构的附属，而是在具体的社会环境下，在互动的过程中和语言互相构建的、流动的、多元的过程。例如，认同“某个人是谁”的问题涉及方方面面，既不是纯粹的个人臆断，也不是外界环境给定的结果，而是发生于交际活动当中的，社会环境和个体相互作用的一个过程，而这一过程离不开语言的使用。

从建构观来看，认同并非仅靠语言本身就实现的，而是社会结构下包括语言在内的各项力量综合作用的过程。认同也并非是终点和结果，而是不断变化着的过程。这就意味着，语言本身的学习并不能实现群体认同，而要在语言学习过程中融入更多的社会力量，使其和语言综合作用，并在这个作用过程中逐渐实现群体认同。其中，这里的社会力量离不开社会中的各项文化因素以及跨文化交流中存在的巨大的文化差异。

语言研究经历了结构观向建构观的转变之后，语言学习活动不再是社会结构决定的行为复制，也不仅仅是个体特质差异的体现，而是复杂的社会现象、有关个人人生轨道和社会发展的活动。这一观点的转变有利于揭示阻碍语言学习的社会因素，也有利于英语教学将学生的语言学习置于学生整体各种经历、心理、认知等全部的发展历程中来安排，从本质上改善学生语言学习的效果。

2. 英语课程的设置

由于多元文化影响的不断深入，多元文化教育得到人们的重视与关注，多元文化课程为当今世界课程改革注入了新的活力，为新的课程改革提供了一种可供选择的路径。但是，有人质疑，多元文化主义过分强调文化特殊性，很容易导致只是对自己的民族文化感兴趣，对其他文化则容易采取隔绝、冷漠甚至排斥的态度。换句话说，就社会整体而言，多元文化主义可能造成各个民族为了各自的权益而分裂与冲突；就国与国之间来说，它可能煽动民族主义情绪，导致对异己的诬蔑甚至迫害。但不得不承认，我们确实已步入了一个多元文化的时代，由于文化类型多种多样，文化积累也比任何时代都丰富和深刻得多，多元文化课程要将何种类型的文化纳入课程中，让学生更多地接受本族文化的教育是否会影响他们接受其他先进文化教育的完整性，随着多元文化的深入与多元文化课程的出现，出现了诸如此类的值得思考的问题。因此，对于多元文化背景下的课程，必然有一个价值选择的问题，而课程文化的价值选择必然影响课程的发展方向。

（1）要有多元的发展视野

当今世界，经济和科技的迅猛发展客观上要求各国跨出国门、走向世界，加强与其他国家的交往与合作，跨文化交际日渐兴盛。随着世界各国文化交流的加强，文化冲突受到了人们的关注。每一种文化都有其形成背景和发展历程，每一种文化都有其价值。尽管世界文化呈现多样化的趋势越加明显，但是关于一元文化与多元文化的争论依然存在而且还将持续下去，然而，无论如何，在文化多样性而又急剧变动的世界格局中，以往人们通常用来描述文化的单性的方法不再适用，而多元文化主义并非解决现实社会中课程问题的灵丹妙药，甚至根本就不存在解决现存问题的现成办法。学校的多元文化教育、学校开展多元文化课程，目的正是为了在复杂多变的世界格局和人类发展中，开拓学生文化理解的新视野，培养学生的多元文化视野，从而培养学生跨文化交际能力。这就要求多元文化教育将文化一元与多元的矛盾联系起来，文化一元与文化多元相互补充，使文化普遍性与特殊性共存，文化共性与个性相平衡，强调不同文化之间的平等和独特品质，促进世界文化的繁荣发展。多元文化课程旨在分享不同文化的成就与贡献，促进不同文化族群之间的有效交流、相互理解、相互认同和相互尊重。

教师作为教学的主导者，在帮助学生学习和了解世界文化、确立世界文化多元化的观念、培养他们的跨文化适应能力中发挥着重大作用。发展多元化的视野，首先需要培养具有多元文化视野的教师。

发展多元文化视野，首先需要更改观念。长期以来，培养教师强调的是熟悉主流文化传统、传播科学真理，而不是具有多元文化眼光、认识不同文化、尊重不同文化，致使培养出来的教师缺乏多元文化观，对多元文化教育意识淡漠。培养教师，应该首先改变教师对多元化教育的观念，应该让教师认识到多元文化教育并非只是教一些历史文化内容，而是一种理念，是要让所有学生接受平等的教育，了解世界文化的多元性，培养学生的跨文化意识，引导学生用积极的态度以及文化价值取向，尊重与接纳不同的历史文化。

因此，要有多元化的发展视野，首先在教师培养上要更新观念，要将培养具有多元文化教育观的教师纳入培养目标。教师培养必须帮助未来教师更清楚地认识多元文化教育对他们各自学科领域和教学情境的意义，应对世界其他民族的文化、语言有所认识与了解，发展他们对文化差异的正确认识及尊重多元文化的态度，养成他们设计多元文化教学情境的能力。

（2）多元文化课程要具有系统性

多元文化课程并不是各种不同文化的内容简单相加的结果，而是通过一种统整的方法，将相互作用的各种文化内容整合起来。在多元文化视角下，课程设置仍以主流文化的人、事、物为主，但多元文化的观点应渗透到学校全部课程之中。多元文化教育的发展必须是一个整体的过程，在该过程中，所有相互联系的各方面彼此联系。推进学校的多元文化教育是一场整体的改革，课程和教材是核心，而与学生有较近的人际互动关系的教师起着关键作用。只有综合系统的改革，才可能设计出卓有成效的多元化教育课程。

课程内容应公正、客观地反映不同文化，有助于学生全面理解不同文化，感到不同文化处于同等重要的地位，培养学生尊重不同文化的意识，形成学生跨文化交往的知识、技能。尤其是在涉及历史及当代重要的、有争议的社会问题时，力求以不同的角度、开放的方式来进行分析和讨论，开阔学生的视野，拓展学生的思维，引导学生以开放、宽容的眼光看待问题。同时，不可忽视本民族的文化教育，要引导学生在立足于本民族文化基础上，融入各种文化内容，对世界文化进行批判性学习，反思本民族文化，从而获得自我发展。

一直以来，学校推行的是一元课程。一元课程是单一封闭的，热衷于整体划一，即统一的目标、统一的要求、统一的内容、统一的时间、统一的形式、统一的评价标准。这种整齐划一的课程设置使丰富多样的教育实践失去了活力，丰富多样的个性失去了生命力。而随着世界文化的多元化，一体化让位于多样化，一元课程应该让位于多元课程。学校课程如果不能适应世界文化多样性的变化，在课程中不能体现文化的多样性，就必然落后于社会的需求，亦不能满足学生多样化发展的需要。因此，学校课程一方面要将多元文化内容有机地融入学校教育的网络之中；另一方面要以增加选修课程、核心课程、增补单元等方式对课程结构作出调整，将一元课程变为多元课程。在调整过程中，要对课程设置予以全盘设计，设置多元化的课程，为学生提供学习、理解并接受多种文化的机会，培养他们在跨文化环境中的适应能力。

（3）要坚持个性指向

多元文化教育包含了这样一个理念：所有的学生都应该有一个平等的学习机会，无论他们的性别、社会阶级、民族或文化特征。这种平等的学习机会显然不只是入学机会的平等，而是能同等地获得学业成功的机会。因此，在多元文化的教学情境中，教师们不能忘记，每一个学生是一个独一无二的个体，每个学生都有自己独特的学习方式，教师的教学不但要建立在此基础上，而且要帮助学生发现他们自身特殊的学习方式，以使他们能更有效地学习。在多元文化视角下，教师应该着眼于如何提高学生的自我观念，如何促进不同文化背景的学生合作学习，教学如何适应学生的学习方式。

目前的一元课程存在一刀切的问题，多元文化课程必须树立尊重个人、发展个性、培养自我责任意识的观点。个性不仅指每个人的个性，而且也意味着每个家庭、学校、社区、企业、国家、文化以及时代的个性。发展个性是尊重、培养和充分发挥每个人的个性特长，让每个学生真正地认识自我个性，认识他人的个性并尊重他人的个性，了解自己的个性和他人的个性，才能更好地尊重并发挥自己和他人的个性，这是贯穿在个人、社会、国家一切方面永恒的哲理。因此，在多元文化视角下的英语课程，要改变学生对知识的被动接受，引导学生寻找适合个人特点的主动学习；要建立民主平等的师生关系；强化教育的变革，经常反省，根据实际教育的目标、内容、方法作出修改，保持进取、创造和更新的活力。多样化与个性化是一个问题的两个方面，多样化是从数量上保证个性化得以实现，个性化是从质量上促进多样化的发展。多元文化视角下的英语课程，要满足所有人基本的学习需要，学校课程就必须在多样化和个性化上作出必要的选择。

第 3 节　多元文化视角下的大学英语教学改革与发展

随着我国教育的发展，以及英语教学自身发展的内在规律的要求，我国英语教学进入了新的转型时期，这一转型时期对人才的标准提出了更高的要求，为了适应国家和社会对人才培养的需要，我国必须深化教育改革，提高教学质量。随着社会的发展，世界文化呈现多元化，在这种多元文化视角下，当代英语教学必然会有新的发展趋势。下面，我们将探讨在多元文化视角下，大学英语教学的改革和发展趋势。

一、多元文化视角下英语教学的改革

近年来，随着我国教育事业的发展，我国英语教学取得了显著的成绩。但是随着社会经济的发展，社会对人才的需求也不断发展变化，但是我国现阶段英语教学的现状与效果还远远不能满足现代社会的的需要。尤其是随着世界文化多元化的加剧，我国英语教学并不能满足国际竞争态势的要求。总之，我国英语教学中仍存在着不少困难，因此为了满足多元文化视角下的国家需求，英语教学改革势在必行。

（一）教学观念的改革

我国传统英语教学中，学校一贯坚持培养学生具有较强的阅读能力和一定的听、说、写、译能力的教学目标，实施以教师为中心的教师讲、学生被动接受的灌输式教学。但是随着社会的发展，社会对人才的需求发生了变化，英语教学也需要进行改革。教学改革应以观念改革为先，教学观念的改革也是教学改革的首要任务。教学观念的改革包括两个方面：一是教学目标的改革，我国教学目标的改革是指，教学目标应从原来的以阅读理解为主转变为以听说为主，全面提高综合应用能力；二是教学主体的改革，即以教师为主的课堂教学转变为以学生为主的课堂教学。

1. 教学目标的改革

近年来，我国的英语教学效果受到社会学者的诸多批判，批判意见主要集中在以应试教育为主的英语教学培养出来的学生只会读英语不会用英语进行交流，学生学的是“哑巴英语”。因此，许多学者强调应对英语教学进行改革，重视听说能力的培养，加大口语和写作训练的力度，要在教学观念上从英语语言知识的传授转到英语运用能力的培养上来。

我国在 1986 年提出的目标是“培养学生具有较强的阅读能力、一定的听的能力（理工科目标为：一定的听和译的能力）、初步的写和说的能力，使学生能以英语为工具，获取专业所需的信息，并为进一步提高英语水平打下较好的基础”。1999 年提出的目标是“培养学生具有较强的阅读能力和一定的听、说、写、译能力，使他们能用英语交流信息。英语教学应帮助学生打下扎实的语言基础，掌握良好的语言学习方法，提高文化素养，以适应社会发展和经济建设的需要”。我国新的《大学英语课程教学要求》（试行）将大学英语的教学目标定位为“培养学生英语综合应用能力，特别是听说能力，使他们在今后工作和社会交往中能用英语有效地进行口头和书面的信息交流，同时增强其自主学习能力，提高综合文化素养，以适应我国经济发展和国际交流的需要”。由此可见，随着社会的发展和国家需求的变化，我国英语教学的目标也进行了不断的改革和调整。

但是，教学目标的改革切不可过激，要求重视听说能力的培养并不意味着可以忽视读写能力。实际上，读写能力水平的高低在很大程度上影响听说能力的提高。在语言学习的过程中，应以语言输入为先，只有大量输入信息进行消化吸收才能转化成一定程度的外部语言，才能提高口语能力。而阅读是信息输入的重要途径，没有足够量的阅读，就很难培养听说能力。并且，听、说、读、写、译五项技能是一个相辅相成的整体，忽略任何一方面，都会限制其他技能的发展。因此，在矫正以往的过度重视对读写能力的培养而忽视听说能力的培养的教学目标时，也要注意不要走向另一个极端，而将全部精力放在培养英语交际能力上，忽视了英语基础知识的传授。

同时，教学目标要求重视听说能力的培养更不意味着完全忽视英语基础语言知识的学习。学习任何一门语言，都不能脱离基础知识，语言没有基础知识作为基奠就不能运用，英语教学中的知识传授和能力培养是相辅相成的。英语教学以培养学生的英语综合应用能力为目的，英语知识的学习是培养学生英语综合运用能力的基础，而能力的培养是关键。只有学习和掌握基础知识，并把基础的知识吸收消化为相对稳定的个人内在素质，才能培养综合的英语运用能力。在教学目标的改革中，一定要处理好英语知识、能力与素质三者之间的关系。

值得注意的是，英语知识绝不能简单地理解为英语语音、词汇和语法等基础知识，在多元文化视角下，英语知识还应包括语言背后的文化知识、学生的经验知识等，是一个综合统一的系统。随着世界文化多元化发展，跨文化知识的教授将会越来越重要。

任何事物都处于发展变化的过程之中，我国未来对人才的要求也将不断处于变化之中，教学目标也应该随着需求进行改革。

2. 教学主体的改革

在传统的英语教学中，沿用的是“以教师为主”的原则，忽视了学生的主体作用，教师负责教，学生负责学，教学就是教师对学生的单向“培养”、学生被动接受的活动。在这种教学中，教师是演员，是教学的主体，学生是观众，只是被动接受教师讲授的知识，根本不需要进行太多的思考、分析、归纳和判断，只需要在课堂上听老师教授的知识，课后背诵老师讲授的知识。这不利于培养学生的语言综合能力，尤其是听说能力。

在这种传统的教学中，课堂教学表现为：以教为中心，以书本为中心，学生围绕着教师进行学习。在这种教学中，一方面教师觉得自己为了一节课必须花费大量精力进行准备；另一方面，学生觉得教师就是知识的占有者和传授者，只需听教师讲课即可，而不需要自己进行思考，也没有语言实践机会，因此逐渐形成了对教师的依赖，在课堂上没有学习积极性，更谈不上应用能力的提高。最终形成了教师教得累，学生学不到的局面。

随着社会对人才标准提出更高的要求，培养高素质、创造性人才对英语教学提出了要求。在新的社会形势之下，教学主体应该由教师转变为学生，形成以教师为主导，以学生为主体的课堂教学形式。在以学生为主体的背景之下，学生是教学活动的基本出发点，居于教学活动的中心地位，而教师成为了课堂教学活动的组织者、引导者。

英语不同于其他学科，英语是一门实践课，英语语言技能的获得需要通过学生个人的实践才能得到培养和提高，因此英语的教学效果也应该以学生的学习效果为依据，而学生的学习效果在很大程度上取决于学生的主动性和参与性。

以学生为主体，并不意味着抹杀教师的作用。相反，教师在教学活动中的作用更加重要。授人以鱼不如授之以渔。在以学生为主体的教学活动中，整个教学活动是以学生的语言活动为中心，教师的任务不仅仅是向学生传授知识，更重要的是要教会学生主动获取知识的能力。教师要向学生传授语言学习的规律和方法，启发学生进行思考，注重培养学生的自学能力和主动获取知识的能力。以学生为中心就要求教师充分调动学生的积极性，有效组织学生开展教学活动，及时发现学生的困难，为学生克服困难提供建议、帮助，成为学生学习的引导员。也就是说，教师必须理解和满足学生的知识、智力、情感和个性需求，在教学中起到组织者、管理者、鼓励者、合作者和解惑者的作用。

总之，教学改革要以观念改革为先，观念改革既包括教学目标的改革，又包括教学主体的改革。教学目标的改革，是要以培养学生英语综合应用能力为教学目标，既要重视听说能力的培养，又不可忽视读写能力的培养；教学主体的改革，是要突出学生在教学活动中的中心地位，既要充分体现学生的认知主体作用，又要发挥教师的主导作用。

（二）教学内容的改革

在英语教学中，教学内容的改革是重点。下面，我们将探讨教学内容改革的必要性、理论基础和改革的途径。

1. 教学内容改革的必要性

语言具有表达形式和表达功能两套系统。但是，我国传统的英语教学过分注重了语言表达形式的学习而忽视了语言表达功能的学习。也就是说，传统的英语教学一般重视语音、单词、语法的学习，学生和教师都过分重视形式：教师大多是逐词逐句讲解词语句子的含义，着重讲解词法、句法、语法；学生在课堂上主要是听教师讲课、记笔记，教师和学生都忽略了语言的实践活动。这样，虽然可以帮助学生打下扎实的知识基础，但是也导致学生学了多年英语却不会用英语进行简单的沟通，学生即使学了再多的语言规则，成为一个“语法专家”，也摆脱不了“哑巴英语”的形象。然而，我们学习语言是为了用它来沟通，而不仅仅是阅读，更不仅仅是为了掌握单词的意义、明白语法规则，如果不能用英语进行实际沟通，学习英语就失去了意义。要培养学生的英语综合应用能力，就需要在教学内容上进行改革，增加课堂上的语言实践活动，让学生有开口说英语的实践机会，也只有在实践中不断锻炼，学生才能真正提高英语的应用能力，才能够学以致用，达到英语教学的目的。

随着世界文化多元化的发展，现代的人才需要学会与来自不同社会背景、不同文化背景、不同政治制度背景的人们相处，具备跨文化交际的能力。因此，当代英语教学既要向学生传授语言基础知识，锻炼学生英语交际能力，更重要的是要培养学生正确使用英语进行沟通的能力。也就是说，在多元文化视角下，课堂教学应该帮助和引导学生了解异国的文化和社会，培养学生的跨文化意识，使学生在将来的多元化社会中学会理解他人，学会尊重他人，学会寻求合作与发展。课堂是学生获得跨文化知识的场所，因此教学内容的改革应该符合社会需求，增加异国社会文化知识。

在我国的英语教学中，教师是课堂教学的主宰者，教学活动往往是教师讲、学生听，教师侧重于大量讲授语言知识，忽视英语学习方法和规律的传授；而学生过度依赖教师，缺乏主动学习的积极性，很多学生对自己的英语知识水平和学习风格缺乏应有的认识，不具备掌握和控制自己的学习过程的能力，缺乏依据自己的英语学习情况选择学习方式的能力，也缺乏评估自己学习结果的能力。所以，英语教师应该在英语教学中增加对英语学习方法和规律的讲授，培养学生的自主学习能力和良好的学习习惯。

英语课堂教学不仅要教授英语语音、句子、语法，更要教会学生真正领会语言后的真正含义，教会学生真正掌握语言的运用技巧，培养学生在多元文化视角下正确进行交际的能力。要做到这些，根本途径是改革英语课堂教学内容，创新教学方式方法。

2. 教学内容改革的理论基础

以上我们讨论了英语教学内容改革的必要性，下面我们将提出英语教学内容改革的理论基础。

（1）建构主义学习理论

建构主义学习理论认为，学习不是一种被动的“复制”活动，而是学习者认知结构的主动建立、重组、改造和发展。建构主义学习理论主张教师应该了解学生的想法，了解学生对所教授内容的反应，训练学生建构重要概念和原则的技能，并为学生提供意义建构的帮助。也就是说，教师应该在教学中帮助学生深刻理解当前学习内容所反映的事物的性质、规律以及该事物与其他事物之间的内在联系，从而帮助学生建构意义。然而，现行的英语课堂教学内容知识向学生传授彼此孤立的语言知识，并没有科学系统地反映英语语言的内在规律以及语言要素之间的内在联系，使学生很难建立起自己的认知结构。

（2）认知理论

从心理学中发展分化出来的认知研究深入系统地揭示了人类认知世界、掌握知识的过程。从认知的角度来看，英语的学习既包括词语、词组和句子的积累方法，又包含概念和规则的辨别方法，以及解读英语和表达英语的方法和技巧；英语学习的过程，既是学习陈述性知识的过程，又是学习程序性知识的过程，更是从陈述性知识向程序性知识的转化过程。在英语教学中，由于认知主体即学习者在知识结构、理解力和记忆力上的不同，即使是对同样的认知客体即英语语言，也必须采取不同的认知策略和学习策略。认知理论认为，对以命题形式贮存于记忆中的语言信息进行加工的认知过程是人类知识的基本存在形式。命题由两个或两个以上的概念组成，一个句子可以包含几个命题，构成命题网络，将事件信息储存在人的记忆之中。人们说话时的句子表达，就是对记忆中已有的命题进行组合；人们对别人话语的理解，是分析所听句中的命题及命题间的关系。储存在记忆中的是命题，不是句子，所以表达时用的可能不是原句。语言表达和思维方式、母语知识以及认知风格、认知策略之间的相互关系并非传统语法所能揭示的，因此现行的以语法为中心的英语课堂教学内容难以实现教学改革的目标，即培养学生的英语综合应用能力。

3. 教学内容改革的途径

英语教学内容改革是一个漫长的过程，涉及范围较广。在此，我们提出英语教学内容改革的两个方面内容，也是英语教学内容改革的两个途径。

（1）改革英语教材

英语教学改革的目的是提高学生综合的英语语言能力。英语的学习既包括语言输入，也包括语言输出，也就是包括读、写、译、听、说五种技能。这五种技能关系密切，相辅相成，由语音、词汇、语法、文化、语境等要素有机构成的英语语言体系支配着这五种技能。因此，要培养这五种技能，首先需要系统地学习英语语言体系。但是，在我国英语教学中，教材中的内容往往以语音、单词、语法为主，教师和学生也往往过度重视语音、词汇、语法的教学和学习，而忽略了文化、语境，对很多学生来说，英语学习就是学习英语阅读、翻译、写作，而忽略了对听、说技能的学习。

教材是教学内容的载体，教材决定了教什么和学什么，因此教学内容改革的重要途径是改革教材。在进行英语教学内容改革时，首先要改革英语教材，在教材中增加英语语言文化、语境的内容，增加听、说的练习，在教材中体现英语读、写、译、听、说五种技能之间的关系。科学全面地揭示英语语言体系要素及要素间的关系的英语教材，使学生认识到英语学习是一个系统的过程，有机会接触完整的英语语言系统，在教师的指导和帮助下通过自主学习对英语语音、词汇、语法、文化、语境加以掌握，并在读、写、译、听、说等语言实践中理解、体验、掌握英语语言体系及体系各要素之间的有机联系，从而真正吸收、消化英语语言知识，真正掌握并提高读、写、译、听、说技能，形成综合的英语语言应用能力。

（2）改革教学方法

即使教材经过改革已经能够满足现代社会对人才的新要求，如果教师还是沿用原有的教学方法进行教授，那么教材的改革就完全没有意义。因此，实现教学内容改革必须辅以教师教学方法的变化。目前我国已经有部分教材结合社会变化的实际需要，综合体现英语语音、词汇、语法、文化、语境等因素，不仅重视学生读、写、译能力的培养，而且重视培养学生的听说能力。但是在实际教学中，有些教师仍然沿用原有的教学方法，在教学中仍然是注重讲解单词、语法，忽视文化、语境的讲解，忽略教材中的听说能力的练习内容，并没有按教材给予学生语言实践机会尤其是听说的实践机会，使教材改革成为一纸空文。

在多元文化视角下，教师应该重视英语的语境，帮助学生明白同一话语在不同语境之下的意义差别；在课堂中要引导学生注意教材中的文化知识，并且有意识地在课堂教学中融入英语文化知识，培养学生的跨文化意识和跨文化感悟力，从而提高学生用英语进行正确交流的能力。同时，除了给学生提供锻炼读、写、译能力的语言实践机会，更要为学生提供锻炼听、说技能的语言实践机会，从而使学生综合掌握读、写、译、听、说五项技能。例如，教师在对教材中某篇课文进行讲解时，可以通过提问、讨论使学生明白中英文化的差别，消除学生对课文理解的障碍，然后根据课文的内容和学生的兴趣提出一些话题让学生以小组的形式讨论，使学生在讨论中积极思考，踊跃发表个人见解，从而锻炼了他们独立思考的能力和语言表达的能力。

（三）教学手段的改革

随着我国与世界经济的融合程度越来越高，社会对人才的知识、能力、素质的要求不断快速更新，尤其是对人才的英语能力要求不断提高。但是，我国传统的英语教学模式是“教师—课本 / 课堂—学生”，这在很大程度上抑制了学生英语学习潜能的发挥，降低了学生对英语的学习兴趣，降低了英语教学质量。为了提高学生的英语学习效果，英语教育界和学术界一直在探讨、寻求促进英语教学的教学手段。随着科技的发展，尤其是信息技术的飞速发展，计算机技术、网络技术和数字化声像技术的发展，多媒体应运而生。网络远程教学、多媒体课件等成为英语教学的崭新手段。

1. 利用网络推进教学手段的改革

过去，人们使用网络往往是用于收发电子邮件、网上聊天等进行人际交流，随着网络技术的发展，人们逐渐认识到它的教育功能。丰富的信息资源、快速的网上查询、方便即时的网上聊天等都有利于为英语教学提供很多的方便，使英语学习从学校空间有限的教室转移到网络上的全球性教室。随着网络技术的发展，远程网上教育、虚拟大学、虚拟图书馆、微课、慕课如雨后春笋般涌现，层出不穷，互联网的英语教学组织逐渐增多，国际交流日趋频繁，这些都大大提高了英语教学的效率以及教学质量。这是因为网络运用于英语教学中具有以下几个主要特点。

（1）网络教学的实时性

网络具有实时性特点，通过先进的通讯和网络技术运用，英语网络教学也具有实时性特点，可以实现异地的教学同步，实现教师和学生交流的实时进行，有利于教师及时从学生处得到反馈，也有利于学生及时向教师提出问题，从而使得教师可以及时帮助、引导学生解决困难提高教学质量及学生的学习效果。此外，通过教师与学生的及时交流沟通，可以拉近教师与学生之间的距离，有利于建立良好的师生关系，促进教学的顺利进行。

（2）网络教学的交互性

在网络技术的支持下，教师在英语教学过程中可以利用网络向学生提出问题并引导学生进行讨论回答，学生也可以通过网络向教师提出问题，教师也通过网络为学生解答。这样，教师和学生相互沟通，进行双向交流，教与学相辅相成，达到教师与学生相互交流中相互促进的作用。

（3）网络资源的多样性

统一英语教学的内容和形式都受到较大的局限，而网络突破了传统教育的局限，呈现出丰富多彩的特点。网络是一个英语资源的大宝库，它包含了以图像、声音、动画、影像、文字等多体信息呈现的新颖、广泛、生动、实用的多种英语学习素材，为教师和学生提供了一个形式生动逼真、内容包罗万象的教学环境，带领教师和学生进入一个丰富多彩的英语世界，帮助教师提高教学水平和教学质量，帮助学生提高学习兴趣和学习效果。

（4）网络资源的开放性

开放性是网络资源的重要特征。网络上的英语教学资料总是最新的、开放的，这些信息来自不同的国家和地区、学科领域，网络克服了传统教学手段在时间、空间、教学对象上的种种局限，使所有的网上用户能够共享这些信息资源。

（5）网络资源的针对性

由于我国目前英语教师数量有限，不能满足英语教学的要求，因此大班教学成为了我国英语教学的一个常见现象。班级规模大、学生数量多，教师很难满足不同学生的学习需求。网络在英语教学中的应用，使教师可以根据学生的学习情况及时地调整教学内容，并且有针对性地对不同的学生进行不同的辅导，做到“因材施教”，达到最佳的学习效果；通过网络，学生也可以根据自己的具体情况自主地安排学习，包括自己学习的内容、学习时间和学习进度。

随着社会、教育事业以及网络信息技术的发展，网络在英语教学手段的改革中举足轻重。教学改革强调教学应以学生为主体，凸显学生在教学中的中心地位，充分发挥学生在学习过程中的主观能动性，而不是以教师为中心、学生被动接受的传统的教育模式。作为信息时代计算机和通讯技术应用于教育的新形式，基于网络的英语教学实现了适应学生个性教学：通过网络发布课程内容，学生可以通过网络学习英语、完成作业、参加考试；学生可以在网上参加与英语教学有关的内容的讨论、向教师咨询等等。随着网络技术的飞速发展，网络教育不仅是中小学校以及高等院校英语教学的手段，而且已经成为目前实现继续教育和在职教育的最佳解决方案。

2. 利用多媒体推进教学手段的改革

计算机多媒体技术是指人与计算机通过多媒体对话，即人可以通过键盘、鼠标、声音甚至动作等向计算机发出指令，计算机可以通过屏幕的图像、文字、声音及影像与人对话。当多媒体技术进入教学领域后，受到了越来越多人的重视，这主要是因为多媒体技术应用于英语教学有如下作用。

（1）创造良好的英语学习实践环境

语言作为一种交际工具，必须在实践中不断使用才能真正培养交际能力。然而，在我国，学生处于母语的环境之中，缺乏英语实践的环境，很少有语言实践的机会，即使在教学中也是侧重阅读、翻译、写作的教学，很少有机会听到地道的英语，甚至连听说练习的机会也很少。实际上，在课堂上教师大多使用课堂式英语，学生很难准确地使用交际语言。因此，在教学过程中，教师为学生创造英语语言环境，提供语言实践的条件和机会就变得非常有必要了。计算机多媒体技术在教学中的应用，正好弥补了这一缺陷，为英语学习创造了良好的实践环境。

多媒体课件具有动态性，它克服了传统教材的静态性特点，可以利用图、文、声、像结合的媒体信息呈现英语知识，学生不仅可以听到地道的语音、语调，而且可以直接看到对话的情景以及说话人的表情、神态和姿势等。这些特点使学生感受到多维刺激，使学生有一种身临其境的直观体验，从而有利于学生理解、吸收与模仿所接触的语言，并使他们不知不觉地进入用英语思考和解决问题的境界。总之，多媒体技术为英语教学提供与讲授内容相关的丰富生动的语言学习和实践环境，不但使学生在多媒体所创造的这种交际环境中相互感染，相互学习，逐步提高自己的语言能力，还可以提高学生对英语学习的兴趣。

（2）提供交互式英语学习环境

利用多媒体进行教学，在教学过程中，学生除了可以跟教师交流外，还可以更加主动地与课件进行交流。

在传统的英语教学中，教师是课堂教学的主宰者。在上课前，教师已经安排好教学内容、教学方法、教学步骤、学习练习题等。在教学过程中，学生只是知识的被动接受者。在这种教学模式之中，学生失去了主动学习英语的积极性。认知学习理论认为，人的认识并不是靠外界刺激直接获得的，而是通过外界刺激与人的内部心理过程相互作用产生的，为此教师必须在教学中调动学生的学习主动性、积极性，才能帮助学生获得有效的认知。

多媒体技术具有人机交互、立即反馈的显著特点。在多媒体计算机创造的交互式学习环境中，学生则可以按照自己的英语水平、学习方法选择自己所要学习的内容、学习时间等。

随着多媒体教学技术的发展，目前有些多媒体教学软件甚至能够选择教学模式，比如说，可以根据自己的学习特点选择个别化教学模式或协商讨论的教学模式。由此可见，计算机多媒体技术教学修复了传统课堂教学中强制学习程度不一的学生被动地接受同一模式及步调的严重缺陷，做到了因材施教、因需施教，发挥每个人的最大能动性，激发学生的求知欲。

学生在计算机多媒体所创造的交互式学习环境中有了主动参与的可能，而不是一切都由教师安排好，学生只能被动接受。多媒体创造的图文并茂的、丰富多彩的人机交互是可以立即反馈的教学方式，使学习者与计算机之间通过一系列相互作用完成各种教学功能。这种交互式的教学方式主要表现为“计算机提供信息—学生反应—计算机进行判别与处理”。这一过程可以反复进行直到计算机认为学生已学会为止，使学生在学习过程中及时得到回馈，知道自己的学习情况，从而不断调整自己的学习步调、速度及难易程度。学生在运用多媒体学习的过程中，还可以通过分段播放、选择播放等形式充分理解所看资料的内容，还可以根据有关内容口头回答计算机提出的问题，通过人机对话模拟教师与学生的双边交谈。在这种人机交流的学习方式和学习条件下，学生精力集中持久、记忆力强、不易疲劳，有利于学生提高学习效率，并且有效地激发学生的英语学习兴趣，使学生产生学习英语的强烈的欲望，从而形成英语学习动机。

（3）增强信息的可接受性和可记忆性

心理学试验的资料表明，一个正常人的五官对于知识的吸收率中，用视觉接收的信息占 83%，用听觉占 11%，用嗅觉占 3.5%，用味觉占 1%，用触觉占 1.5%。五官中，视、听器官的吸收率占 94%。（史荣生，1991）显而易见，视觉和听觉在感知方面起的作用最大。

计算机多媒体技术具有交互性、形象性和高效性等特点。多媒体技术在英语教学中的应用使英语教学变得声图并行、音像并茂，刺激了学生的多种感觉器官，将视、听和发音等感官有机地结合起来，有利于调动学习者的学习主动性，提高学生学习英语的积极性，从而获得较高的接收效率；同时集文字、图像、声音于一体的教学手段使所教授的英语知识变得形象生动，便于学生理解和记忆。

此外，多媒体的应用还可以减轻教师的部分工作负担，使教师从繁重的讲授及批改作业中解放出来，以便将更多的时间投入到提高自我素质、提高教学水平等工作中去。

目前，我国市场上的英语教学多媒体软件也不少，它们从技术上来讲已研制得较为成熟，充分地发挥了多媒体在辅助外语教与学中的作用。但这些软件旨在为教师的教学提供丰富资源和为学习者的学习提供良好环境，学习内容方面还有一定的欠缺。但是，随着多媒体在教学中的应用，这种具有个性化、交互性和体验性等教学优点的技术将为提高英语教学质量奠定坚实的基础。

网络和多媒体的逐渐应用不仅使英语教学朝着个性化学习、不受时间和地点限制的学习、主动式学习方向发展，还体现了英语教学的实用性、文化性和趣味性，并且可充分调动教师和学生的积极性，尤其突出了学生的主体地位。网络和多媒体的应用，突出和加强了学生听说与交流能力的训练与培养，有利于提高学生的英语综合应用能力。在未来的英语教学改革中，为了解决我国学生的听说表达能力较差、英语教学师资不足、语言环境缺乏的问题，为了强调学生的中心地位，促进学生的个性化学习，培养学生的自主学习能力，我国应该利用国内外优秀的教学资源和先进的计算机网络技术，精心设计开发英语教学多媒体课件，提高英语教学的效果，为我国未来在国际社会中的发展提供大量的优秀外语人才。

（四）教学方法的改革

教学方法一直是教学研究的重点，也是我国英语教学改革的关键环节。

英语教学方法有很多，包括语法翻译法、直接法、听说法、认知法、交际法、情景法、沉默法等。这些教学方法都曾经对英语教学理论和实践的发展作出了巨大贡献。但是，这些教学方法是一定的历史条件下为达到当时的教学目的的产物，它们一方面从各个侧面充实和丰富了外语教学法体系，另一方面又过分强调了某个侧面，各有所长，亦各有其不完善之处。但是，随着社会的发展，社会对人才的要求不断变化，因此不同时期的教学理论也有所不同，教学方法也会有所变化。

例如，传统的语法翻译法由于过度重视书面语，忽视口语教育，并把口语和书面语分离开来，使学生即使有较强的阅读和翻译能力，也还很有可能不具备起码的听、说的基本能力，给教学过程带来很大障碍。因此，虽然语法翻译法在历史上曾经大大促进了外语教学的发展，但是在后来因为不适应时代的需求，而逐渐被其他的教学法所替代。交际教学法正是在批判传统的语法翻译教学法的基础上建立起来的。

随着我国社会的发展，我国对英语人才的要求也有所改变，因此原有的教学方法已不能满足新时代的英语教学要求。随着一些国外新的教学方法被介绍引进到我国，英语教师的视野得到了拓宽，广大英语教师也积极投身到英语教学理论特别是教学方法的改革、研究和实践之中，使英语教学方法得到不断的完善。但是，随着教育事业的发展，不少英语教师认识到从外国引进的教学方法并不适合我国的英语教学实际需要，英语教学法的研究和实践在某种程度上陷入了一些误区。实际上，当今世界上并没有能适应各国情况的万能教学法，因此英语教师应该根据具体的教学情况，运用各种教学法中最有效、最适用的部分，根据具体的英语教育需要，研究出各具特色的教学方法。我国英语教学的改革强调以学生为本，重视突出学生的主体地位，这需要在教学中重视学生的个性，在采用教学方法时重视对学生兴趣的挖掘。因此，在教学改革中我们需要认真地研究有利于激发学生学习兴趣的教法。我们认为，在改革教学手段时需要把握下面几点。

1. 以多样化的教学方法启发学生思维

由于学生的英语水平各异，学习特点和学习方式也不一样，他们对不同的教学方法的适应程度和喜爱程度也不一样。要提高教学效果，必须吸引学生的注意力，使其身心都投入课堂学习，为此教师不应在英语课堂教学上使用固定的教学方法，而是应根据教材特点、教学内容、学生特点等，交替使用各种教学方法。使用多样化的教学方法，有利于活跃课堂气氛，有利于集中学生的注意力，也有利于从不同角度、不同侧面启发学生的思维。

例如，当教师讲授一篇关于西方的圣诞节的课文时，要摆脱照本宣科的古板的教学方法，因为大多数同学在经过预习后都能够看懂课文。在讲解此课时，如果按照教材平铺直叙地讲解，极易使学生感到课文很乏味，从而造成学生注意力分散，甚至会使学生觉得教师讲课没有新的内容，不值得一听，从而对英语教学失去兴趣。为避免此种情况的出现，教师在教学时，可以先让学生讨论中国的春节，包括它的历史来源、节日期间的习俗及饮食等。然后再引入西方的圣诞节，让学生也找出圣诞节的历史来源、节日习俗、节日食品等，并让学生比较这两个节日的差异，在学生讨论后总结中国春节和西方圣诞节的差异，并在总结时讲授生词、词组、句子等，还可以用多媒体展示西方人过圣诞节时的图片，或放映有关圣诞节的影片，还可以在课间休息时间里为学生放几首著名的圣诞歌曲。这样，不仅使学生深切地感受到西方圣诞节的节日气氛，而且激发了学生对西方文化的兴趣，从而激发了学生学习英语的兴趣。最后，教师还可以引导学生比较中西方其他节日的差别，在此过程中向学生教授与其他中西方节日相关的英文单词、节日的祝福表达法等，并让学生用这些词、句子练习对话，锻炼学生的听说能力。在课堂结束时，还可以请学生写一篇关于自己是怎么过节日的作文。这样，通过学生讨论、教师总结、展示图片、放映影片、对话练习等方法，课堂始终保持着非常活跃的气氛，这样学生在不知不觉中提高了学习的兴趣，锻炼了英语交际能力和思维能力，英语教学收到了良好的效果。

在外语教学过程中，教师要善于运用多种教育方法，例如利用多媒体、直观教具、学具、辅助资料等。利用直观教具进行外语教学，不仅可以使外语教学过程变得生动、形象、直观，加深学生的印象、强化学生的记忆，而且容易引起和保持学生的学习兴趣，最大限度地调动学生的学习积极性。此外，在教学过程中，教师还可以用自己的眼神、手势、姿态给某些学生启示和暗示，兼顾不同学生的需要。

2. 以课堂提问激发学生的积极主动性

英语课是一门实践性很强的课程。学习英语需要大量的语言实践才有可能掌握好英语语言知识，才能掌握运用英语进行交际的能力。在我国，学生生活于母语即汉语环境之中，平时很少有机会使用英语进行交流。课堂教学成为学生使用英语进行交流的主要场所，而课堂提问是师生交流的主要方式。有效的课堂提问可以激发学生主动参与课堂教学活动，提高学生对课堂教学活动的积极性。因此，英语教师要掌握好课堂提问的方法与技巧，有效地促进学生积极参与课堂教学，活跃课堂气氛，达到不断提高外语教学水平的目的。要利用好课堂提问来激发学生的主动性和积极性，教师要注意以下几个方面的问题。

第一，根据学生的学习特点因材施教。

英语教学的对象是学生。教师要采取有效的教学方法，提高教学效果，首先要了解教学对象的情况。教师要了解学生的情况，主要包括了解学生对英语知识的掌握情况、学生的英语水平、语言能力、学生在英语学习方面的优缺点以及学生的性格特点等。只有充分了解学生在这些方面的差别，教师才能在课堂教学提问中，根据所提问题有针对性地找不同的学生回答，力争让每个学生都积极参与到课堂中，让他们在轻松活跃的课堂气氛下学习。如果教师不了解学生的特点，就很容易导致在教学中总是找表现突出的学生回答问题，使其他学生感到受到了冷落而对英语课堂失去了兴趣，甚至对英语失去了兴趣；或者由于不了解学生的英语水平，导致让英语水平较差的同学回答一些难度较大的问题，使其感到难堪，对英语学习失去信心和兴趣。为了做到因材施教，教师应该对所教学生有所了解。

第二，运用启发式的教学方法，调动学生学习的积极性。

学生对课堂活动是否积极主动地参与在很大程度上影响着其学习效果，影响着教师的教学质量。激发学生对英语学习的积极主动性的一个有效方法是使用启发式教学方法。启发式教学的关键是创造一种情景，诱发学生产生疑问，提出问题，激起学生积极的思维活动和求知欲，使学生参与到英语教学活动之中，从而培养学生思考问题和分析问题的能力。因此，作为教学主导者的教师不仅要考虑教的顺利进行，还要考虑学的效果。为了保持轻松和谐的课堂气氛，帮助学生掌握课堂教学的内容，激发学生的求知欲望，调动起学生的学习主动性和积极性，教师不仅要谨慎考虑各教学环节，尽量安排好课堂的各个步骤和细节，预计和估量教学活动的发展情况，并对可能出现的各种问题做好比较充分的思想准备，同时教师还要注意运用启发式的教学方式。

第三，正确对待学生的错误。

人们学习任何事物都有一个过程，在这个过程中难免会遇到困难，产生错误。同理，学生在学习英语的过程，难免会出现一些错误。教师在课堂上向学生提问时，学生难免会有不懂的问题，或回答错误。如何对待学生的学习过程中出现的错误，存在着不同的观点。功能派心理学认为，学生在学习语言、使用语言进行交流的过程中犯错误是难免的，而且错误的出现正是语言学习由不完善向完善的过渡，对这种错误，只要不影响完整理解不必纠正；行为主义心理学主张有错必纠，以便形成正确的使用语言的动力定型。我们认为，学生在英语学习过程中本来就担心自己的语言表达出错给别人留下不好的印象，如果教师总是指出学生的错误，很容易造成学生的心理负担和压力，从而使学生怕犯错误、被人笑话而不再敢开口说英语、不再参与课堂活动，甚至会使学生感到英语课堂教学很压抑，对英语教学有恐惧感，对英语学习失去信心与兴趣。因此，在实际教学活动中，教师应避免过多纠正学生交际过程中出现的错误。在学生参与课堂活动时，教师对学生所犯的一些不影响交际和理解的错误，应采取宽容的态度。对于影响交际和理解的错误，教师应视具体情况加以纠正、引导。如教师发现学生的错误时，可以要求学生重复表达使其意识到自己的错误并及时纠正过来；或者教师自己以不同的形式重复正确的句子，使学生意识到自己所说的与听到的不同，于是自己将错误纠正过来。

3. 提高课堂趣味性激发学生的学习兴趣

心理学认为，兴趣是一种心理倾向，能使人经常趋于认识、掌握某种事物，力求参与某项活动，并且有积极情绪色彩。苏联教育学家赞可夫提出，教育法一旦接触学生的情绪和意志领域，触及学生的精神需要，这种教学法就能发挥高度有效的作用。

可见，趣味性是英语教学活动中的头等大事。呆板的教学方法不可能使学生对英语学习感兴趣，也不能产生良好的教学效果。因此，教师在教学中应该重视满足学生的精神需要，增加课堂的趣味性。实际上，一个优秀的英语教师应该使英语课堂教学丰富多彩、生动有趣，以激发学生对英语学习的兴趣，让学生始终保持主动积极性并渴望学习英语。可以说，一个教师教学能力的高低，在很大程度上取决于他激发学生学习兴趣的能力。

在教学过程中，教师应自始至终地注意课堂的趣味性对学生兴趣的影响。教学方法的多样化、直观教具的运用是调动学生积极性的有效手段，英语比赛、游戏等在对激发学生的兴趣上也起着非常重要的作用。

例如，教师在英语教学中安排竞赛、游戏，不仅可以活跃课堂气氛，消除学生的课堂疲劳，让学生有一种轻松感，并促进积极思维，而且可以增加学生学习英语的兴趣和信心，有助于培养学生开口的习惯和能力。因此，教师在正常的教学过程中，应随时发现课文中有助于组织英语竞赛、游戏的材料。再如，教师可以在课前、课间休息或临下课几分钟播放一些英语歌曲，让学生跟着录音反复学唱，认真地听，并把留有空格的歌词印发给学生让学生把所缺的歌词补充上去又或者放一些英语原版影片，让学生观看后根据自己所理解的内容进行配音。通过这些方式，不仅可以活跃课堂气氛，而且可以训练学生听说能力，更重要的是可以有效激发学生学习英语的兴趣。

归根到底，在教与学的双边活动中，教师对创造轻松和谐的课堂气氛起着主导作用，教师要以自己满腔的热情、充沛的精力以及认真细致的备课建立轻松和谐的课堂气氛，引导全班学生始终以积极的态度参加各种各样的教学活动，这样才有助于学生积极思维，有助于教学效果的提高，锻炼学生的英语交际能力。值得注意的是，创造轻松和谐的课堂气氛并非一味地迎合学生的口味，而是要提升学生的兴趣，从而有利于有效教授教学内容，实现教学目标。

（五）考试形式的改革

考试作为反馈教师的教学情况、学生的学习情况的形式，不但可以帮助教师了解自己的教学情况包括教材、教学方法、教学手段、教学环节等是否适合，而且有利于教师更好地提高自己的教学水平，还可以帮助学生了解自己的学习差距，促使学生改进学习方法，提高学习效果随着教学目标、教学内容、教学手段、教学方法等的深入研究，用来评估教学的传统考试方式也需要随之改革，这样才能适应并促进英语教学改革的进一步发展。下面，我们试分析我国英语考试方式改革的必要性和目的。

1. 考试形式改革的必要性

考试是学科教学中的重要环节，是检验教学效果的重要手段。英语作为一门语言课，应通过听、说、读、写、译等五个环节来学习这样才能够收到预期效果。因此，在对英语教学质量及学生学习效果进行考核时，也应综合测试学生听、说、读、写、译五方面知识和能力的掌握情况。

但是在我国，考试以笔试为主，以一张试卷考核学生对英语知识的掌握情况，很少再有其他方面的测试作为参考，可谓一锤定音，在英语教学中多数也是如此。然而，这种靠一支笔、一张纸、一次性判断学生学习效果的方式，难以或无法全面测试学生听、说、读、写、译的能力，难以反馈学生的英语实际水平和真实能力。这种考试方式既不能实事求是地正确反映学生的学习状况，也不能对教师的英语教学起积极的指导作用，相反，这种考试方式很可能会在某种程度上挫伤学生的学习热情，使学生失去学习英语的兴趣与信心，使学生产生消极的情绪，这种情绪甚至会蔓延到其他学科中。此外，由于这种考试方式只注重笔试，甚至只包括笔试，因此导致我国学生为了应付考试，在学习英语时过度重视笔试练习，而直接忽视了听说能力的练习，而对英语而言，听说能力才是核心技能。长此以往，既使大部分学生忽略了英语听力教学的重要性，也使教师忽视听说能力的教学，从而导致听力教材教法单一，缺乏趣味性和多样性很难激发学生对英语的学习兴趣。

以我国大学英语四、六级考试为例。长期以来，我国学生的英语阅读水平和听力水平的发展极不平衡。究其原因，主要是因为大学英语四、六级考试主要注重读、写、译能力的考核，学生为了考过四、六级就将精力主要放在了这三方面的练习上，教师为了提高四、六级的通过率而只讲授这三方面的知识、技巧。虽然近年来四、六级增加了听力试题，也逐渐引入口语考试。但是，由于我国对英语听说能力教学的长期忽视，导致师生都认为要提高英语听说能力是事倍功半、付出大收益小的事，因此学生和教师仍然将精力放在对付笔试上。毕竟，通过英语四、六级考试只要求总分达到一定分数，并非要求考生的听、说、读、写、译各部分都达到一定分数。然而，由于英语语言学习的测试应主要侧重于学生的英语交际能力上，即听、说、读、写、译等综合的能力上，如果仅用一次笔试来测定学生英语水平的高低，显然是有缺陷的。因此，这种考试方式对英语这个特殊学科来说有一定的局限性，应该加以改革。为更好地把握学生的英语语言领悟能力、英语语言理解程度、英语交际水平，教师应安排听力考试、英语口语和英语交流等方式来填补笔试考试的不足。

实际上，比较科学、合理的考试形式不仅仅可以完整全面地测试教师教学的科学性和学生的英语知识和交际能力，还可以通过测试将教学效果和学习效果反馈给学生，促使学生发挥主观能动性和内在的学习潜力，有效提高学生的学习兴趣和学习能力，同时督促教师反思教学方式，不断提高教学水平。

2. 考试形式改革的目的

考试是为了测试教师的教学质量和学生的学习效果，促进教师改进教学水平，促使学生改善学习方法、技巧，而改革考试形式正是为了得到更科学的反馈信息，更好地促进教学质量和教学效果的提高，这是考试形式改革的目的之一。实际上，考试形式改革的目的并非只此一个，其目的从不同侧面考虑是不同的，认识到这一点将有利于我们推进英语考试形式改革，促进整个英语教学改革的顺利进行。

（1）通过考试反馈信息反思教学问题

通过考试反馈的信息，反思教学中的问题，这一目的是从学校、教师的角度考虑的。虽然考试所获得的反馈信息只能用于评定学生成绩，了解学生对已学的教学内容的掌握情况，了解原定教学目标的实现状况，无法就此测试结果为过去阶段的教学调整决策，但是这些测试结果却可以反映出过去的教学方法、教学手段等的优越性及存在的问题，为将来的教学决策服务，不断提高教学决策水平，以利于以后的学生群体英语能力的提高。因此，改革英语考试的方式，可以使教师得到更科学合理的测试结果，这些结果可以使教师更全面地总结教学的成功经验和存在的问题，并针对存在的问题反思教学方案、方法等，从而进行合理调整，使下一个学生群体的学习更成功，更好地实现教学目标。

（2）通过考试反馈信息指导教学设计的调整

英语教学改革强调将来的教学应以学生为中心，因此可以说教学从根本上关心的是学生是否达到课程目标的问题，考试方式的改革也是为了促进学生的英语技能达到教学目标。通常，考试是在课程结束时进行的测试。然而等到课程结束时才考试，会使考试结果对教学的促进作用不能得到及时的发挥，削弱了考试反馈信息对英语教学可能产生的有益的影响。因此，我们提倡对英语教学做阶段式测试，不仅要在课程结束时考试，更要在课程开始前、课程进行中进行测试，这样可以了解学生的整体英语水平状况及个体水平差异，可以明确学生的优势与弱点，从而掌握学生的需要，这些都可以为教学设计提供决策信息。可见，在课程开始前进行考试得到的反馈信息具有前瞻性，在课程开始时就能指导教学。

在课程进行中考试，可以使教师及时了解学生的学习成果，及时发现学生的进步之处和存在的问题，从而促使教师根据考试反馈的信息调整教学进度，调整教学方案，有利于强化学生的薄弱环节，促进学生的进步，提高教学效果。

（3）更好地服务于课堂教学评价

改革英语考试形式的最终目的是为了让考试更好地服务于课堂教学评价。为了得到更准的评价结果，不仅要调整考试形式，保证考试质量，而且应该认识到教学评价既针对学生的学，同时也针对教师的教。一个优秀的教师应该认识到课堂教学评价结果是教与学的效果的反映，不能将学生考试的好成绩归功于自己，也不应在学生取得不如意成绩时把责任推给学生。实际上，在考试、教材等条件完备时，考试结果的好坏不仅与学生有关系，也与教师的教学有着紧密联系。教师只有了解到这一点，才能找出英语考试中存在种种问题的原因，才能找出解决的办法。改革考试形式，正是为了使考试结果更准确地反映学生的情况，降低由于考试形式的不科学给课堂评价造成的障碍，从而更好地发现教师对课堂教学评价的影响。

有效的教学评价通过不断监控与调整教学，帮助教师作出恰当的教学决策，比如根据学生个体或群体需要适时调整教学内容、教学进度和教学方法等，以促进学生的语言学习。但是应该注意的是，课堂教学评价的目的并非寻找“最好的决策”，而是“最适合的决策”，即教学决策要适合教学目标、教师和学生的能力及其个性、教学风格、学生基础等；作出教学评价时要清楚理想教学目标与现实实践之间是有距离的，教学决策需要把握“度”，避免顾此失彼；教学评价要有计划，利于掌握评价历史及其发展、抓住评价时机；评价的方式应该多样、富于变化，以更真实地反映学生学习和教师教学情况。

（4）促进学生探寻个性化的学习方法

如果英语考试方式不全面、不科学，当学生取得不好的考试成绩时，他们可能会将考试结果不如意的原因归责于考试形式，而不是从自身找原因，从而失去了反思自我学习、探求适合自己的学习方法的机会；即使学生取得不错的考试结果，也会对自己的学习方法持怀疑态度。通过改革考试形式，使考试形式合理化、科学化，当考试结果较好时，学生更容易确信自己的学习方法是正确的、成功的，使学生对学习充满信心，并更积极地去探寻更适合自己个性的学习方法；当考试结果不如意时，学生就很难归罪于考试形式，而是只能反思自己的学习方法、学习习惯等，探究自己的个性特点、学习特点等，从而探寻出适合自己个性的学习方法，培养出适合自己的学习习惯。如果教师适时给予指导，将可能激发学生的主动积极性，使他们更迅速地探寻到个性化的学习方法。

在多元文化视角下，信息量呈现爆炸式增长，学生在学校教师教学下学到的东西是有限的，掌握自主学习的能力、掌握学习的规律与技巧变得更加重要。因此，考试改革的这一目的具有更深远的作用与意义。

3. 考试形式改革的途径

（1）增加非选择性试题

我国传统的考试形式以笔试为主，而笔试中又以选择题为主。选择性试题所占的比例较高，许多学生抱着侥幸心理参加考试，以蒙猜的方式答题，即使学生以认真的态度考试，这些答案单一的选择题也很难反映出学生的实际英语水平，从而使考试失去了实际意义。为了改变这种现象，可以在笔试中增加非选择性试题，例如增加阅读理解中的选词填空及句子填空、综合测试中的简短回答及中译英、听力中的复合式听写等。增加此类非选择题在考试中的比例，一方面可以提高考试的科学性、客观性和公正性；另一方面也可以较为全面地测试学生实际的英语能力，极大地调动学生的学习积极性，从而促进英语教学满足培养听、说、读、写、译能力全面发展的复合型人才的社会需求。

（2）积极推广口语考试

由于我国的考试一向以笔试为主，忽视了听说能力的测试，因此在英语教学中忽视了对学生听说能力的培养，造成了“哑巴英语”的现象。随着经济高速发展，这种新形势对学生的口语能力提出了新的要求，也对我国的英语教学提出了新的挑战。语言是交际的工具，其作用是用于国际交流。为适应社会发展的新变化和新需求，我国必须对关系到整个英语教学改革的考试形式进行改革，也就是，增加口语考试，积极推广口语考试。

（3）开展多样化的口语考试方式

在积极推广口语考试的同时，我们也应该注意口语考试形式的多样化，以避免考试形式的单调性限制学生能力的发挥。例如，教师可以根据教学内容准备多套试题，由学生从中抽签选择某一题型。试题可以包括：读出所给出的单词或词组并翻译；读一段文章并翻译；或者读文章然后用英语回答教师问题；读文章并分析其中的语法；根据试题做口头作文或即兴表演和演讲；等。这样的英语考试有利于考查学生的基础知识和基本技能，也有利于提高学生们的英语口语表达能力，还锻炼了学生应变能力，更重要的是采用这种考试时，教师当场给分并可对学生的表现作出评价，这种方式促进学生改进学习中的不足，保持学习中的优点。

英语教学的改革是一项浩大的工程，不仅仅涉及上述的教学观念、教学内容、教学手段、教学方法、教学场所及考试形式的改革，还包括其他方面的改革。改革的进行和发展需要教学研究者和实践者的不断探索、不断更新，这样才能创造出适合学生学习和发展的氛围和条件。

二、多元文化视角下大学英语教学的发展趋势

随着全球化进程的加剧，各国人民之间的交往日趋频繁、紧密。语言作为人们交际的基本手段在国际交流中的作用不言而喻。对于正在与国际接轨的中国来说，提高国民的外语素质，尤其是世界使用范围最广的英语的使用水平，比以往更为迫切。英语教育与学习已经成为中国国民素质教育的重要组成部分。随着世界经济社会的发展，英语的使用范围将会越来越广英语在国际交往中的作用也将越来越重要。因此，预见英语教学的未来发展趋势将有利于我国英语教学的发展。我们认为，大学英语教学的发展趋势包括以下几点。

（一）建立新型的师生关系

社会的发展及教育事业的发展，使教师的角色发生了变化，教师由知识的传递者转变为学生学习的促进者、组织者、引导者和参与者。传统教学意义上的教师教和学生学的教学模式已经不能适应现代教学的要求，这种教学模式将逐渐向师生之间互教互学的

模式转变，教师和学生一起在“做中学，学中做”，使学生真正成为学习的主人，师生之间形成一个真正的“学习共同体”。在多元文化视角下，教师不仅要提高自身的专业知识和教学水平，还要转变观念，与学生建立新型的师生关系，重视师生感情交流。

基本的人性观是新型的师生关系的前提，建立新型的师生关系需要教师建立民主、平等和谐、合作的教育观。教师是师长，更是学生的朋友和共同探求真理的伙伴。师生之间的融洽关系有利于教与学的轻松氛围的形成。只有感到轻松，才能做到放松，从而形成教师乐教、学生乐学的优化状态。要建立新型的师生关系，就要做到以下几点。

1. 合作的师生关系

合作的师生关系意味着教师不再是高高在上的权威拥有者，而意味着教师和学生在人格上是完全平等的。传统的师道尊严认为需要严格教诲才能启迪良知，体现的是权威的师生关系而非合作的师生关系。教师以权威者自居，以强制的手段、强迫的态度让学生服从于教师的意志，这种强制性的教育方式很容易伤害学生的自信心、进取心，甚至会引起学生对教师的厌恶、对学习的恐惧。现代教育认为人具有积极的、向上的本性以及生长与进取的潜力，坚持以开发人的潜能、促进人的健全发展为教育目的，而传统的权威型的师生关系则会扼杀初学者的力。因此，教师应该摒弃传统的师道尊严，适应现代教学的目的，成为学生的合作者，共同促进学生的潜力开发和健全发展，促进师生之间合作关系的建立。

2. 和谐的师生关系

师生关系是否和谐关系到教育教学的效果，关系到教学目标的实现，关系到学生的身心健康。构建和谐的师生关系，需要教师尊重学生的尊严和个性，避免以带有成见、偏见的方式对待学生，而是要及时发现不同的学生身上的闪光点并给予积极正面的评价，激发学生的学习兴趣和学习热情，增强他们的自信心，促进学生向着积极、健康的方向发展。同时，教师要处处关心学生。处处关心学生意味着教师要研究学生，了解学生，走进学生的心灵。走进学生的心灵是教师构建和谐师生关系的关键。教师只有对学生的思想、心理和行为进行仔细的观察和了解，学会以学生的视角看问题，以学生的思维想问题，才能建立和谐的师生关系，从而更好地把教师的作用发挥得淋漓尽致，取得较好的成效。

3. 师生双方交流思想和感情

在多元文化视角下，教师与学生之间不再仅仅是教与学的关系，更是双方相互交流思想和感情的过程。一般而言，学生对某一门课程的喜爱与否往往受到该课任课教师与学生之间关系的影响。一个学生喜欢某位教师，就会在其课堂上表现得十分活跃，表现出极大的学习热情和学习兴趣。可见，师生关系可以直接影响和制约学生的情感和意志，影响学生的学习活动。因此，教师要重视学生对教师的情感因素对学生的影响，在教学中重视感情的投入，对学生投入真诚的感情，以亲切、鼓励、信任、尊重的情感信息唤起学生的情感共鸣。

在多元文化视角下，英语这种国际语言的学习变得十分重要，提高学生英语语言运用能力成为我国融入国际社会的关键，而学生英语学习兴趣在很大程度上决定着学生语言能力的高低。教师作为培养学生语言交际能力的主导者，一方面要向学生传授语言知识，引导学生掌握英语语言技能，注重学生跨语言、跨文化交际能力的培养，使其将英语的听说能力发展到“第二母语”的水平；另一方面更要重视培养和保持学生对英语的兴趣，把外语教学的内涵发挥到极致，即教授外语，不仅仅是传授语言知识，更是传授语言所承载的文化。为达到更好的教学效果，教师应摒弃传统的师生观念和师生关系，在教学工作中以学生为本，关注学生的表现，欣赏学生的想法，重视学生的问题，接纳学生的意见，宽容学生的错误，建立合作、和谐的师生关系，重视师生的感情交流，给学生提供多种发展平台。

（二）教师应从事教学研究

科学的理论是实践的先导，是创新的基础。英语教学理论研究是英语教学实践的基础，英语教师不仅要学习和把握有关教育教学理论，以指导自己的教育实践，更要积极投身于教学理论研究，从事英语教学的研究，从而促进自己教学实践的发展。

自从英语教育进入我国学校，我国外语教育界对改进外语教育方法、提高外语教学效率的研究就从来没有停下前进的脚步。在 20 世纪上半叶，就出现了一批外语教学研究专家，编写了许多有关外语教学的专著与教材；20 世纪中叶以来，很多高校的教师特别是师范院校外语教育法的研究者投身于外语教学研究，为中国教育事业作出了重要贡献。

近年来，教师正在成为教学研究的重要力量，教育研究正在从专家学者的殿堂走向课堂。教师从事教学研究已成为我国教育研究事业发展的一个重要趋势。

教师拥有丰富的教育教学活动实践，有深刻的教育教学体验，有亟待研究的课题，有最大的试验群体和试验空间，可以结合教学实践进行教学理论研究，促进教学研究的发展。根据研究课题的需要，教师可以有目的地学习有关教育理论，结合教学活动深化对教育理论的理解、消化、吸收，最终内化为自己的知识和能力，从而有助于教师提高教学理论水平和教育教学能力。可见，教师从事教学研究既是教师专业成长的重要途径，又是沟通教育教学实践和教育教学理论的桥梁。随着英语教学的发展，教师从事教学研究将会成为我国英语教学的发展趋势。

（三）文化意识的融入

英语《新课标》提出，英语教学的目标之一是“帮助学生了解世界和中西文化差异，培养爱国主义精神，形成健康的人生观”。可见，在多元文化视角下，跨文化知识将会是未来英语教学的一个重点，培养学生的跨文化意识、跨文化感悟力、跨文化交际能力将会成为大学英语教学的一个发展趋势。

语言作为人类沟通的工具是社会的一部分，是人性和人本身的一部分，而不是独立于人类社会之外的系统。任何一个国家、民族的语言与其文化都是相互依存、相互作用、不可分割的个有机体。语言是文化的载体，不同的语言代表着不同的文化，没有语言，文化无以负载，没有文化，语言也就是一个空壳。

在英语学习中，即使基本语言知识掌握得很好，但如果对语言的文化内涵缺乏认识和了解，忽视了不同的语言在文化上的差异，就难以准确理解语言所蕴含的意义。因此，教师在教学中要重视文化背景知识的传授，有意识、有目的、尽可能多地介绍和传授西方国家的文化背景知识以及异文化间的差异，努力增加学生的跨文化知识，使他们了解生活在不同社会背景中的人们的语言特征和文化习惯，努力提高学生对语言和文化差异的理解能力和敏感性，改善他们跨文化交际的效果。另外，尽管不同语言中的某些词语的概念一般来说基本相同，但表达的意义和社会文化的含义却往往因文化不同而别具浓郁的民族特色，因此教师在教学中还特别要重视教授词汇内涵和词汇外延的文化内涵。

在教学过程中，教师要重视文化意识的融入，加强文化背景知识的教学，从而有助于学生更深刻地理解语言及其背后的文化，加强学生的文化理解能力，提高学生的跨文化交际能力教师可以采取以下措施，在课堂中融入文化知识。

1. 在教学目标中突出文化地位

随着世界的发展，我国的发展已渐渐与国际接轨，并正在国际化的大舞台上扮演越来越重要的角色，而培养与我国发展相接轨的人才则成为我国教育的当务之急。培养与我国发展相接轨的人才，即培养面向世界的人才，也就是培养了解各国的语言和文化、具有国际竞争力的人才。这对我国的英语教学提出了新要求——我国未来的人才必须具有国际视野和世界意识。因此，英语教学应当突出文化的地位，培养学生的跨文化意识和跨文化交际能力英语作为一种交际语言，是日常生活中的一个交际工具，其作用是让人们彼此进行交流。但是，不涉及语言文化的、单纯机械的语言学习是无法让人们准确地交流的。例如，在翻译 luck dog 时，如果我们不了解英语文化，就可能翻译成“幸运的狗”“好运气的狗”等。因此，教师在英语教学中，不应局限于向学生传授英语语言基础知识的狭隘目标，而应适当地融入一些英美文化、英美风情以及中英文化差别的知识来使学生了解所学语言的文化背景，在教学目标中突出文化的重要性。

在我国的英语教学中，英语教学应建立四个方面的目标：知识目标、能力目标、文化目标和情感目标。知识目标是语言能力发展的基础，主要包括语音、词汇、语法等方面的知识。能力目标是指在语言知识基础上发展起来的听、说、读、写的能力以及运用英语进行交际的能力。文化目标是中国由封闭走向开放之后中国公民应具有的素质，主要是指要使学生了解英语国家的价值观念、思维习惯、社会习俗和当今生活，明白我国文化和英语国家文化的差异，提高跨文化意识和国际理解力，最终使学生具有跨文化交际能力。情感目标是指培养学生的文化敏感能力，对英语文化有尊重、开明和容忍的态度，并且通过多元文化的对比，引导学生更加清楚地感受中国文化的独特性，增强爱国的热情。

2. 在教学内容中增加文化背景知识

在我国，汉语是母语，英语是外语。因此，我国学生学习英语有两大特点：一是在汉语的环境下学习；二是在课堂上学习。在这种以汉语为母语的背景之下，学生主要依靠课本认识、了解、感受英语文化，而并不能像学汉语一样，在学会汉语的同时就能了解、掌握汉语文化。因此，教师的教学内容应反映英语民族的文化和风俗习惯，使学生在学习英语的同时，也学习到有关的英语民族文化和社会习俗，而不是用英语谈论中国，以英语学习汉语文化。

此外，语言源于社会、表现生活，随着社会的发展，知识在更新，语言也在发展，英语每年都产生新的词汇，也逐渐淘汰一些旧的词汇。因此，教学内容应尽量贴近英语国家的现实生活，使学生所学的语言跟实际生活相联系，学生只有感到所学的内容是和实际生活相互联系的，是能够在社会生活中使用的，才会更加积极地学习。

3. 在课堂中创造文化氛围

在多元文化视角下，仅仅向学生传授语言知识并不能满足现代社会对人才的要求，还要使学生了解造成语言差异的不同文化背景。学习英语，是掌握英语这种交际工具的过程，更是了解英语这种工具所承载的文化的过程，因此真正的外语学习，应该是从工具到文化的学习过程。语言只有在与其相对应的文化氛围中才能真正被激活，而文化也只有在语言的交流中才能充满魅力。课堂是学生接触、学习英语文化的主要途径，因此教师在英语教学过程中应该创造与语言相符合的文化氛围，以培养学生与不同文化背景的人准确、自然进行语言交际的能力。

要在课堂中创造文化氛围，教师首先应增强文化的意识。教师可以从文化的角度解读课文中的文化内涵，通过对比英汉文化的差异，确定需要向学生传授的文化教学内容；可以利用英语文化的具体事物和参考资料来丰富教学活动；也可以采用扮演戏剧角色等实践活动使学生在真实的交际环境中体验不同文化的差异。

其次，教师要重视学生的主体地位，鼓励学生在学习中发挥主动性和创造性，增强学生的自主学习能力和使用英语的能力。在英语教学中，教师应为学生创造思维空间，善于引导学生思考、讨论、回答并提出问题，而不是限制学生的思维。例如，教师教授关于 shopping 的情景对话时，应避免传统的教师讲解、学生背诵的教授方式，可以指导学生先抛开课本的例子，先让学生自己进行设想，学生分小组讨论如何组织对话、演练，最后教师对学生的表现进行点评。在这种情景之下，学生的创造性思维和学习主动性被激发起来，在活跃的气氛下学习、感受英语文化，从而激发学习英语、学习英语文化的兴趣。

最后，教师还应该以内容广泛、形式多样的课外活动创造文化氛围。为了让学生有更多的机会接触、了解、学习英语文化，教师还可以将课堂延伸到课外，设计和组织内容广泛、形式多样的多种难易适度的课外活动，让学生根据自己的兴趣和爱好选择参与。例如，选择有关英语文化的某一主题编辑英语学习园地或办英语壁报；如举行英文书写竞赛、朗诵比赛、单词听写竞赛等智力比赛。学生在参与活动的过程中，通过查阅资料、调查了解外国朋友、观察、体验，可以使学生认识到两种不同文化的独特性及其价值观，培养学生的探究精神和文化的理解力并且通过活动可以让学生把所学知识运用于实际，使学生认识自我、了解自我，取得一定程度的成就感，增强其学习英语的兴趣和使用英语的自信心。

4. 强化对文化理解的考核

学生在学习外语的过程中通过接触和了解外国文化，克服民族中心主义，对外国文化能够采取尊重和宽容的态度的能力就是文化理解。

我国传统的英语考试往往只注重对单纯的英语语言知识的考核，而忽视了对学生的文化理解能力的考核，从而导致了教师和学生对英语文化知识的忽视。因此，在英语教学中，需要强化对文化理解的考核，通过考试促进教师对文化的教授和学生对文化的学习。强化对文化理解的考核可以通过两方面来进行：第一，在笔试中考核文化理解，也就是说，在传统的以考查语音、词汇和语法知识为主的英语考试中，增加对文化知识的考查；第二，增加活动考查，也就是改变以笔试为唯一评价方式的现状，通过朗诵、演讲、讨论、课本剧表演、编写英语小报等活动形式来考察、考查学生，并给予学生一定的评语式评价。这些活动考查形式不仅可以让学生在考试的过程中认识、明白、理解英语文化，并提高交际能力，还可以考查学生在学习过程中的兴趣、参与、协作和探索精神，从而有利于促进学生综合素质的提高。

第三章　多元文化视角下的大学英语听力教学研究

第 1 节　大学英语听力教学概述

为了适应我国高等教育新的发展形势，深化教学改革，提高教学质量，满足新时期国家和社会对人才培养的需要，2004 年 1 月，教育部印发了新的《大学英语课程教学要求（试行）》，对外语教学提出了新的明确要求。“大学英语教学是以英语语言知识与应用技能、学习策略和跨文化交际为主要内容，以外语教学理论为指导，并集多种教学模式和教学手段为一体的教学体系。大学英语的教学目标是培养学生英语综合应用能力，特别是听说能力，使他们在今后工作和社会交往中能用英语有效地进行口头和书面的信息交流，同时增强其自主学习能力、提高综合文化素养，以适应我国经济发展和国际交流的需要。”可见，新的大学英语教学目标把提高学生的听说能力放在了首要位置。而英语听说能力是以“听懂”为前提的。所以，以听、说为主的英语实际应用能力的培养成了英语教学中的关键。而提高学生的听力能力成为摆在英语教师面前的亟待解决的一大难题。

一、大学英语听力教学的特点和目标

（一）大学英语听力教学的特点

1. 听力教学对象的特点

通常一个班级的大学生来自全国各个地方，学生的听力水平参差不齐。有些学生听力基础差，没有掌握正确的学习方法；有些学生的语音语调存在很大问题，因而很难听懂正常语速的听力材料甚至已经学过的常用词；当然也有一些学生英语水平很高，比较容易听懂听力材料。在听力水平的不同的情况下，使用相同的教材和教学方法，使得听力水平低的学生不想学，教师难授课，也就达不到提高大学英语听力水平的教学目的。目前，一些学校尝试打破原有的以院系为单位的班级将学生听力水平分成提高、普通和预备三个层次，针对性地选择授课内容和授课方法，更好地贯彻因材施教的原则。

2. 听力教学内容的特点

学英语听力教学内容较为广泛，不仅包括语言知识、文化知识，还包括培养学生对听力策略的掌握和运用。

目前学生主要的听力问题可以概括为三种。第一种是“听不清”，即对单词的发音、英语的语调特征、说话速度不熟悉，造成不能有效地获取信息；第二种是“听得清却听不懂”，这是由于对英语的句法结构、文体特征、篇章逻辑不了解和缺乏听力技巧而造成的障碍；第三种是“听懂了却无法理解”，这是由于学生个人的知识结构、文化背景与所听材料的差距过大造成的。因此，词汇障碍、语音障碍、语义障碍、听力障碍、心理障碍以及文化障碍等成为大学英语听力教学的主要问题。

（二）大学英语听力教学的目标

大学阶段的英语听力教学目标分为三个等级，即基础目标、提高目标和发展目标。

1. 基础目标

基础目标是针对大多数非英语专业学生的英语学习的基本需求确定的。具体如下：

能听懂就日常话题展开的简单英语交谈；能基本听懂语速较慢的音、视频材料和题材熟悉的讲座，掌握中心大意，抓住要点；能听懂用英语讲授的相应级别的英语课程；能听懂与工作岗位相关的常用指令、操作说明等；能运用基本的听力技巧。

2. 提高目标

提高目标是针对入学时英语基础较好、英语需求较高的学生确定的。具体如下：

能听懂一般日常英语谈话和公告；能基本听懂题材熟悉、篇幅较长、语速中等的英语广播、电视节目和其他音、视频材料，掌握中心大意，抓住要点和相关细节能基本听懂用英语讲授的专业课程或与未来工作岗位、工作任务、产品等相关的口头介绍；能较好地运用听力技巧。

3. 发展目标

发展目标是根据学校人才培养计划的特殊需要以及部分学有余力学生的多元需求确定的。具体如下：

能听懂英语广播、电视节目和主题广泛、题材较为熟悉、语速正常的谈话，掌握中心大意，抓住要点和主要信息；能基本听懂用英语讲授的专业课程、英语讲座和与工作相关的演讲、会谈等；能恰当地运用听力技巧。

二、大学英语听力教学的现状分析

近年来，大学英语听力在大学英语课程设置及等级水平考试中的比重不断加大。但是在实际教学中，还存在着一些问题。

（一）传统的英语听力教学模式过于单一

1. 英语听力教学手段滞后。虽然多媒体教学有了很大的发展，但是资源有限，学生众多，还不能让所有学生体验网络教学。尽管学校在多媒体上下了不少工夫，兴建多媒体教室，可是这还是不能很好地解决英语教学资源问题。

2. 忽视听力技巧的指导。英语听力技巧指的是引导学生如何在拿到听力题目时，合理进行审题，运用听力技巧，抓住听力材料中的关键词句，快速记下，并联系上下文，把握全文的主要意思。然而，由于教师忽视听力技巧指导的重要性，许多学生在拿到听力题目时不知从何下手，仅仅采用单一、古板的方式试图听懂整段材料，所得效果较差。由此可见，若缺乏高效的听力技巧指导，将难以真正提高学生的听力水平。

3. 教学缺乏指导性和趣味性。填鸭式的应试教学甚至使学生对学英语有了逆反情绪，这成了学习中最大的绊脚石。学生在课堂上常感到单调乏味、课堂氛围沉闷。学生进步缓慢，对听力产生了抵触、厌烦情绪。

（二）学生听力方面的原因

1. 学生缺乏良好的英语听力习惯。学生没能养成良好的听力习惯，具体表现在听时头脑不清醒、精力不集中，不能整段地听，而是听零零散散、断断续续的不完整的单词、词组，没有掌握必要的听力技巧。

2. 学生的词汇量匮乏、语言基础较薄弱。目前，许多学生由于词汇量匮乏，在听力时往往很难快速写出需要的单词，或是找不到合适的单词，或是单词拼写出错，由于词汇量匮乏，学生的语言基础大多较为薄弱，听力教学效果难以提升，往往导致听力扣分。

（三）教材单调，缺乏真实性

目前，我国大学英语听力教材存在的问题主要有两方面。

1. 听力教材过于单调。我国现在的大学英语听力教材仍然还是一本教材外加几盒磁带的模式。大学英语听力的教学缺乏规范的、与课文录音配套的音像辅助资料，缺少必要的视听设备和科学理论的指导。很多教师将课文的录音磁带发给学生，让学生课后自己练习，由于缺乏教师的监督和指导，学生往往毫无策略，而教师也无法从学生那里得到任何反馈信息，无论是教师还是学生，都没有很好地利用磁带。这种单调的听力教材使听力课堂气氛沉闷，学生很容易产生厌倦心理，严重影响了听力教学的课堂教学效果和学生的学习积极性。

2. 听力教材缺乏真实性。我国大学英语听力教学中使用的听力材料大多是由专家整理、改编，再由发音纯正的外国人士录制而成。这种听力材料常被称为非真实材料或“人工”材料。非真实材料语言的节奏和发音语调都不太自然，说话没有自然的停顿和开始，也没有快慢的变化，对话的内容好像不是说出来的，更像是读出来的，毫无真实语言的特点。学生使用这样的听力材料进行听力训练很难培养在真实语境中交际的能力，听力水平也很难得到提高。

（四）教学评估不完善

教学评估对于实现教学目标至关重要，是大学英语教学的重要环节。教学评估既是教师保证教学质量、改进教学管理、获取反馈信息的重要依据，同时也是学生改进学习方法、调整学习策略、提高学习效率的有效手段。在我国的大学英语教学中，教学评估一直左右着英语听力教学模式和教学方法的实施。各院校和各级教育行政部门也将大学英语课程教学评估视为本科教学工作评估的重要内容。

但是由于受“应试教育”思想的深刻影响，教学评估依然是以学生的成绩作为唯一的考核标准，很多院校更是以大学英语四、六级考试成绩来衡量学生的学习情况和教师的教学情况。这些都给大学英语听力教学带来了很大的影响。因为，在大学英语四、六级考试中，听力所占比重较小，致使很多教师和学生都将精力放在比重较大的阅读上面，在课时和学分的分配上也更侧重于精读，这都不利于学生听力水平的提高。

第 2 节　大学英语听力教学策略研究

一、大学英语听力教学理论

根据美国保罗·兰金（Paul Rankin）教授的统计，在语言学习中，听、说、读、写的使用比率为：听力占 45%，口语占 30%，阅读占 16%，写作能力占 9%。由此可见，听力在语言交流中占有重要的地位。作为英语教学工作者，应对听力教学给予足够的重视，认真钻研听力理解的性质、过程、因素等教学理论知识，努力提高听力教学的效果。

（一）听力理解的性质理论

随着人们对语言性质的深入理解和教学理论的不断发展，人们对外语听力理解的性质的认识也日臻完善。

1. 结构主义语言学和行为主义心理学理论

20 世纪四五十年代，在外语教学领域听说法是主要的教学方法。当时，听说法盛行，以结构主义语言学和行为主义心理学为理论基础，并在军队外语培训中取得了巨大成功，被看作最有效的教学方法。

从结构主义语言学的角度看，外语教学应关注的是语言的形式和结构，听力教学因而也在语言形式的语音、单词、句子和篇章四个层面上进行：在训练学生听懂一段课文时，教师首先是从元音和辅音的识别出发，然后依次进入单词、句子和篇章的层面。这种“自下而上”（bottom-up）的听力教学模式的目的在于让学生通过语音识别来理解单词的意思，并在此基础上理解句子的意义，然后再通过对句子意义的理解来把握整个篇章的意义。

在当时的行为主义心理学的影响下，语言学习也被深深地打上了“刺激—反应”模式的烙印，语言能力的获得和发展被看作对行为的反复操练的结果。因此，听力教学的一个重要内容就是让学生反复进行语音的识别和听辨训练，而意义则没有得到应有的重视。在大多数情况下，教师往往让学生将所听到的单词翻译成母语，以检查学生对听力教材的理解情况。

2. 功能主义语言学理论

20 世纪 70 年代以来，随着功能主义语言学理论的不断发展，人们开始注重对语言的社会功能的研究。功能主义语言学认为，语言是人际交往的工具，而不是个孤立的结构系统。因此，外语教学的目的是把学习者培养成具有交际能力的语言使用者。听力教学不应该只让学生去听清某一个音，听懂某一个单词或句子，而是应该培养学生准确理解说话者的意图和有效地进行语言交际的能力。随着认知心理学的不断发展和完善，许多研究者开始重视对听力理解过程的研究，并结合语篇的宏观结构、认知图式、认知推理以及语境等因素来揭示听力理解的性质。

G.Brown(1997) 指出，对语篇的理解涉及许多因素。在听力理解过程中，随着语篇的展开，听话者需要明确语篇是由一系列句子构成的，但句子的意义有时要受到语篇宏观结构的制约，对单个句子的理解并不能说明其已经理解了整个语篇。例如，对于下面这个语篇：

a.John was in the bus on his way to school.

b.He was worried about controlling the maths class.

c.The teacher should not have asked him to do it.

d.It was not a proper part of the janitor's job.

听话者需要随着语篇的发展对自己的理解不断地作出调整。当我们听到第一个句子时，一般会认为 John 是个学生，但第二个句子则告诉我们这一理解是错误的，因为从第二句话所描述的职责来看，John 应该是教师。但第三个句子的出现又推翻了这一理解，使我们又回到了最初的理解，即 John 是一个学生，直到最后句话的出现我们才知道 John 原来是学校的勤杂工。

认知推理是听力理解的一个重要方面，并在听力理解过程中发挥着十分关键的作用。因此，如何训练学习者在听力理解过程中运用各种认知策略进行自发的能动的认知推理是听力教学中不可忽略的一个方面。例如，对于下面这一语篇：

a.The king died.

b.The queen died of grief.

听话者需要作出如下推理才能获得连贯的理解：国王和皇后很可能是夫妻关系，他们生活在同一个国家、同一个时代，皇后死于国王之后，皇后是在国王死后不久去世的，皇后之死是由国王之死使她伤心过度所致。这些推理是语篇理解所不可缺少的，但推理是在瞬间完成的。也就是说，听话者所作出的推理是一个自然的过程，它是整个理解过程的一部分。这种推理并不是凭空进行的，听话者在听到某话语后，马上就会在大脑中激活一系列与话语相关的经验知识或背景知识，并在此基础上通过认知推理来理解话语的意义。

3. 听力理解的性质

听力理解是一个极其复杂的过程，它涉及语言、认知、文化、社会知识等因素 G.Brown(1997) 就听力理解的性质总结了以下五点。

（1）辨别单词并记住与该单词相联系的意义。

（2）理解每一个单词是如何与语境发生相互作用，并为邻近单词的意义创造语境；理解一个句子中的哪些词语构成主语，哪些构成谓语，并理解指代成分所指称的人或物。

（3）既要理解每一个句子在局部上下文中的意义，也要理解该句子在整个语篇中的意义。

（4）对语篇的理解涉及两个方面，一是根据语篇的局部语境所提供的知识和背景知识来理解语篇内容，二是对语篇中所暗含的人际、空间、时间、因果和意图关系作出推理。

（5）对于较长的语篇来说，应至少记住其大意；对于较短的语篇来说，应在记住其大意的基础上，尽可能多地记住重要内容，特别是与说话者的当前意图相关的内容。

（二）听力理解的过程理论

听力理解的过程是一个复杂的、非直接的、难以描述的心理活动。

1. 不同研究者对听力理解的过程的看法

Kenneth（1976）认为，听力理解由五个成分构成，并且在顺序上，后一个成分总是依赖于前一个成分，即辨音（discrimination）、信息感知（perception）、听觉记忆（auditory memory）、信息解码（decoding message）、运用所学语言使用或储存信息（use or store message）。辨音包括辨别各种语音、语调和音质等，这也是听力理解的第一步。信息感知指的是学生在具备了辨音能力之后有意识地感知语句中的语音组合，从而获取句子意义的阶段。听觉记忆指的是将所感知到的听觉信息在被理解之前在大脑中保存一定的时间。信息解码指的是理解或获取信息的过程。在经过了以上四个阶段之后，学生就可以运用所学语言将信息表达出来或储存在长期记忆中。

Anderson（1985）认为，听力理解包括三个相互联系而又循环往复的过程：感知处理（perceptual processing）、切分（parsing）和运用（utilization）。在感知处理阶段，听话者的注意力集中在听力材料本身，并将所听到的声音暂时储存在短时记忆中。在切分阶段，听话者将短时记忆中的语音串切分成从句、短语、单词或其他语言单位，并在大脑中以心理表征的方式建构意义。在运用阶段，听话者借助非语言知识和语言知识将大脑中的心理表征与已有知识联系起来从而对听力材料作出正确的理解。

Abbott 等（1981）认为，外语的听力理解过程与母语的听力理解过程有相似之处。他们认为，听力理解包括感知、解码、预测与选择等过程。总之，听力理解是通过听觉器官和大脑的认知活动，运用语音、词汇、语法和各种非语言知识，把感知到的声音转化为信息的过程。

心理语言学区分了三种听力（和阅读）理解模式，即“自下而上”（bottom-up）“自上而下”（top-down）的模式和互动（Interactive）模式，这对听力教学有着积极的指导作用，因为读和听都是人们获取信息的重要途径。在听力教学中“自下而上”模式指利用语音、词语和句子本身的知识以及对语言因素的分析来进行听力理解，即从语音、单词、句子到整个语篇的意义。这一模式忽视听话者的背景知识在听力理解中的作用。“自上而下”模式指的是利用“已有知识和整体预期”及其他背景知识对接收到的信息（词语、句子等）进行分析处理。这一模式强调听话者的已有知识、预设、经验和认知图式在听力理解中的作用。O・Malley 等（1989）在对中等程度的英语学习者的研究中发现，听力好的学习者似乎更注意较大的板块，只有在理解中断时才将注意力转移到个别词上来。互动模式把听力理解看是大脑长期记忆中的背景知识与听力材料相互作用的动态过程。这一模式的优点在于它把听力理解看作是一个信息处理的过程。也就是说，外语学习者在听力理解的过程中不但要运用语音、词汇和句法知识，而且还要能动地借助大脑中相关的背景知识，对短时记忆中的听力材料进行信息处理和加工，从而在背景知识和听力材料的互动过程中理解意义。

2. 听力理解的过程

于听力理解的过程主要具有三个特点：

（1）理解是一个积极的过程。在听力理解过程中，听话者并不是消极地或被动地运用听觉来接收信息，而是通过调动大脑中的已有知识进行能动的认知推理，来理解说话者所传达的信息和意图。因此，听力理解是听话者积极主动地参与语言交际的过程。

（2）听力理解是一个创造性的过程。意义并不是现成地存在于语言材料之中的，不同的听话者对于同一个单词或句子可能会有不同的理解。

在语言交际过程中，说话者为了语言表达的经济性，不可能也没有必要把任何细节都表达出来。因此，在听力理解过程中，听话者需要根据语言材料所提供的线索以及自己的社会经历和背景知识创造性地建构意义。

（3）听力理解是一个互动的过程。作为语言交际的一个重要方面，听力理解涉及说话者和听话者双方。从某种意义上讲，听力理解是交际双方在相互作用中磋商意义的过程。特别是在面对面的语言交际中，说话者可以通过听话者的面部表情和身势语来判断听话者是否理解自己的意义，并以此来调整自己的语言。同样，听话者可以用语言的或非语言的手段来表明自己是否理解了说话者的意义或者直接与说话者进行意义的磋商。

（三）听力理解的因素理论

1. 影响听力理解的因素

束定芳和庄智象（1996）认为，影响听力理解的重要因素包括听力材料的特征、说话者特征、任务特征、学习者特征和过程特征。

（1）听力材料的特征。听力材料的特征指的是语速、词汇与句法以及学习者对材料所涉及的内容的熟悉度等因素。因此，教师在选择听力材料时，应根据学习者的外语水平和认知能力，选择语速和难度适中的材料，并适当增加背景知识的介绍，以便使学生更容易地理解材料的内容。

（2）说话者特征。说话者特征主要指性别因素对听力理解的影响，如中等和高级程度的学生回忆非专家男性说话者的发言要比非专家女性说话者的发言更容易理解等。

（3）任务特征。任务特征指的是听力理解的目的和听力学习所涉及的问题类型，如让学习者回答多项选择题、进行概括推理或寻找某一特定信息等。

（4）学习者特征。学习者特征包括学习者的语言水平、记忆力、情感因素和背景知识等。由于人是认知的主体，听力理解与学习者各方面的相关知识水平和主观因素息息相关。

（5）过程特征。过程特征主要指听力理解的心理过程，如学习者采用的是“自下而上”模式、“自上而下”模式还是互动模式。

2. 听力理解的因素对听力教学的启示

认清影响听力理解的因素对提高听力教学的质量具有非常重大的意义。

（1）在听力材料的选择上，教师和教材编写者应注意材料的难度，并且要着重根据语言习得的规律，选择略高于学生水平的可理解性输入。必要时，教师可以适当介绍一些与听力材料相关的背景知识。

（2）就说话者特征而言，教师在选择听力材料时应该具有广泛性，说话者既有女性也有男性，既有高级学者也有普通大众，说话者的职业既有代表性也有普遍性。

（3）就任务特征而言，教师应根据学生的需要设计丰富多彩的听力活动，提高学生的学习兴趣和积极性，避免听力活动的单一性。

（4）学习者特征对听力教学的影响十分明显，教师在教学过程中除了要提高学生的兴趣和积极性之外，还要从各个方面挖掘学生的知识潜力并培养学生的思考能力和推理能力。在课堂上，教师要创造一种有利的学习氛围，减少学生的心理压力和紧张情绪。

（5）就过程特征而言，学生可以在教师的指导下，采用适合自己的听力策略。至于“自下至上”模式、“自上而下”模式和互动模式的选择问题，需要根据学习者所处的学习阶段及其认知能力和知识水平等因素来确定。

二、大学英语听力教学模式策略分析

由于深受传统教学模式的影响，很大程度上，教师在教学中只是遵循着固定而又呆板的教学模式：先放录音，再做题，之后给出答案。这种传统教学课堂因为呆板的组织而显得枯燥乏味，教师成为教学的主体，学生基本处于被动状态，师生之间缺乏感情沟通和知识信息的交流，课堂气氛枯燥，学生的主动性没有得到应有发挥，致使教与学在很大程度上脱离，极大地影响了听力教学效果。因此，教师要勇于尝试新的教学模式，灵活选择使用。

（一）交互式教学模式

1. 交互式教学模式定义

交互式教学模式也称互动式教学模式，是指通过营造多边互动的教学环境，在教学双方平等交流探讨的过程中，达到不同观点的碰撞交融，进而调动教学双方的主动性和探索性，强化教学效果的一种教学方式。

交互式教学模式是一种适应时代的教学理论和策略。区别于传统教学法中以教师为中心，学生被动参与学习的模式，交互式教学法是以学生为中心，让学生积极主动地参与组织教学的各个环节，参与教学活动的全过程，真正成为教学活动的主体，与此同时还要注意发挥教师在教学中的主导作用，实现教师与学生、学生与学生的双向交流与互动。简言之，它是旨在建立以教师为主导，以学生为主体，在师生、生生，以及人与多媒体之间通过“互动”方式组织起来的一套英语教学法。“互动”是两个或更多的人相互交流思想感情，传递信息并产生相互影响的过程。目前流行的交际英语教学理论的核心就是交际能力培养必须具备“互动”这个性质。交际能力培养强调“互动”的重要性，是因为人类在各种背景下使用语言的目的就是“传递”信息，简单地说，是把自己头脑中的信息传递给另一人，反之亦然。

2. 交互式教学模式的必要性。

交互式教学模式的中心是“交流”，课堂教学最重要的形式也是交流，没有课堂交流，课堂教学就没有实施条件。有效的课堂交流是达到教学目的的前提。从信息交换的角度来说，教师和学生之间的信息交流是双向的，他们之间存在着大量的信息交流。针对现在大学英语听力中依然是传统的以教师为中心的课堂的现状，实施基于交互式教学法的大学英语听力教学模式是非常有必要的。交互式教学模式将传统的“以教师为中心”的教学模式转变为教师引导、学生积极参与、师生之间良性互动，“以学生为中心”的教学模式，即教师在教学过程中是作为参与者而非整体的控制者，它注重了师生的协作互动，提高了学生的教学参与性，从而提高了大学英语听力课的教学效果。

3. 交互式教学环节。交互式教学模式在听力教学具体实践过程中，应分成听前准备、课堂训练、听后总结三个关键环节。

（1）听前准备。“如果听者事先知道他将作出某种反应，他会立刻带着目的去听，并且他知道会听到什么样的信息以及如何去反应。”在听每段材料前，教师应该和学生充分交流，了解学生感兴趣的话题，进而让学生寻找和准备相关的材料，储备一些与该话题相关的词汇。在课堂上，教师可根据学生准备的情况提问，针对这些问题让学生进行自由讨论。这些可以看成是听力训练前的热身。通过“热身”，一方面学生对将要听到的内容会有了大致的了解，引起学生的兴趣，通过相互交流，提高学生的积极性，使学生更好地融入课堂；另一方面展开了师生、生生之间的互动，活跃了课堂气氛，提升了教学效果，培养了学生语言交际能力。

（2）课堂训练。交互式教学模式强调教学的互动，以及从传统的以教师为主的教学模式转变为以学生为中心的教学模式。在课堂训练前，经过热身阶段的师生交互活动便可以正式开始听力技能训练了。首先，为了不破坏语篇的完整性，可以整体先听一遍材料，让学生对材料有一个大概的掌握；其次，第一遍听完之后，可以叫学生结合热身阶段的讨论对所听材料进行一下评价，评价是引导学生深入理解材料的好方法，然后要回答其他学生就材料理解进行的提问；最后，由教师进行正确与否的评判。这样既锻炼了学生的逻辑归纳能力，又实现了生生、生师之间的互动。在互动中，学生还可以总结出一些适合自己的听力技巧或策略。在该过程中，学生充分参与教学活动，成为教学的主体，而教师在此过程中除了充当指导者外，还可以是学习的共同参与者和合作者。

（3）听后总结。听力活动结束之后，教师应对学生的任务完成情况给予及时反馈。在反馈过程中，教师可以先让学生们评估自己的任务完成情况。反馈完后，教师要对所听内容进行巩固，首先对所听材料中的词汇、基本句型和习惯表达进行总结；然后可根据实际情况，对所听材料进行角色表演和分组讨论，使学生通过语言的再次学习，更好地理解和掌握所学知识，从而提高语言的实际运用能力。

（二）文化导入式教学模式

1. 文化导入式教学模式定义

文化导入式教学模式是一种通过引导的方式让学生主动建构语言与文化知识、促进英语综合运用能力的相对稳定的操作性框架。该模式主张教师在一定的教学环境中，根据教学大纲、教材和学生实际，运用正确的方法对学生进行积极引导，激发他们的思考与想象，促进学生主动进行内部心理表征的建构，从而培养学生对文化差异的敏感性、宽容性以及处理文化差异的灵活性，提高学生综合运用英语的能力。该模式在教学内容上注重文化概念与思考方式的引入，突出相关文化内容，在教学形式上注重学习主体作用的发挥，同时也要求教师积极发挥主导作用。

2. 文化背景知识导入的方法

（1）适时培养学生对文化背景知识的敏感性。为培养学生对文化的敏感性，教师要充分利用教材发现问题，培养学生从文化角度来审视问题的根源，提高他们发现目的语文化现象的存在和这一文化与母语文化之间相符相悖的敏感性。例如在对待些文化知识和反映文化的词语表达上教师不能简单地介绍，要多问几个为什么，在备课时准备充分的资料，让学生在中英文化对比中了解异国文化，逐步培养学生对中英文化差异的敏感度。

（2）利用词语导入文化背景知识。词语包括单个的词和短语。语言的各种文化特征都能在词语中展现出来。教师在教学中应适当地导入听力材料中具有一定文化背景知识的词语，让学生充分理解其文化特征与内涵。以习语为例，有这样一句材料：You'd better know that only work no play makes Jack a dull boy。这句话中没有一个生词，但学生却不能理解这句话的含义，从而导致做题的失误。事实上 only work no play makes Jack a dull boy 的意思是只工作不玩耍，聪明孩子也变傻。

（3）听说并重，增强文化理解力。要想真正提高听力水平，必须强调听说并重。教师可以根据不同的材料，通过复述、问答及根据听力组织对话、进行小品表演等形式对学生进行听力检查。这既可以加深学生对有文化内涵知识的掌握，又可以提高学生的听说能力。例如，关于个人空间和称呼的一段材料中，由于材料本身涉及西方文化知识。教师可以采取复述并进行动作表演的方式进行教学，这不仅加深了学生对听力材料的理解，又提高了学生对文化背景的认知程度。

（4）借助视听媒介导入文化。教师应发挥多媒体的优势，充分利用电影、电视、幻灯等资料进行辅助教学。因为这些媒介是了解西方文化的有效手段，是包罗万象的文化载体。学生可以在观影中直观、真实地了解西方的民族文化、社会习俗、交际方式、价值观念等文化内容。

（5）延伸教学空间，拓展英语文化。教师可以采取布置任务的方式，让学生提前查阅与所学单元相关的文化知识，并让学生以幻灯片形式展示成果，使学生在参与中增强信心和成就感。同时，鼓励学生课后大量阅读介绍英美文化的书籍，既可使学生获得语言知识，又可以深化学生对文化差异的了解，从而提高学生的听力水平。

（三）视听说结合式教学模式

1. 视听说结合式教学的必要性

著名语言学家 Stempleski 和 Tomalin 认为，音像结合的教学手段比任何一种教学媒体都更能全面而真实地展示语言。它能刺激控制形象思维的大脑右半球和控制抽象思维的大脑左半球同时发挥作用，并参与吸收知识的活动。心理学对人类记忆特点的研究表明：单靠视觉记忆，其效率为 27%；单靠听觉记忆，其效率为 16%；视听并用其效率为 66%，而不是二者简单相加的 43%。在我们大脑的记忆活动中，形象信息的记忆要比语言文字信息的记忆牢固得多，在提高大学英语听力教学质量方面存在很大优势。视听结合，使学生处在耳目一新的教学环境当中，在视觉和听觉的双重刺激下接受语言信息，在这种环境中启发学生说英语的欲望可以达到事半功倍的教学效果。

无论是在外语教学中，还是在真实的言语交际中，听和说都是密切相关、不可分割的。听是凭借听觉器官对言语信号进行意义建构的过程，是理解言语的技能；而说则是借助语言外壳通过发音器官将思想转换成具有句法和语音结构的言语信息的过程，是言语表达的技能。口头表达能力的提高必然会促进听力技能的提高。教师应尽可能地为学生创造练习口语的机会，将听与说有机地结合起来，以听说结合的方式切实提高其听力水平，从而改变现有的听音画钩，单纯以获取信息为目的的教学现状，保持外语习得过程中的输入与产出的平衡。

视、听和说三者在听力教学中有着相辅相成、互相促进的关系。集文本、图像、声音于一体的多媒体能及时为教学提供生动有趣、灵活、方便、实用的学习和实践的空间，使学生置身于一个真切实际的英语学习世界。选择难度适中、题材广泛、内容风趣、语言清晰规范的视听材料，并灵活性、创造性地调整和补充教材内容，通过视觉、听觉双重刺激，把听和说结合起来。要求学生理解所听内容，并且要作出积极反应进行口头练习，视觉效果有效刺激听觉能力，口语练习有效促进听力理解。不仅能锻炼学生的英语思维能力，还有助于提高记忆力，有利于知识的获取和记忆，达到运用英语、实践英语的目的。

2. 视听说结合式教学环节

通过视听说结合的方式，可以解决英语教学中的“质”的问题，通过指导学生按照粗略观看、仔细听解、口头讲述三个步骤来完成从语言输入到输出的过程。在粗略观看阶段，教师根据视听内容，利用图片、实物、背景知识的介绍和单词的讲解等形式进行巧妙地导入，让学生对视听材料的大体内容有所掌握，为下一步教学做好铺垫。在仔细听解阶段，不仅指导学生进一步明确整段话语的大意，更要把焦点放在语言材料本身，要求学生能够回答具体的细节问题，甚至区别细微的语音现象。在讲述阶段可以采取如问答、复述、谈论话题、讨论、情景对话、描述、角色扮演等多种形式，对视听材料有选择地进行再现、借鉴或者创造。以上三个步骤可以根据教学的实际需要，有重点、有目的地进行练习。

教师在课堂上的主要任务是示范和指导学生如何采用视听说结合的方法，按照以上三个步骤，克服听的过程中出现的来自语音、语言和文化等方面的困难，促进语言知识的使用和内化。教师在语音材料与学生之间充当媒介，帮助学生将听力内容同已有的知识技能有机地联系起来。采取灵活多变的方式进行课堂主体教学，由浅入深，由易到难，循序渐进，营造良好的学习环境和氛围。根据学习材料的主题和内容的不同而进行精心的设计，充分发挥多媒体声图文并茂的优点，采取文字、图片、音乐和短小视频的形式，激起学生的学习兴趣。在听力训练的过程中，教师不可一味地唱“独角戏”，除了要向学生提供必要的背景知识、语言知识和听力技巧来帮助学生理解外，应该设计出形式多样的活动使学生参与到教学之中，对视听材料进行模仿和拓展，充分发挥学生的想象空间。和学生共同融入听力训练中，注重倾听个体学生的答案和解释，给予适当的提示和指导，尤其是多给予积极的肯定和鼓励。

三、大学英语听力训练策略

（一）选择多样化的听力材料

在选择听力材料时，教师既要结合教学实际的需要，也要结合学生现有的能力和兴趣，还可以让学生在课堂上以英语游戏的形式参与活动，循序渐进地进行练习，让学生既在乐中学，也在玩中学，最大限度地挖掘他们的潜在能力，发挥他们的主观能动性。

丰富的课堂内容，比单一的听力训练更能激发学生的学习兴趣。兴趣是最好的老师，有了兴趣，英语学习就是一种享受，自然会事半功倍。传统听力教学长期采用单一的教学模式：放音、练习、对答案，过于依赖教材，听力内容单调乏味，无法激发学生的学习兴趣和热情，因此在课堂材料的选择上，应充分考虑学生的兴趣、心理状态、当下热门话题等。

在多媒体教学环境下的今天，教师可以播放英文电影、教学情景对话、英文歌曲或某个明星的演讲，甚至 VOA、BBC 新闻练习听力，通过增强听力内容的趣味性、时效性，适当引入一些流行元素，提高学生的英文水平。英文电影作为一种直观、形象、生动的方式，越来越受到学生的青睐。英文电影有吸引人的剧情，让学生身临其境，有些情节非常具有趣味性，影片中的英语不再是死气沉沉的、让人望而生畏的语言，而变成妙趣横生、充满生机和活力的实践。

每周增加一点这些内容，并在人机对话中让学生学唱英文歌曲，进行英文电影配音，这将大大提高学生的英语学习热情和积极性，从而使其在轻松愉悦的氛围中提高英语听力水平，并且对提高学生的口语表达能力也非常有帮助。

（二）加强文化背景知识介绍

随着英语听力教学的不断深入和发展，文化背景知识的导入越来越受到重视。每个民族都有自己独特的文化背景和风俗习惯，如果不熟悉西方英语国家的文化背景知识，不懂得用西方思维方式来理解英语语言，就会给英语学习造成很大的障碍，学生就会很难理解某些听力材料或是产生误解，有时学生可能已经听清楚每个词了，却不能完全理解整个句子或是整篇文章所要表达的意思。在大学英语听力训练中，介绍文化背景知识是十分重要的。从下面几个文化背景知识对听力的影响就可以看出。

1. 民俗习惯。随着国际交往的进一步发展，越来越多的中国人知道了一些西方节日，但是因为不了解西方文化，往往不知道这些节日的起源和发展。例如有篇关于 Boxing Day 的听力材料。Boxing Day 译为节礼日，是每年的圣诞节次日或是圣诞节后的第一个星期日。关于节礼日的起源存在争议，一种被广泛认可的说法是雇员在圣诞节后的第一个工作日会收到雇主的圣诞礼物，这些礼物通常被称为“圣诞节盒子”（Christmas Boxes）。另外一种说法是牧师将在这天打开功德箱，将里面的捐款分发给穷人。节礼日现在普遍被认为是购物日，因为在圣诞节过后的第一天，一般商家都会推出减价活动。如果学生并不了解有关节礼日的文化背景，就会误以为是拳击日，是打架争斗的日子。

2. 思维方式。不同的民族有着不同的思维方式，对待同一事物的看法也会有所不同。比如在时间观念上中西方就存在差异。在赴约时，中国人会提前到达以示礼貌，而美国人则更注重要准时到达。如果迟到，让人等候，显然是不礼貌的，可去得太早也不好。因为主人要收拾房间，准备饭菜，如果去早了，主人还没有准备好，又要出来接待你，就会造成很多不便。所以在一些非常正式的场合，守时就显得更为重要，一旦去早了，最好在外面等几分钟再进去。在这样一道听力题目中：

What is considered polite for guests according to the American culture?

a.To arrive on time.

b.To arrive about 5 minutes early.

c.To arrive about 5 minutes late.

如果学生了解中西方对于时间的不同理解，很容易就能选出这道题目的正确答案。

3. 法律制度。在不同的国家，法律法规、制度政策等都会存在着很大的差异。如果对于这些差异不是十分了解的话，就会造成听力理解上的障碍。例如有一篇讨论私人持有枪支是否合法的听力材料。中国公民私自拥有枪支是违法的，而美国公民则可以。如果了解这两个国家在法律规定上的差异就会更好地理解这篇听力材料了。再如在一段关于交通法规的听力对话，其后有这样一道题目：

What could happen if you park your car by a double yellow line?

我们知道关于交通法规中的一些标识语各个国家是有所不同的。如果知道在英国“ a double yellow line”表示“ No Parking”，这道听力理解题目就很容易解决了。

4. 生活习惯。在不同的文化背景下，各个民族的生活方式及礼仪习俗必然有所不同。了解了这种生活习惯上的差异有助于更好地理解听力材料的内容。例如有这样一道听力理解题目：

What would your English host think if you finish your food at a dinner party?

a.You would like some more.

b.You had a good appetite.

c.You didn’t quite like the food.

d.You had enjoyed the food.

按照中国人的习惯，在做客时不要吃光所有的东西，要留一点表示你吃饱了。而在英国客人要吃光自己碗碟中的东西表示你很喜欢主人为你准备的美食。知道了这一点生活礼仪上的差异，这道题目也就迎刃而解了。

（三）播放听力材料前的提示

在给学生上听力课时，教师不能只是给他们放录音带，也不能只给他们解释点词汇或者短语，而是应当用已有的与材料相关的知识来引导学生。比如，老师可以用简短的讨论进入主题，让学生根据听力题目或者预先给的一些暗示来猜猜听力的内容，从而帮助学生理解所要听的材料。通过这些方式，可以让学生对将要听到的内容有所期待，也从心理上进入一个准备阶段。

更为重要的是，要给学生一个可选择的任务与目的。没有一定的目的，学生将处在一片黑暗之中，当他们努力地想记起一切的时候，事实证明到最后他们什么也想不起来。所以，应当尝试在播放听力材料之前给学生一些问题，或者要求他们挑出两到三个要点，或者给出听力过程中的主要步骤。设计一些有特点的与主题相关的任务，摒弃无关的信息。有时候材料过长的话，可将材料分割成几个部分，根据不同部分的内容提一些相关的问题。如果材料有一定的难度，可先用简单的语言来表述，但是切记不能说太多或者自己将材料重复地跟学生叙述。否则，学生将可能因此而对材料失去兴趣。同时，也可以培养学生在听听力材料的同时做笔记的能力，在听听力材料之前给学生一些相关的问题，这样一来学生就更有目的性，效率也会提高。用这种方法，学生就不会遗漏材料中的一些要点和细节，同时，这种方法也有助于学生理解较长的听力材料。

（四）教会学生抓住重点

通常，学生们喜欢把材料里的每个单词都理解清楚。事实上，不同的听力材料在不同的语速下，大部分学生特别是听力能力不是很好的学生，想听懂每个单词基本上是不可能的。对于这些学生而言，要把每个单词都听清楚并弄懂它的含义，往往可能会顾此失彼，赶不上听力内容的速度，只能抓住其中的部分意思。甚至有的学生由于过于纠结于某个单词的意思而错过了听力材料的大部分内容，得不偿失。所以总的来讲，只要学生能把听力材料的重点，即能帮助理解材料的内容听懂并理解就可以了。一般来说，一篇材料里的诸多新单词并不会影响学生理解全篇大意。所以教师应当经常提醒学生要听重点，根据问题留意某些细节就可以了，教会学生如何抓住听力材料的重点。

（五）精听与泛听相结合

精听是指“精确听力练习”，要求学习者在听力练习中捕捉到每一个词、每个短语，不能有任何疏漏和不理解之处；而泛听则要求学习者在听力练习中以掌握文章的整体意思为目的，只要不影响对整体文章的理解，一个词，一个短语甚至个句子听不懂也没关系。精听的练习方法如下。

第一遍精听。这个时候一定要全神贯注、专心致志、心无二念、一心一意！以篇章为单位，听完一遍之后，试试看能回忆出多少刚刚听到的内容。这个阶段只要求回忆大意就可以了。如果可以回忆出来那最好，如果有问题的话，就再听一遍，直到可以回忆出来为止。在这个过程中，要注意检查自己，是不是能听到发音类型，听到的生词多不多，语速是不是过快或者过慢，能不能听到一篇文章或对话中句子之间的逻辑关系。

在精听第一遍的时候要达到的效果就是：回忆出大意。

精听第二遍。第二遍要达到的效果是：复述原文。有了第一遍的基础，再听一遍。还是以篇章为单位，一遍一遍地听。听完一遍，暂停，然后张嘴出声的复述自己刚刚听到的内容。接下来就是用自己的话概括一下文章的大意，不用精确到具体的时间、地点、数字（这些是下一阶段的任务）。

精听第三遍。第三遍的精听就是细节听力。与前两次不同，这次听的时候，要适当地用笔记记录下来一些细节，比如说时间（昨天还是今天？早上还是晚上？几点？哪年？哪月？哪日？星期几？）、地点（哪个国家、哪个城市、哪条街、哪个巷、几号门牌）、人物（名字、关系、年龄、职业、爱好、特长），以及文章中具体描述那件事情的一些细节，还有，如果有列举的成分在，一定要努力列清楚所有的条目。听完一遍后，看着自己的笔记，试试看能不能把这个文章讲出来。不仅仅讲大意，还要讲细节。其实，这个过程就叫作“笔记辅助复述”。就是越是能详细地复述出原文越好。

精听和泛听可以结合练习，如某一篇文章中有几段可以用精听的方法练习，在练习的过程中准确无误地听到某些细节性的信息，有几段可以用泛听的方法了解文章的梗概。

第 3 节　多元文化视角下的大学英语听力教学

一、大学英语听力教学与文化

当听到一些自己熟悉的材料时，不管是新闻、报告、演讲还是有关科技、艺术等方面的，一般都能够很容易地辨别并能较好地理解，即使材料中有些生词，也能够根据上下文猜测出它们的意思。但遇到一些我们不熟悉的材料或与英美文化背景知识关系密切的材料时，听起来就感到难懂得多。

尽管有些材料比较简单，也听懂了字面意思，但由于缺乏文化背景知识而不能理解其中的真正含义。

例如，我们听到这样一句话：The path to November is uphill all the way. 这里 November 是指将在十一月举行的总统选举。如果我们不了解 November 是指“十一月举行的总统选举”这一背景，那么就很难理解这句话的真正含义。

又如我们听到：Nixon’s Odyssey to China，其中，Odyssey 原为希腊诗人荷马的一部英雄史诗，描写 Odysseus 在古城特洛伊陷落之后的一段漫长而艰难的历程。这里用来喻指中美关系正常化的一段漫长过程，不能不说意味深长。如果不了解 Odyssey 这一故事，不知道 Odyssey 在这儿是“漫长历程”之意，就难以理解 Nixon’s Odyssey to China 的真正含义。文化差异在这里也扮演了重要角色。例如：中国文化一向视谦虚为美德，所以当一个人受到赞扬时，总是要客气一番说“哪里哪里”“不敢当，不敢当”之类的话。这不符合西方文化传统，西方人会把这种过谦视为自卑。西方国家里，夸奖别人的人总希望对方对他的赞扬作出肯定的评价和积极反应，被赞扬的应说些“谢谢”之类的话。

又如中国人在路上遇见熟人，总是很自然地问：“你到哪里去？”“吃过饭了吗？”但英美人却会认为这种提问很不礼貌，是对个人私生活的干预。

再如：英语国家的人接电话时，通常要先报一下自己的电话号码或单位名称，这样对方马上能知道自己是否要对了号码。而中国人之间打电话通常先问“你是谁？”“你哪里？”“你找谁”之类的话，这是语言习惯问题。

因此，仅仅学习语言是不够的，还必须学习怎样使用那种语言，即必须掌握使用哪种语言进行交际的能力，必须懂得什么时候使用何种语体和语言形式，怎样用适当的方式表达客气、友好等。

文化背景知识和文化差异在外语听力学习的中高级阶段已逐渐走向了中心的位置。如何实施以文化为中心的听力教学是至关重要的。在这里，有必要先阐述一下听力教学与文化的关系，以说明文化在听力教学中的重要性。

这里所说的听力并非简单地辨别声音的能力，而是理解所听内容的能力。音乐家的辨音能力可谓很强，但如果只懂得很少的英语，那么，他的英语听力也肯定不会好。同时，一个中国人虽然很好地掌握了英语的句子结构，也有较大的词汇量，但也不能据此断定他的听力就一定很好。其原因就在于决定听力的还有除听觉和语言本身以外的其他因素。

对此，心理学家也有不同看法。行为主义心理学理论认为，听的能力仅仅是通过反复刺激习得的。这一理论在某些方面和一定程度上有其道理，但如用以解释更复杂和大量的语言现象，则未免过于简单化了。

与此相对，皮亚杰（Piaget）提出了认知理论。他认为语言能力的习得过程又是向周围环境学习并与之相互作用的过程。在此过程中，有四种机制在起作用，其主要机制之一是“认知结构”或“图式”理论，它是人们向环境学习的结果，这一理论表明了背景知识的重要性。

“图式”（schema）一词用于描绘外界知识是如何在人的记忆中被组织起来并在理解语篇的过程中起作用的。它所指的是在人的记忆中有一个囊括一个人全部知识的储存库。当遇到新情况的时候，它就会从中挑选出有关的信息并用以确定新情况的意义。例如，我们每个人的记忆图式中都有关于饭店的知识：桌、椅、饭菜、服务员，以及吃饭付款等。当一听到有关谈论时我们会自然地利用所有这些知识去确定和预料将要听到的话语的意义。如果人的记忆图式中没有这些知识，那么在理解过程中就会遇到困难。如当我们同一个对中国文化孤陋寡闻的美国人说“kotow”时，几乎可以肯定他不会理解其义。同样，当一个美国人对一个即使对美国文化有一定了解的中国人说“rip off ”或“sucker”时，他也很可能听不懂。再如，中国人听到“hurricane”也许不太明白，但听到“typhoon”则会立即领会。由以上例子可以看出图式对听力是何等重要。正如瑞斯贝克（Riesbeck）所说：“理解语篇，从根本上讲就是一个从记忆中追溯信息并将其与听到的话语联系起来的过程。”

由此可见，人们在领会语言含义时，不能忽视目的语文化背景知识所起的作用。人们在理解语义时，必须运用其所掌握的各种知识进行思维、推理和判断。正如斯坦马克（G.E.Stelmach）所说的“语言理解通常是几个认识子系统有机配合并同时起作用的产物，即使在社会交际高度受限的情况下，参与完成语言任务的认知机制通常所包括的也不仅仅是‘语言加工者’，同时还有感知与自动化系统”，“该系统用于思考在通常情况下我们与外界的联系，以及保存我们日常生活的经历、包罗万象的知识、对某些片断的记忆和期望等”。这段话阐明了语言理解及其相关因素的实质。他还进一步提出对句子的有效理解取决于对来自各方面知识的有机运用，从而表明语言理解与所掌握的语言本身之外的知识有着密切的联系。

总之，如果学习者不了解所学语言的民族文化背景知识，缺乏对词义的社会文化意义的足够认识，单靠扩大词汇量、延长练习时间来提高听力水平，是做不到的。这就要求教师树立新的语言观，有意识地引导学生既要关注语言形式，又要关注文化。

我们可以通过多种方式来了解一个国家或一个民族的文化，如直接在那个国家或民族中生活或阅读报刊、杂志及其他书籍。在教学过程中，尤其是在听力教学过程中向学生介绍一个国家或一个民族的文化更是十分必要的，这点我们将在下文中详述。

以上足以说明，文化背景知识对听力确有很大影响。文化背景知识和文化差异对听力理解的影响包括如下几个方面：

1. 陌生的文化内容有碍于对语音的正确辨别，从而影响对整体信息的理解。

2. 贫乏的文化背景知识妨碍了对所听内容的记忆，也影响了对完整意思的领会。

3. 文化差异对各种英语水平的人的听力均有影响。

4. 对有一定英语基础的人来说，文化差异对听力所造成的影响要比词汇和语法结构方面的影响大。

5. 所听内容的地方文化色彩越浓，理解起来难度也越大。

以上结论足以证实前面的推断，而且这些影响均可以用图式理解来解释，即：由于头脑中缺乏文化知识框架，听者得不到必要的有关信息因而也就无法预测下文，结果可能只听懂了几个词、部分信息或是仅理解了字面意思而不理解其用法意义。有时，甚至可能从一个不相干的图式中抽出某些信息，借以理解新信息，这样就会造成误解。

二、文化差异对听力带来的影响

（一）历史因素对于英语听力的影响

听力题目中有这样一句话：The die is cast，we have got no choice but win the game. 当时学生虽然大概知道是要取得胜利，但是对前一句的意思并不理解。这个语源于公元前49年，罗马执政官庞贝和元老院共谋进攻恺撒时发生的故事。恺撒的领地和意大利本部交界处有条小河 Rubicon。恺撒不顾反对意见，悍然率军渡河与庞贝一决高下。在渡河时他说：The die is cast。过了河，他还烧毁了渡船，（burn the boats）逼得士兵毫无退路，只好勇往直前，打败了敌人，就是这样一段历史故事，在英语中留下了几个常见的习语：cross the Rubicon（渡过鲁比肯河），喻义决定冒重大危险，采取断然行动。burn one’s boats（烧掉自己的船），表示破釜沉舟的决心。The die is cast（骰子已经掷下），预示着事情已经决定，再也不能改变。这几个短语如果仅从字面意思理解就肯定觉得不知所云，但如果结合历史背景，则不仅容易理解而且记忆起来很方便。

（二）自然地理环境特征对英语听力的影响

英文中包含很多与海洋相关的习语，如：all at sea（不知所措）；a drop in the ocean（沧海一粟）；plain sailing（一帆风顺）；between the devil and deep sea（进退两难）；While it is fine weather，mend your sail（未雨绸缪）。这是因为不同的自然环境会对当地的文化造成不同的影响，语言恰恰包含了这种独特的文化基因。英国作为一个岛国，为了生存，人们经常与恶劣的海洋气候进行抗争。在征服自然的过程中，自然形成了许多与海洋有关的习语。

此外，英国强大的航海业和捕鱼业使得大量与 fish 有关的习语相继产生。如 big fish（大亨），dull fish（枯燥无味的人），make fish of one and flesh of another（比喻厚此薄彼，偏爱一方）。从这些角度来看，很多短语的理解就变得容易多了，在讲解的同时，不仅学生对语言加深了印象，对这个国家的了解也更进一步。

（三）生活常识对英语听力的影响

在经典电影《阿甘正传》中，主人公 Forest Gump 曾这样形容他和 Jenny 的关系："We are like beans and carrot."很多不理解西方饮食文化的人看到这句话会觉得难以理解，为什么两个人会像青豆和胡萝卜。这是因为在西餐中，青豆和胡萝卜总是作为辅菜放在一起，这个表达方式用来形容两人形影不离。

三、多元文化对英语听力教学的启示

（一）加强文化背景知识的传授

在英语听力课教学中，教师在传授语言知识的同时，应注重文化背景知识的传授。文化背景知识的传授应该密切结合实践课，其目的是为了使学生更加深刻地理解英语，更准确恰当地使用英语。因此，在英语教学流程中，应该根据学生的英语水平和教学内容需要，有计划、有针对性地导入文化背景知识，在提高学生语言能力的同时，丰富英语国家的文化知识。

1. 培养学生的文化意识，增强学生学习兴趣

在课堂教学中，教师不但要传授英语的语言知识，同时要帮助学生树立正确的思想观念，有意识地培养学生的文化意识。学生们必须认识到，背景知识的学习有助于听力水平的提高，因为语言是融合在相关背景知识中的，这些知识有助于预测讲话人会说些什么，并在听的过程中去核对、证实。相关的背景知识既可以增进听者对讲话发生的地点、时间和周围环境的了解，也可以帮助学生熟悉讲话人的年龄、性别以及对一些事物的观点、看法。成功的听力理解取决于听者的语言知识和背景知识的相互作用，这两者缺一不可。除此之外，学生们也应该认识到文化背景知识的学习有助于自身文化素质的提高。英语学习的目的不仅仅是掌握纯英语的语言能力，也是进一步了解西方文化，拓展知识面。

2. 改变教师的教学观念，提高教师自身素质

向学生传授文化背景知识，教师本身应有强烈的文化意识，重视学习积累和传授文化背景知识，在平时的课堂中注意将语言与文化相融合，逐步在课堂中向学生介绍英美国家的风土人情，渗透西方文化的背景知识。

在树立了正确的教学观念的同时，教师应广泛地阅读与文化背景知识有关的书籍和材料，掌握和了解丰富的文化背景知识，深刻了解中西方文化在不同层次、各个方面的异同。只有提高自身的素质和文化修养，教师才能在课堂上不仅讲解语言知识，更能在有关文化背景知识的传授中引导和教育学生。

3. 精心选择实践性的教材

语言教学与文化背景知识传授相结合，必须有相应配套的教材。选择英语听力教材时，应选择那些包含有英美文化背景知识介绍的相关材料，既重视东西方文化差异的介绍，又重视词汇文化意义的介绍。在实践中应选用一些真实材料，可以采用一些国外原版的英语教材。某些原版教材包含了许多英美文化、风俗习惯的内容，可以作为练习听力的好材料。此外，西方的电视电影节目具有时效性、实践性和趣味性，是介绍西方文化知识的有效而直观的手段。在听力教学中，可以选取西方电视电影节目的片断作为课堂上的理解材料，同时也可以推荐给学生在课外进行泛听。

4. 采用丰富多彩的教学方式

文化背景知识不应只限于在英语课堂上，根据实际情况，教师可要求学生预习时对相关的背景知识进行搜索和学习，并在课后做进一步的了解。在课堂上，应充分利用视频、网络等多媒体资源；教学方式除了传统的“老师讲，学生听”外，还可以采用合作学习的组织方式，让学生分组去收集某一方面的文化背景知识并在课堂上做介绍，教师做相应的指导，让学生参与到教学当中，增强学习的兴趣。在课外，教师应鼓励学生进行广泛的阅读和大量的听力训练，可以向学生们推荐富含西方文化内容的书单或视听节目。如有可能，可以举办文化专题讲座，介绍如西方节日、跨文化交际原则、《圣经》知识等。

（二）加强文化意识的培养

在英语听力教学中加强学生文化意识的培养是很重要的。听力材料的理解不仅依赖于好的英语知识水平，还受到文化因素的影响。很多学习者能够听懂英语听力中的句子却不能很好地理解句子含义，其中一部分原因就是对材料中所反映的文化不了解。因此培养学生的文化意识很必要。

在听力教学活动中，教师可以有意识地多选择一些能反映各国文化、风俗习惯、宗教信仰的材料。在听力教学中渗透跨文化意识的培养。在课上的时间是有限的，教师可以引导学生自己主动探究不同文化之间的差异。在听力教学中教师可以向学生推荐一些关于体现不同文化特点的电影，这样的电影既可以帮助学生提高英语听力水平，又同时

让学生了解了文化差异。比如，听力教师可以在听力课上组织学生听一些反映各国不同文化背景的材料，并将学生分为两组，让学生自己找出所涉及的文化差异的具体体现，并写下来，最后看哪一组写的多。

第四章　多元文化视角下的大学英语口语教学研究

第 1 节　大学英语口语教学概述

一、英语口语与口语教学

随着社会的发展，英语口语教学已成为英语教学的核心部分。对于英语口语教学的概念应先从“口语”的定义开始，口语是人与人之间面对面的口头表达的语言，是人类社会使用最频繁的交际工具。在社会发展的初期，语言出现的形式是口语形式，口语先于书面语出现，口语促进了语言的发展。Hatch(1992)提出口语和书面语的区别在于：口语的交互性（reciprocal）比书面语强，口语是一种面对面的交流形式，通过话轮转换得以使交流不断进行下去，需要运用非语言形式的补救策略；大量的口语是无计划、无准备的，具有即时性和不可预测性特点，而书面语通常是有计划、经准备而形成的；口语比书面语更依靠交际时特定的情境和场合（contextualization）；书面语语体一般比口语正式。

口语能力（也称为口语表达能力）包括口语技能及口语能力两个因素。前者表现为口语的实际表达状态，后者则体现为对前者的潜在制约，它的强弱是前者好坏的根本原因，因为它影响了掌握技能的难易并对技能功能进行调节。另一方面，口语技能又是从语言知识的掌握到口语能力形成之间的必须环节，技能的形成对口语能力的发展起着重要的促进作用：口语分主动口语（active oral speech）和被动口语（passive oral speech）。主动口语指的是“说”，是表达言语的输出或释放过程；被动口语指的是“听”，是理解言语的输入或吸收过程。主动口语是在被动口语的基础上发展起来的，它们是口语交际中密切相关而形式上截然不同的行为过程。文秋芳（1999）从语言能力、语用能力和策略能力这三个方面来描述一个人的口语能力，即一个人的口语交际能力包括语音、语调、语法规范、用词恰当；掌握说话规则，了解语言的文化特征，在特定的情景或社交场合下能够恰当得体地使用习惯表达法和正确的语体；熟悉交际的策略，会使用会话技巧及利用非语言手段克服因语言能力不足引起的交际困难。

口语交际有即时性的特点，在特定场景下说话者无计划，无准备，往往依靠交际时即兴思维进行口头表达，有不可预测的特点，往往会出现尴尬局面和思维短路的现象。

所以口语教学不仅为学习者提供可理解性输入材料和可理解性输出的机会，同时还要提供一系列的交际策略，前者属于设计语言学的内容和应用语言学的教学方法，后者属于应用语言学研究范畴。英语口语教学研究包括语言学和应用语言学两个范畴，既包括语言材料的输入和输出过程也包括学习策略的培训过程。

大学英语口语教学是为了帮助非英语专业的学生掌握口头交际的能力，这个过程同样由许多具体的信息传递和接收步骤构成。分解开来看，教学的步骤可以是输入—操作—输出。信息的传递和接收是循环进行的，教师的输出对学生来说是输入，同样，学生的输出对教师和其他同学又成为输入，整个教学就是这种信息的传递和接收的反复循环。英语口语教学必须为学生提供丰富的交际场景，鼓励教师与学生直接的交际、学生和学生之间的交际。Poulisse(1990) 把交际策略定义为“当某语言使用者在话语计划阶段由于自身语言方面的不足而无法表达其想要表达的思想时所采取的策略”。交际策略具体可指：争取思考时间，迂回表达，非言语行为辅助，选择习惯的词语和句型及英语口语简化等。这些交际策略对英语口语学习者来说并不是自身所具备的能力，英语口语教学要为学生提供交际策略，在实际的交际过程中，语言实体只是交际场的一部分，交际策略把语言连接并送达到交际对象，从而达到交际的目的。

英语口语教学作为第二语言学习的范畴，在教学过程中应充分考虑到中西思维差异、跨文化交际及母语负迁移的影响。中西思维方式受地理、文化、历史及生活环境的影响存在很多不同之处，思维和语言互相影响 . 互相制约。语言的实际运用很大程度上是思维的具体体现，思维差异会造成语言理解的分歧，会造成语言规则的混淆。文化语境也会对语言交流产生负面影响，不同的文化背景对事物有不同的认识，表达的观点和方式也会产生差异。在国内教学环境中，母语负迁移会对英语语音、词汇意义、语法结构造成学习障碍。综上所述，英语口语教学应包含解决以上问题的途径，在实践中应以语言教学为核心部分，兼顾策略培训、思维训练、文化习得等多维度的教学内容。

二、大学英语口语教学的特点和目标

（一）大学英语口语教学的特点

1. 教学内容的特点

英语口语教学的内容是广泛的，它不仅包括在口语课上教学生如何说，而且还要从教学内容、教学安排等方面保证学生在课下都有大量的口语实践机会。因此，教学内容的广泛、可延展性是英语口语教学的一大特点。教师可以有计划地组织安排各种训练活动，把训练学生听、说、读、写、译等各项能力有机地结合起来，根据不同阶段，不同的练习目的和主题采取诸如朗诵、辩论、演戏、配音、口头作文等多种形式，把握适当的难易度，巩固学生的基本功，使教学内容成为一个可伸缩的，知识性、趣味性并重的系统。

另外，英语口语教学也是拓宽知识、了解世界文化的素质教育过程，兼有工具性和人文性。因此，设计英语口语课程时应充分考虑学生的文化素质和国际文化知识的传授以及听说能力培养的要求，给予足够的学时，鼓励使用先进的信息技术，开发建设网络课程，为学生提供良好的语言听说环境与条件。根据学校的实际情况，按照《教学大纲》的要求和本校的教学目标和教学特色将课堂教学与第二英语课堂相结合，确保不同层次的学生在英语应用能力方面得到充分的训练和提高。无论是第二英语课堂，还是主要基于课堂教学的课程，其设置都要考虑不同起点的学生，从提高学习兴趣的角度出发，激发学习动机，从而能大胆开口说英语。

2. 教学模式的特点

英语口语教学不同于一般的知识传授过程，它的教学模式需要更多地体现英语教学的实用性、知识性和趣味性，有利于调动教师和学生双方的积极性，尤其要体现学生在教学过程中的主体地位和教师在教学过程中的辅导作用。教师可以根据不同活动内容的需要，灵活多样地选择最恰当的教具和最直观有效的教学手段，激发学生的学习兴趣，提高学习的积极性和主动性。根据学校的条件和学生的口语水平，还可以充分利用网络环境，直接在网上进行听说教学和训练。网络教学系统能随时记录、了解、检测学生的学习情况以及教师的教学与辅导情况，充分体现英语教学的互动性。与其他教学模式相比较，口语教学的教学手段和教学方法的选择是否成功极大地影响着口语教学活动中学生互动性的实现程度，进而影响英语教学效果的好坏。

3. 教学评估的特点

教学评估是英语口语教学的一个重要环节。全面、客观、科学、准确的评估体系对于实现教学目标至关重要。它既是教师获取教学反馈信息、改进教学管理、保证教学质量的重要依据，又是学生调整学习策略、改进学习方法、提高学习效率和取得良好学习效果的有效手段。对学生学习的评估可分为两种，一种是形成性评估，另一种是总结性评估。无论采用哪种形式，英语口语教学的评估都是考核学生实际使用英语语言进行交际的能力。其中，学生口语表达的准确性和流利程度是衡量口语教学效果的重要指标之一。口语教学的主要内容是语音教学，自然规范的语音、语调将为有效而流利的口语交际打下良好的基础。尤其是在中学口语教学过程中，教师重视发音的准确性，而不过分强调流利程度有助于学生培养良好的语言习惯。英语口语教学是通过对学生语音、语调、语速的准确性和流利程度来进行的。

4. 教学管理的特点

英语口语教学的管理贯穿于英语口语教学的全过程，要确保英语口语教学达到既定的教学目标，必须加强教学过程的指导，监督和检查。因此，口语教学的管理要做到以下几点：(1) 必须有完善的教学文件和管理系统。教学文件包括：学校的英语教学大纲和口语教学的教学目标、课程设计、教学安排、教学内容、教学进度、考核方式等。管理系统包括：学生口语成绩和学习记录、口语考试分析总结，口语教师授课基本要求以及教研活动记录等。（2）口语教学推行小班课，每班不超过 30 人，若自然班人数过多，可将大班分成约 30 人的小班，分开上口语课。（3）有健全的教学管理和培训制度。英语教师的口语水平是提高口语教学质量的关键，学校应建设年龄、学历和职称结构合理的师资队伍，加强对教师的培训培养工作，鼓励教师围绕教学质量的提高积极开展教学研究，创造条件因地制宜开展多种形式的教研活动，除课堂教学之外，对第二课堂指导的课时应计入教师的教学工作量。

（二）大学英语口语教学的目标

大学阶段的英语口语教学目标也分为三个等级，即基础目标，提高目标和发展目标。

1. 基础目标

基础目标是针对大多数非英语专业学生的英语学习的基本需求确定的。具体如下：

能就日常话题用英语进行简短但多轮的交谈；能对一般性事件和物体进行简单的叙述或描述；经准备后能就所熟悉的话题做简短发言；能就学习或与未来工作相关的主题进行简单的讨论，语言表达结构比较清楚，语音、语调、语法等基本符合交际规范。能运用基本的会话技巧。

2. 提高目标

提高目标是针对入学时英语基础较好、英语需求较高的学生确定的。具体如下：

能用英语就一般性话题进行比较流利的会话；能较好地表达个人意见、情感、观点等；能陈述事实、理由和描述事件或物品等；能就熟悉的观点、概念、理论等进行阐述、解释、比较、总结等。语言组织结构清晰，语音、语调基本正确。能较好地运用口头表达与交流技巧。

3. 发展目标

发展目标是根据学校人才培养计划的特殊需要以及部分学有余力学生的多元需求确定的。具体如下：

能用英语较为流利、准确地就通用领域或专业领域里一些常见话题进行对话或讨论；能用简练的语言概括篇幅较长、有一定语言难度的文本或讲话；能在国际会议和专业交流中宣读论文并参加讨论；能参与商务谈判、产品宣传等活动；能恰当地运用口语表达和交流技巧。

三、大学英语口语教学的现状分析

大学英语教学改革实施以来，取得了很大的进步。但相对于社会对外语人才听说能力的需求，英语教学在对学生“说”的能力的培养上还明显不足。

（一）教学与学习方法单一

英语口语教学的目的是培养学生运用口语进行交际的能力，因此，英语口语教学应将教学重点放在能力的培养上，而不是一味地进行知识的传授。口语表达能力的获得主要依靠教师的指导与学生的练习。

从教师角度来看，很多教师并没有意识到口语课与其他课程的不同，讲授口语时仍然使用传统的“讲解—练习—运用”的教学方法，难以调动学生开口表达的欲望。

从学生角度来看，他们已习惯了长期养成的上课记笔记、下课做练习的学习模式，在口语学习中处于被动的接受地位。他们往往在没有语境的情况下做大量机械的替换、造句等练习，没有形成主动参与课堂活动的意识，甚至害怕提问、害怕开口，学生的口头表达能力自然难以提高。

（二）教师指导方法欠佳

在英语口语教学中，很多教师在对学生的口语表达进行指导时缺乏科学合理的方法。具体表现在以下几个方面：

1. 很多教师在口语教学中使用逐字逐句的纠错方式，这容易使学生产生依赖心理，打击学生学习的积极性。

2. 很多教师没有对口语话题提供足够的语言支持，如给学生提供一些必要的词汇、重要句型等。

3. 很多教师没有对口语话题进行适当或必要的解释，没有从观念、情感、文化、价值观等方面对话题进行拓展，学生对话题理解不透彻，自然很难进行有意义的互动。

4. 很多教师没能从学生的角度出发去指导口语使用策略，如如何根据说话者的意图、语言功能、语境等对口语内容与方式进行组织。

（三）学生口语能力差、心理压力大

由于教师与学生在口语方面投入的时间较少，中国学生在口语方面普遍表现欠佳，具体表现在以下几个方面：

1. 很多学生在进行口语表达时往往缺乏自信，他们总是担心自己出错，担心被批评、被嘲笑。虽然有些学生的口语能力并不差，却仍然不愿意开口说英语。这些负面情绪阻碍了口语交际能力的提高。

2. 由于不懂得话题展开的技巧，加上缺乏必要的练习，学生很难将学到的词汇、语法运用到口头表达中，因而常常会造成无话可说或不知如何去说的尴尬。

3. 受汉语影响，学生在口语表达上难免会出现各种问题。有的学生发音不准，影响了语义的表达；有的学生不能正确使用语调、重音，影响了口语表达的规范性；有的学生带有很重的地方口音。

（四）教学环境有待改善

由于受传统英语教学观念的影响，英语口语教学环境有很多亟待改善之处。具体体现为以下几个方面：

1. 课时严重不足。与阅读、听力和写作相比，口语能力的提高往往需要更长时间的

练习，这就意味着教师需要把更多的时间与精力放到口语教学上。然而，目前我国大学英语口语教学并不是一项独立的教学内容，分配给口语的教学时间也难以保证。以高校使用的《新编实用英语综合教程》为例，该教材主要包括五项内容：听、说、读、写、译。每个班级若按 45 人计算，加上学生参差不齐的英语水平，那么即使分配给口语课两个小时，每位学生接受的训练也十分有限。因此可以说，课时不足是英语口语教学的硬伤。

2. 缺乏配套教材。就目前的情况来看，我国适用于非英语专业的大学英语口语教材少之又少。我国大部分院校使用的英语教材或者将口语训练当作听力训练的延展而附在听力训练之后，或者直接取消口语训练。而那些处于附属地位的口语练习往往内容简短、系统性差，缺少必要的练习指导与参考答案，其实用性很难得到保证。

此外，市面上的口语教材要么过于简单（只涉及简单日常用语），要么难度太大（涉及一些专业领域），与大学英语教材在难度上难以实现对接，因此这些教材在辅助学生口语练习时的效果并不理想。

3. 教师素质有待提高。英语口语教学对教师自身的素质要求很高，很多教师的能力尚达不到教学的要求，最突出的表现就是很多教师的发音不够准确，对学生在发音中出现的问题无法给予及时、正确的指导。

（五）教学评价不科学

通常，大学要求是英语口语成绩占期末总分的 10%，但具体怎么考核并没有个统一的形式和标准，因此大多都是教师自己把握，有的老师为了省事，直接将每人每期一次的值日报告的成绩算作是口语成绩，而值日报告基本是学生在课前事先准备好，只要在台上宣读或表演一番就可以了，基本上算不上口语交际。也有少数老师对学生进行口语测试，但基本都是老师划定范围，学生考前准备，考中背诵出来而已。真正的即时交际少之又少。

总的来说，对于口语交际的考核和评价，目前大部分院校还没有出台具体的评价方法和实施方案，评价也多以教师的主观评价为主，缺乏科学理论作指导，因此对学生的学习热情激励不够。

第 2 节　大学英语口语教学策略研究

英语课主要目的是通过大量的语言实践和有意义的语言运用，帮助学生提高语言技能和实际运用英语的能力。英语课应倡导学生主动参与课堂教学活动，以口语训练为主、勤于动口，积极与他人合作、交流，激发英语学习情趣。

一、大学英语口语教学理论

（一）建构主义理论

大学英语口语教学需要有话题支撑，教学的过程需要老师和学生的交流和协作才能进行，学生的主体地位十分突出。建构主义教学理论在大学英语口语教学中具有很强的适用性。

建构主义是认知结构学习理论在当代的发展，它强调学生的巨大潜能，认为教学要把学生现有的知识经验作为新知识的生长点，引导他们从原有的知识经验中“生长”出新的知识经验。建构主义认为，学习是在社会文化背景下，通过人际间的协作活动而实现的意义建构的过程。

1. 知识观。建构主义者一般强调，知识并不是对现实的准确表征，它只是一种解释、一种假设，并不是问题的最终答案。而且，知识不可能以实体的形式存在于具体个体之外，尽管我们通过语言符号赋予了知识一定的外在形式，甚至这些命题还得到了较普遍的认可，但这并不意味着学习者会对这些命题有同样的理解，因为这些理解只能由个体基于自己的经验背景而建构起来，它取决于特定情境下的学习历程。学生对知识的“接受”只能靠他们自己的建构来完成，以他们自己的经验、信念为背景来分析知识的合理性。学生的学习不仅是对新知识的理解，而且也是对新知识的分析、检验和批判。

2. 学习观。建构主义者认为，知识不是通过教师的传授获得的，而是学习者在一定的情境即社会文化背景下，借助其他人（包括教师和学习伙伴）的帮助，利用必要的学习资料，通过意义建构的方式获得的。学习是个体建构自己知识的过程，这意味着学习是主动的，学生不是被动的刺激接受者，他要对外部信息做主动的选择和加工，因而不是行为主义所描述的刺激—反应过程。而且，知识或意义也不是简单地由外部信息决定的，外部信息本身没有意义，意义是学习者通过新旧知识经验间反复的、双向的相互作用过程建构而成的。其中，每个学习者都在以自己原有的经验系统为基础对新的信息进行编码，建构自己的理解，同时原有知识又因为新经验的进入而发生调整和改变，所以学习并不简单是信息地积累，它也包含由于新旧经验的冲突而引发的观念转变和结构重组。学习过程并不简单是信息的输入、存储和提取，而是新旧经验之间的双向的相互作用过程。

3. 课程观。建构主义者强调，用情节真实、复杂的故事呈现问题、营造解决问题的环境，以帮助学生在解决问题的过程中活化知识，变事实性知识为解决问题的工具；主张用产生于真实背景中的问题启发学生思维，并以此支撑和鼓励学生解决问题的学习、基于案例和项目的学习，进而以此方式参与课程的设计与编制；主张课程既要基于学科，又要超越学科，面向真实世界，从而使教学始于课堂，走出课堂，融于社会。

4. 教学观。建构主义者强调，教学通过设计重大的任务或问题以引导学习和支撑学习的积极性，帮助学习者成为学习主体。建构主义学习环境由情境、协作、会话和意义建构四个要素构成。其中，情境是意义建构的基本条件，教师与学生之间、学生与学生之间的协作，以及会话是意义建构的过程，而意义建构则是建构主义学习的目的。

5. 学生观。建构主义者强调，学生并不是空着脑袋走进教室的。在日常生活中，在以往的学习中，他们已经形成了丰富的经验，往往会依靠他们的认知能力，形成对问题的某种解释。而且，这种解释并不都是胡乱猜测，而是从他们的经验背景出发推出的合乎逻辑的假设。所以，教学要把学生现有的知识经验作为新知识的生长点，引导学生从原有的知识经验中“生长”出新的知识经验。

6. 教学模式。基于建构主义教学观的理论，产生了一系列不同于以往的教学模式，在此简要介绍其中较为典型的几种。

（1）情境性教学。情境性教学强调教师在课堂教学中展示与现实中专家解决问题过程相类似的探索过程，提供解决实际问题的原型，并指导学生的探索；强调以模拟真实性任务供学生了解自己所要解决的问题，以整体性、复杂性、挑战性任务激发学生学习的内部动机，培养学生解决问题的能力。

显然，情境性教学的仿真性应是英语口语教学竭力追求的教学思路。仿真性探索过程或原型式问题解决过程展示，是当前普遍的英语口语教学模式。只要看看外文书店货架上琳琅满目的音像口语教学材料，我们就能感受到人们单纯依赖英语口语教材的时代已经一去不复返。情境性教学理论对于我们转变学习观、教学观具有重要的现实意义，也正因为如此，如何大胆地取舍教材，如何大胆地汲取各种信息媒介中的英语口语课程资源，已经成为我们目前必须正视和思考的问题。

（2）支架式教学。支架式教学模式是针对教师和学生在教和学的过程中各自所起的作用而言的：教师引导着教学的进行，辅助学生掌握、建构和内化所学的知识技能，从而使学生进行更高水平的认知活动。也就是说通过支架（教师的帮助）把管理学习的任务逐渐由教师转移给学生自己，最后撤去支架。

具体到英语口语教学，教师的引导和辅助作用也十分重要。克拉申（Stephen Krashen）的输入假设理论（Input Hypothesis）认为成人语言习得（acquisition）需要在课堂上尽可能多地接触可理解的语言输入（Input）。尽管目前理论界对于克拉申的理论颇多质疑，但我们无法否认英语学习中语感的存在，无法否认大量输入对于语感形成的重要作用，因此大多数教师还是倾向于学生外语学习中习得（acquisition）与学习（learning）并存的说法。联想到我国英语教学法在传统教学法与交际教学法之间如何作出选择的问题，我们不应该非此即彼，而应依照不同的原则把二者有机结合起来。在英语口语课堂教学中，教师必须做的就是让学生理解语言输入，进而保证学生从 i 阶段（习得者的能力水平）移向 i+1 阶段，即按某种自然顺序（natural order）习得的阶段。而如何把握“可理解”的尺度是非常关键的，是非常需要教师发挥其“支架”作用的。

（3）随机进入式教学。随机进入式教学是指对同一内容、不同时间、不同情境基于不同目的，着眼于不同方面，用不同方式多次加以呈现，以实现学习者对同对象的全方位、多方面的理解。

（二）输入输出理论

1. 输入理论

输入这种教育教学理念在外语教学与研究领域一直受到广泛关注。作为语言习得的前提和必要条件，学者们就其在语言习得过程中的地位进行了论述。在关于输入的众多理论研究中，最具影响力的是美国学者 Krashen 在 1985 年提出的“输入理论”。Krashen 在其“输入理论”中指出，可理解性输入（Comprehensive Input）是二语习得的唯一条件。“可理解性输入”指的就是整体难度不超出外语学习者的基本能力和理解范围，但又稍稍高于学习者的现有水平的语言输入，用公式表示就是“i+1”，“i”代表学习者目前的知识水平和能力，“1”代表略高于学习者目前知识水平的语言知识，“i+1”表示学习者习得后略高于原来水平的语言能力。Krashen 认为只有提供给学习者高于目前语言水平的可理解性输入，语言的习得才得以发生。对于“i+1”的知识内容，学习者根据具体语言材料提供的情景则能自然而然的习得语言，语言能力的提高也因此自然而然的发生。

Krashen 认为可理解性输入应具备几点特征。

（1）可理解性。可理解性的输入是产生语言的前提和要素，不可理解性的语言对于语言习得是毫无用处的。为语言学习者提供的语言材料及创造的语言环境应是可理解性的，只有这样学习者才能根据自己的现有语言水平有选择性地获取新的语言知识，从而推动语言能力的进一步提升。

（2）非语法性。语言材料和教学内容的安排没有必要按照语法要求编排，这样做的目的是帮助学习者把注意力放在具体语言使用环境中的语言交流上，避免学习者把注意力过度集中在语言形式上的安排。

（3）关联性。用于输入的语言必须要与学习者有一定的关联性，只有这样，学习者才能够在相关背景知识的帮助下自然而然的习得语言。

（4）充足性。对于学习者语言知识的输入量要充足并且高于当前语言学习者的语言水平，只有充足的高于现有语言水平的输入才可以促使习得的产生。

2. 输出理论

Krashen 的输入理论认为可理解性输入是语言习得的唯一条件，至于输出，只是输入的自然结果，对语言习得没有直接作用。针对 Krashen 提出的语言“输入理论”中的不足，著名语言学家 Swain 提出了“输出理论”。输出理论是他采用法语对于以英语为母语的学生开设的语法课程时提出的。他指出，学生在进行外语学习的过程中经常会犯一些语法错误，这种现象出现的原因并不单纯是学习者的语法基础，另外一个通常被教育者忽视的原因是课堂上老师绝大多数时间都在进行输入式的教学，学生很少用目的语言进行交流，教师反馈也不成系统。Swain 的输出理论认为，语言的习得不仅需要输入，输出也是必不可少的一个环节。可理解性的输出不仅可以锻炼语言学习者的流利性，对于提高学习者的语法准确性也有重要意义。

Swain 指出，可理解性输出对于语言的习得具有三种功能，分别是：引发注意功能，验证假设功能和元语言功能。

（1）引发注意功能：输出理论认为，在学习者进行目标语输出的过程中，会注意到自身的语言问题和目标语之间的差距，这种注意引发学习者进一步有意识地思考和认知，语言输出的准确性得以产生。

（2）假设验证功能：语言学习者在习得的过程中首先对目标语的语言形式和结构形成假设，然后以输出为形式对于假设进行验证，随着反馈的产生，不断进行修正，进而形成新的假设，假设验证功能循环进行，语言习得随之产生。

（3）元语言功能：元语言是指学习者所具有的目标语知识的总和。输出过程中，学习者的反思和分析，激发了其对目标语的内在认识，以语义为基础的认知逐渐过渡到以语法为基础的认知，输出在整个过程中扮演了元语言功能。

3. 输入输出理论对于大学英语口语教学的启示

（1）完善可理解性课堂输入。学生在口语表达中遇到的最大问题通常是无法用现有的语言知识表达自己的观点和想法，究其原因是语言输入太少，输入量不足，无法促进输出。Krashen 指出了可理解性输入对于语言习得的重要意义。大学英语口语教学改革的首要任务就是完善和加强可理解性的课堂输入。

根据输入理论的要求，提供给语言学习者的输入须是可理解性的，因为根据输入理论，只有可理解性的输入才能有效促成语言习得。因此，英语课堂上的语言输入首先需符合学生的实际语言水平，根据学生现有水平进行输入材料的选择，因材施教，输入材料既要符合学习者的现有水平，又要在一定程度上超出学习者目前的口语水平，这样的输入更有针对性。高校扩招使得学生的口语水平参差不齐，而完善的可理解性课堂输入能够有效解决这一问题。

另外，丰富的输入材料对于输入是必不可少的。Krashen 的“i+1”公式明确指出高于学习者目前水平的输入量的必要性。多种多样的阅读材料和听力资源都是输入的有效途径，教师可以不拘泥于教材，向学生推荐一些知识性、趣味性、前沿性都很强的阅读听力资源，如可以让学生阅读英语报纸杂志，观看英文电影和电视节目，收听英文广播等，这样能有效地补充课内输入的单一性，让学生接触到地道纯正的英语表达，在课内外输入尽可能多的语言知识，以促进口语输出的产生。

（2）多种途径推动语言输出。根据 Swain 的输出理论，可理解性输入之后，大量可理解性输出对于语言习得起着关键性的作用。对于大学英语口语教学来说，形式多样、行之有效的口语输出方式至关重要。对于口语输出来说，轻松愉悦的课堂氛围是非常必要的，教师要为学生营造一种轻松的无压力的交流氛围，充分考虑到学生的个体差异，重视对于学生的鼓励和自信心的培养，使学生在宽松的课堂环境中进行有效的口语输出。

传统的大学英语教学实践中，教学模式以“填鸭式”“满堂灌”等单一语言输入方式为主，大学英语口语课堂改革中，教师应不断探索多样性输出形式，力争在有限的课堂时间之内，提供给学生更多的输出机会。分组讨论，做报告，辩论，故事复述，图片描述，定题对话，英文歌曲比赛，短剧表演等课堂活动都是很好的培养学生口语表达能力的输出方式。在学习者输出的过程中，他们在特定语境中意识到自己目前的语言水平与目标语之间的差距，充分引起学习者的注意，推动学习者进行语言输出，并在输出的过程中不断验证假设，促使学习者不断完善本身的语言结构，从而达到语言能力的习得。

（3）完善英语口语测试体系。测试是输出过程中的重要环节，比较一下我国目前现行的各类语言类测试，我们会发现现行英语考试中，英语口语测试并没有引起足够的重视，极大限制了英语学习者口语水平的发展。对于现行影响力最广的中考，高考，大学公共英语四、六级考试，专业英语四、八级考试，都没有对于口语的考察环节（即使个别考试有口语测试的环节，也只是针对极少数成绩较高的同学而设置的测试）。现行英语考试设置对于口语测试部分的忽视，无疑会把绝大多数大学英语学习者的学习重点引向阅读或者听力、写作，而忽视了口语表达的重要性。

输入输出理论作为语言习得的全新视角，在如何加强教师与学生之间、学生与学生之间的互动，如何提升学生的学习动机和积极性，如何设计以输出为目的的教学活动等方面都具有重要的启发性作用。如果将输入输出理论应用到英语教学实践和改革中，完善可理解性的课堂输入，并且探索多种途径推动学习者的语言输出。输入输出理论作为一种全面的视角和教学思路在大学英语口语教学改革及整个大学英语综合教学模式探索方面都有一定的启发和借鉴作用。

（三）二语习得理论

1. 什么是二语习得理论

第二语言习得（Second Language Acquisition/SLA，简称二语习得），通常指母语习得之后的任何其他语言学习。人们从社会学、心理学、语言学等角度去研究它。第二语言习得研究作为一个独立学科，大概形成于20世纪60年代末70年代初。它对第二语言特征及其发展变化、学习者学习第二外语时所具有的共同特征和个别差异进行描写，并分析影响二语习得的内、外部因素。与其他社会学科相比，二语习得研究是个新领域，大都借用母语研究、教育学研究或其他相关学科的方法。概括地说，这一领域的研究是为了系统地探讨二语习得的本质和习得的过程。其主要目标是：描述学习者如何获得第二语言以及解释为什么学习者能够获得第二语言。

2. 二语习得理论的研究

早期的第二语言习得理论是教学法的附庸，为提高教学质量而服务，但是随着时代变迁，第二语言习得理论有了自己的研究领域而开始成为一门独立的学科。现时的第二语言习得研究涉及三大领域，即中介语研究，学习者内部因素研究和学习者外部因素研究。

自20世纪70年代以来，人们对二语习得从各个不同的方面进行了研究，所运用的研究方法也各具特色。有的研究侧重于描写，有的研究偏重于假设，有的研究则采用实验。第二语言的多侧面、多方法的研究格局导致了该领域中的理论层出不穷。比较著名的二语习得理论有：乔姆斯基的普遍语法与二语习得、克拉申的监控理论和二语习得环境论。

在20世纪末影响最大、最引人关注的二语习得理论当数克拉申的监控理论（Monitor Theory）。他把监控论归结为5项基本假说：语言习得与学习假说、自然顺序假说、监控假说、语言输入假说和情感过滤假说。克氏认为第二语言习得涉及两个不同的过程：习得过程和学得过程。所谓“习得”是指学习者通过与外界的交际实践，无意识地吸收到该种语言，并在无意识的情况下，流利、正确地使用该语言。而“学得”是指有意识地研究且以理智的方式来理解某种语言（一般指母语之外的第二语言）的过程。克拉申的监控假说认为，通过“习得”而掌握某种语言的人，能够轻松流利地使用该语言进行交流；而通过“学得”而掌握某种语言的人，只能运用该语言的规则进行语言的本监控。通过一种语言的学习，我们发现，“习得”方式比“学得”方式显得更为重要。自然顺序假说认为第二语言的规则是按照可以预示的顺序习得的，某些规则的掌握往往要先于另一些规则，这种顺序具有普遍性，与课堂教学顺序无关。“输入假说”是“监察理论”的核心内容。克氏认为，学习者是通过对语言输入的理解而逐步习得第二语言的，其必备条件是“可理解的语言输入”（comprehensible input）。只有当学习者接触到的语言输入是“可理解的”，才能对第二语言习得产生积极作用。“情感过滤假说”试图解释为什么学习者的学习速度不同，最终达到的语言水平不同。学习者所接触的可理解输入的量以及他们的情感因素对语言习得同样产生重要影响。情感最终影响语言习得的效果。

3. 二语习得应用的阶段

二语习得在实际的语言学习过程中包括四个基本阶段：第一阶段为沉默期；第二阶段为英语语法干扰期；第三阶段被称之为学术英语提高期；第四阶段是学习曲线上升期。

根据前面所述的二语习得理论及具体的四个阶段可以看出，克拉申的二语习得理论对语言教学有着重要的启迪作用，确实为第二语言习得的研究和教学开辟了一片新的领域，使第二语言的教学有了长足的进步，而由克拉申自己开创的自然教学法也取得了很好的效果，直到今天仍然很盛行。首先，语言是交流的工具。克拉申的整个理论是建立在“语言是交流的工具”这一基础上的。习得和学得的区别是前者是潜意识的学习过程，后者是有意识的学习过程。前者是以“规则”为判断基础，后者是以“语感”为判断基础。从根本上说，语言是交流的工具而不是规则、语音和词汇的组合。中国学生和教师都熟悉我们传统的语言教学模式，通常我们的每一节课都会以教授和练习某一语法结构为目的，这一语法结构掌握了，就会开始下一个。事实上，我们应该“先要交流再要语法”。只有把交流看作教学的重心，语言教学才会成功。其次，输入第一，输出第二。在语言学习中，听、说、读、写四种技能很难被分开，所以也很少有人去考虑哪个更重要。克拉申则强调只有在有了足够的输入，学习者感到已经准备好了的时候，输出才会自然出现。在接触了足够的输入，积累了足够的语言能力后，输出会自然出现。克拉申认为可理解的输入是提高语言能力的唯一因素。最后，语言课堂的气氛应该降低情感过滤因素影响。情感因素会妨碍或促进输入到达语言习得机制。所以，语言学习的课堂气氛应当有助于降低学生的情感因素的妨碍作用。

在这里，作为大学英语口语教学当中角色之一的教师就要发挥好指导作用。教师的首要职责是创造一种宽松的课堂氛围促进语言习得的效果。教师的主要任务是鼓励学生，提高学生的语言学习兴趣。无论他在课堂里做什么，教师都应该能够激发学生的兴趣，降低学生的情感过滤因素的妨碍作用。在教学的不同阶段，教师可能会担当不同的角色。

（1）提供输入材料阶段，教师就是提供信息者。这一阶段是语言学习最重要的阶段，教师将是舞台的焦点，通过各种手段向学生提供可理解的足够的输入材料。

（2）练习阶段，教师将是导演和现场督导。在此阶段，轮到学生说话，教师要像经验丰富的导演那样进行指挥和组织，并起到督导的作用保证活动的顺利进行。

（3）输出阶段，教师将是经理和导游。在这一阶段要善于鼓励学生，使学生保持兴趣。同时，作为大学教师，还应该要注意在课堂的教学活动中不要过分要求输出，在开始阶段应允许学生用单词、短语、短句来回答，循序渐进；语法虽然是英语学习的基础，但在口语的教学活动中，对语法的纠正应该被局限在最低的程度，毕竟有意识的语法应用无助于语言能力的提高；教师应当积极主动，多以鼓励和辅助为主，这样才有助于提高学生在口语学习中的学习动机、增强学生的自信降低学生的焦虑不安。

二、大学英语口语教学策略研究

（一）纠正学生的英语发音

在大学英语的第一堂课，向学生阐明正确发音的重要性，即标准的发音是一个人英语口语素质的基本体现。并且督促学生积极纠正，在课下同学之间互相帮助，互相监督。同时教师也应该帮助学生总结一些极其容易出错的发音在课堂上有针对性地指出，让学生引起足够的注意和重视。教师可以安排学生课下做一些他们感兴趣的原声材料模仿练习并要求在课堂上进行展示，例如，电影对白、演说词、诗歌朗诵、英文歌曲等。学生通过模仿不仅可以纠正每个单词的发音也可以有意识地去学习纯正的语调及地道的表达方法，从而增加对英语的语感。长此以往，一定能收到很好的效果。

（二）培养学生自主学习意识

口语课成功与否很大程度上决定于教师与学生是否明确他们各自在口语课上的作用。现代英语教学法专家则认为，教师不应是课堂的中心，真正的中心是学生。建构主义学习理论认为学生是信息加工的主体，是意义的主动构建者。在英语口语教学中，学生是主体，教师要相信学生，培养他们的自主意识。学生并非一切都要等待老师教才能学会，让他们用自己的眼睛、耳朵、嘴巴、手去看，去听，去说，去写。调动学生参与课堂教学的积极性，有效地改变教师一言堂的沉闷、单调的教学模式，形成以学生为主体的课堂教学氛围。具体到外语课堂上就是学习者中心地位的确立，著名语言学家 David nunan 认为当今世界外语教学的总体趋势是以交际法为功能（Communication-functioned）、学习者为中心（Learner-centered）、任务性学习为载体（Task-based）。

（三）培养学生用英语思维的能力

1. 鼓励学生掌握尽可能多的词组。在大学英语教学中，单词的学习，不能占用太多的课堂时间，而应该成为学生自主学习的一项主要内容。传统教学中比较重视单词的掌握，并配以一定的例句，但在实际生活中，词组才是人与人交流的最小单位。因此，学生应以词组为单位，尽可能多地掌握词组。教师为了引导学生可以在课堂上适当地加入词组接龙竞赛之类的游戏，要求学生按顺序将自己所掌握的词组写到黑板上，这种方法一方面可以活跃课堂气氛，另一方面也可以提高学生记忆词组的积极性。

2. 地道英语 / 固定表达法的学习。有些地道的英语表达法可以猜出他们的意思，却很难在说的时候想到这些固定的说法。所以，教师应该引导学生多看些纯正的英语阅读材料、地道的英语影片，并有意识地积累这样的句子，比如用一个小本子把平时看到的这样一些纯正、地道的句子记下来，有空时就多拿出来翻一翻，读读，在日常的生活中也可以随时地向周围同学朋友“显示一下”，来帮助自己记忆。这样，久而久之，在很多情境下，学生们就可以按照英语的模式来表达意思了。

3. 背诵文章讲故事，培养语感。学生通过背诵短小精悍的文章，可以缓解畏难情绪，激发他们的兴趣，更重要的是培养了他们的语感。在跟读—朗读—背诵这三部曲的练习中，学生们大大提高了他们的断句能力和理解能力。其实，无论是什么材料，只要是地道的英文，难度符合学生的水平，内容是学生们感兴趣的，坚持背诵，都能提高学生的语感。例如，教师可以在每节口语课上安排一个学生讲故事的环节，要求学生们把课下收集的或者自己感兴趣的故事或者笑话在课上讲给大家听，其实只要是学生感兴趣的，他们都能在课堂上踊跃表现。

（四）注重口语教学中的输入和输出活动

口语教学的特殊性也表现在语言的输入与输出的关系上。输入与输出是构成口语交际能力的重要部分。外语交际能力包括准确接受信息和发出信息的能力，也就是输入与输出的能力。只有经过一定的语言材料的输入才可能有输出。一般来说，中国大学生很少有机会与来自说英语的国家人士交谈，缺乏真实自然的语言环境。教师作为课堂教学的组织者，既要注重给学生创造外语的环境，尽可能多地用英语组织教学，扩大学生间、师生间的英语交流，更要把课堂里所要掌握的知识与口头表达有机地融合在一起，给学生创设一个听说英语的氛围。

这就需要教师在教学中想方设法培养学生“听”和“说”的能力，帮助他们养成听说结合的习惯。大学英语朗读磁带，听力训练磁带和录像带为学生提供了很多素材，有助于扩大思维空间，提高学生对课文主题的兴趣，同时也增加了语言的输入。

1. 先听题，后听课文，回答问题法。这一步让学生进行听力综合训练，培养语感，引导学生从整体上感知课文，提高在听的过程中获取和处理信息的能力。

2. 看录像，再听课文，了解课文大意法。这一步要求学生抓住关键词；听大意和主题；确定事物的发展顺序或逻辑关系；预测下文内容；理解说话人的态度；评价所听内容；判断语段的深层含义，使学生进一步了解课文内容。

学生的口语输入主要从教师课堂上课，听英语磁带，看录像、电视等获得，教师在课堂上的作用非常重要。

（五）强化交际性训练，提高口语交际策略

Canale 和 Swain（1980）认为，交际能力包括四个方面：一是语言能力，指正确理解和表达话语（utterance）和句子意义所需的语音、词法、句法、词汇等语言知识系统；二是社会语言（sociolinguistic）能力，指语言使用的规则，即在人际交往中合适理解和使用话语的能力；三是语篇（discourse）能力，指在超句子水平面上理解和组织各种句子构成语篇的能力；四是语言策略能力，指说话者在遇到交际困难时运用的一套系统的技巧，用于补救交际中因缺乏应有的能力而导致的交际中断。从以上分析可以看出，语言能力只是交际能力的一个组成部分，缺乏语用能力，即社会语言能力、语篇能力和语言策略能力，交际能力只是纸上谈兵。因此，大学英语口语教学应注重在交际性训练中培养语用能力，提高口语交际策略。

一要创造语言环境，营造以学生为中心的课堂交际场景。语言学家 Heaton 曾说过：“课堂中的交际越真实、越频繁，自然环境和课堂环境的界限就越模糊。”因此教师应联系社会生活设计真实的任务情景，将语言知识的学习融于语言使用的活动中，使语言能力和语用能力的发展紧密结合起来。另外，策略能力也是交际能力不可忽视的一部分。当学生语言知识和语言能力有限，不足以充分和合适地表达自己的思想时，可利用转述、借用、手势与回避等策略保持交际渠道畅通。

二要发挥教师的指导作用，调控与激励学生的学习动机。根据 Good 和 Brophy 的动机理论，动机策略包括激发和调动学生的外部动机和内部动机。外部动机指学习活动的表现与活动结果之间的联系，如出色的表现所带来的知识积累及其在今后学习中的价值；内部动机指学生在活动中花费努力而获得的自我愉悦和成就感。因而教师应充分调控与激励学生的学习动机，为他们提供必要的资源和帮助。

三要充分利用多媒体辅助教学，享受纯正的现场语言交际情景。多媒体信息量大、速度快，可帮助教师传递大量信息，给学生提供多种形式的训练方法及更多的语言实践机会，有利于语言应用能力的提高。同时，它具有语言、画面、音响三结合的特点，把学生带进真实的社会语言交际场所，视觉、听觉冲击力强，效果得以优化。

第 3 节　多元文化视角下的大学英语口语教学

交际中语言的正确使用，不仅涉及语法规则，而且涉及语体知识、文化背景和风俗习惯，因此交际中语言使用的恰当性是十分突出的问题。语言学习不是一个孤立的学习过程，任何一种语言都是由生活在一定言语使用区域中的人们在一定的语境下通过口语或书面语形式相互交际而使用的。同时一种特定的语言总是和使用这种语言的民族或国家，以及其历史、文化、社会背景等因素息息相关。语言和文化密不可分，语言的使用离不开社会生活环境，不同国家有着不同的语言和文化。在日常交际中，语言是交际的工具，交际的成功不仅受到语言规则本身的制约，而且受到社会文化规则约束。时间、地点、场景、人物身份、性别、文化习俗、个人爱好等一些非语言因素构成语言使用的社会规则。

一、大学口语教学与文化

语言与文化密切相连，语言既是文化的载体，又是文化的反映。

有些学者在文化与语言的关系上更加激进，如美国语言学家 Wolff 认为语言不仅反映文化的形态，而且语言结构部分或全部地决定人们对于世界的看法。虽然这个假说有待进一步论证，但其提示我们在文化教学中，必须看重语言的意义。英语口语表达对把英语作为第二语言的中国学生来说，是一种语言和文化的双重反馈。在口语教学中，要经历语音、朗读和表达三个阶段。在语音阶段，教师应系统讲解语音知识，让学生在无意中显现其固有的带有地域性的发音习惯，并进行系统化的纠正。在朗读阶段，关键是培养学生对语调、重音、节奏感的把握，争取掌握地道的英语口语表达习惯。从文化视角来看，语音、语调以及与之相伴而行的高音、重音、语气、语速等副语言特征对语义的影响也是不可忽视的。这些发音特征显示了说话人的情感，其变化意味着传递的信息的变化。例如语音中升调、降调的变化，如同汉语表达中的反问语气一样，会表现出某种情绪。如“He hasn’t finished his homework yet.”和“He hasn’t finished his homework yet？”两句话的意思具有很大差异。前者是事实状态的陈述，不含个人评价；而后者类似于中国文化中的反问句，表达对其还没有完成作业的不满。在口语表达阶段，应首先解决口语表达的素材问题，这要求督促学生平时准备大量的口语表达方式。为适应跨文化交际需要，要求口语表达素材必须符合英美文化需要，并通过创设文化情境的练习进行巩固，达到口语交际的目的。在语言的文化教学中，我们应重点关注如下问题。

（一）词义与文化

一种语言的词汇可以看成是该语言群体所关注的所有的思想、兴趣和工作的总汇。由此可以看出，词汇具有丰富的文化意义。在中国和美国文化中，很多词汇本身蕴含着丰富的文化意味。例如汉语中的“松、竹、梅、菊”本身就蕴含着一种高雅文化，英语中的“thirteen”则意味着西方宗教特有的文化意义。“China”在西方词汇中指代瓷器，也代表中国，实际是因为中国盛产西方人喜爱的瓷器，因而瓷器“China”也成为中国的代名词。由于文化差异的不同，很多词汇有着不同的文化意义。如中国文化中的“龙”是华夏民族的图腾，在中国它总是与美好的事物相关联，而在西方文化中，“dragon”是一只巨大的蜥蜴，长着翅膀，身上有鳞，拖着一条长长的蛇尾，能够从嘴中喷火，是一只邪恶的怪兽，在西方文化中代表罪恶。基于如此巨大的文化差异，有人把中国文化中的龙译成“Chinese dragon”。再如红色在中国文化中多意味着吉祥、兴旺，结婚穿红色喜服，过年使用红色对联、红包；而在西方结婚礼服为白色，象征纯洁。在跨文化交际中，有些很常见的日常词汇的文化含义往往要借助于跨文化语言对比才能明确。Lado（1957）总结出词汇文化差异的三种情况：形式相同，意义不同；意义相同，形式不同；同型同义，分布不同。这一词汇文化差异的规律要求在词汇学习时，关键要记住这些词汇的文化意义和使用范围。例如西方人的晚餐往往是丰盛的，多带有葡萄酒；而中国人的晚餐则较为随意，正餐是午餐。在一个民族的词汇文化中，谚语和警句作为民族传统文化的沉淀，最能体现一个民族的价值观和生活方式。例如西方谚语中所说的“Don’t put all the eggs into a basket.”体现了西方文化中分散损失的价值理念。最后，在中西方文化中，有些词具有极强的文化象征意义，已成为一种文化现象的代名词。例如：“Shylock”（夏洛克）本是莎士比亚戏剧《威尼斯商人》中的一个人物，是高利贷商人，为获得暴利在发放贷款时附加违背人性的苛刻条件，现在在英语中被用来代指心肠狠毒、唯利是图的小人，具有专属性的文化意义；同样的英语中“Waterloo”（滑铁卢）本是比利时一个小地方的名字，因拿破仑在此地战败便具有了特殊的象征意义，英语中“to meet one’s Waterloo”被认为是遭到决定性失败的意思。综上，基于词汇的文化差异性，我们应加强文化语义学研究，促进词汇教学和文化教学的有机结合。

（二）言语使用与文化

在简单的、看似随意的程式化的言语使用中，体现着不同国家的民族文化的差异。问候语与道歉语能直接反映言语使用中的文化差异。

问候语：问候通常是见面寒暄交际行为的开始，或对他人存在行为的认可。在不同的场合、针对不同的交际对象，人们使用正式程度、语音不同的问候方式。在口语表达中言语问候按照问候者关注点的不同包括祝愿式问候、关心式问候、交谈式问候、称谓式问候、称赞式问候。问候本身体现着不同的文化观念。在汉语交谈式问候中，打招呼通常以对方正在干的事情为话题，借助提问打招呼，例如“打球呢？”。在英语国家中这种表达方式较少，经常是以打招呼、谈天气作为切入点。在中国文化中，大家见面打招呼的方式通常是“吃饭了吗？”，对方只需回答“吃了”或“还没呢”就行，“干什么去？”仅是双方见面寒暄找话题的方式，没有特定的意义，而有些西方人对此不理解。同样的在西方文化中，找话题、寒暄的方式可能是“今天天气怎么样？”回答“不错”。类似的表达，其交流的并非天气本身，而是双方见面的问候语。这可能与文化交际中的对隐私问题的态度不同有关。在英语国家，工作、生活状况属于个人隐私话题，而天气是个中性话题，大家都可以谈。正式的问候语在不同文化中都有特定的表达方式。例如英语中“How are you？”回答“Fine，how are you？”极为常见，但一般适用于熟人之间，语气较正式。英语中的“How do you do？”对方回应“How do you do？”一般适用于正式场合熟人之间的寒暄。对于“Hello”“Hi”之类的非正式问候语，以同样的话语回答即可。问候具有相互性，对问候置之不理是不礼貌的行为。一般来说，问候语总是和人称代词及称谓语连用的。问候语的正式或随便应和称谓语前后一致。比如：

Hello，Jack.How are you doing？

（喂，杰克。你情况怎么样？）

How do you do，Professor Karl？ I am very glad to meet you.

（您好，卡尔教授！见到你很高兴。）

在英语中，问候形式受时间、地点、场合等因素的影响。“Good morning”是典型的例证，它用于早晨起床后至午饭前这段时间，在正式、非正式场合均可使用。但在文化含义上与汉语中的“早晨好”在时间上不对应，“早晨好”在汉语中多指起床后至早饭前这一短暂的时间内。英语中，“Good afternoon”（下午好）是一句较为正式的午后问候语，限定在午饭后至下午 6 点钟之前这段时间里，其在汉语中并没有相应的表达方式，可能在中国文化里“一日之计在于晨”，我们更重视清晨吧。在问候中，问候者和被问候者本身也是重要的影响因素。地位、身份或年龄的差异可能影响问候语的选择或者谁先开始问候。例如学生和老师见面通常是学生先用正式的问候语向老师问候。当然，这种问候的顺序也会因双方的需要适当改变。

道歉语：道歉是一种以保持或重新建立交际双方和谐关系为目的的言语行为，通常发生在一方做了他认为对对方产生不好影响的事情后，表示歉意、愿意承担责任的情况下。道歉语的使用与各民族的文化传统息息相关。在美国文化中，经常使用的“I am sorry”，经常被视为是自己行为给他人带来不便的一种解释，使用频率较高，“regret”才是我们中国文化中使用的道歉一词的涵义。在西方国家中，说英语的澳大利亚人对道歉情有独钟，在社交活动中会不会经常表达歉意是一个人有无礼貌和教养的重要标志。在道歉方式上，中国文化在道歉上要求直截了当，不喜欢扭扭捏捏的表达方式，要求道歉的真诚，不可敷衍了事。在口头道歉中存在直接道歉和间接道歉的表达方式，直接道歉较为常见。由于中国传统文化顾及面子，有时在道歉问题上采用婉转的方式，甚至不用言语而用表情或行为表示歉意，这一点通常发生在长辈对晚辈等表达歉意的方式上。相比较而言，英语国家的间接道歉要相对少一些。

在美国的道歉文化中，其经常强调事情起因的查明，而在真正的责任主体的承担上却很少谈及。而在日本文化中，日本人似乎更愿意抱歉，承担责任。

（三）语用规则与文化

在语言交际中，仅仅使用语音、语法、词汇是不够的，具体运用语言时，还需运用语用规则。例如在不同的文化中，人际交往的称谓语都是一个复杂的问题。在中国文化中，称谓随着社会生活的改变也在不断变动，并且存在一定的地域差异。在英语中社交的称谓较为稳定，但也区分正式场合和非正式场合。英语中的称谓大致有七类：通称、职务称谓、职业称谓、姓名称谓、亲属称谓、人称和不称，每种称谓都有其特有规则。英语中的通称，适用于社会各界人士。“Sir”（先生、阁下）和“Madam”（夫人、女士）是一组男女对应的敬称语。“Sir”和“Madam”一般不与姓氏连用，表达的人际关系不亲密。“Sir”是晚辈对长辈、下级对上级、士兵对长官、学生对老师、商店店员对男顾客的通称。“Madam”是对陌生女性的称呼，多见于商店店员对女顾客的称呼。在正式的公务信函中，对不熟悉的男士和女士的称呼也用此通称。通称中，“Mr.”（先生）和“Mrs.”（夫人）相对称，这一组称谓可以和姓氏或姓名连用，但一般不和教名连用。“Mr.”（先生）多用于对无职称者或不了解其职称者的称呼，语气正式，适用于关系不密切人群间。“Mrs.”主要用于已婚女性的称谓，一般和其丈夫的姓氏连用。在英语国家中，伴随着女权运动，出现了“Ms.”（女士）这一词和男士“Mr.”相对应，回避了女性的婚姻状况，常用于社交和公务活动中。在英语表达中，如果交流对方有职称时，一般用职称和姓氏称呼对方。称呼学术界人士，用“先生”而不用职称称呼别人，意味着对学术地位的蔑视，在学术交流中很容易引起误解。在英语国家姓名称谓中用的最普遍的是首名或教名。以名相称是彼此熟悉、关系密切的体现。英语中的亲属称谓最能体现其与中国家庭文化的差异。英语中的亲属称谓主要用来称呼家庭或家族中亲属成员，用于非亲属成员间的情形较少。从文化差异角度看，中国文化中家庭居于核心地位，是一种大家庭或家族观念，亲属关系复杂，而在西方文化中，孩子成年后即独立生活，并建立以自己为核心的家庭。所以英语表达中“uncle”“aunt”涵义较为简单，是对中国“叔叔\大伯”“婶婶\大姨\小姨”等的概括体现。

（四）交际风格与文化

在人们表达思想时，不仅词汇在反映文化背景，表达方式、思维方式也在表现特定文化的特点。中国人的文化中经常说的“言不由衷，行动胜于言语”，都在隐晦表达言语的缺陷；相比较中国人，美国人更重视言语的表达，美国人解决纠纷常用的谈判途径便体现了美国文化的这一特点。在说话风格上，美国人强调敢于说话表达自己意见，如果出现谈话冷场局面美国人会讲话改变，而中国人交际风格注重倾听别人意见，保持适当的沉默状态，喋喋不休在汉语文化中是贬义词，而美国人认为沉默是紧张、尴尬或有敌意，是表达不满。中国文化中打断别人讲话、帮别人接话是非常不礼貌的行为，而在美国文化中认为这是表达自己在认真听别人讲话，是对别人讲话的积极回应。中国人在讲话风格上很少咄咄逼人、直来直去，认为这是无礼的表现，主张采用中庸之道的委婉表达，而美国文化中认为在表达意见时应直言不讳，含蓄被视为是虚伪、思路不清、逻辑混乱的表现。美国人在交流时更多的利用言语表达，中国人说话的表情、姿态是语言表达时经常需要特别关注的辅助手段。由于文化的差异，西方人在跟我们言语交流时，由于不习惯我们的交际风格，经常弄不清某些言语的意思。中西方在思维逻辑上也有很大的差异性。一般来说，我们中国文化习惯归纳思维，由个别到一般，因而在我们表达某种意见时文化的习惯思路是摆事实、讲道理，经常是先摆明事实显示自己以理服人。而西方文化多习惯演绎思维，由一般到个别，经常是直截了当的表明某种主张，然后用事实论证，而我们认为这样会造成一种对抗的氛围，实质上这仅是文化差异而已。

二、多元文化对英语口语教学的启示

（一）在口语教学中要培养学习者宽容的语言态度

英语作为一种语言，非母语使用者人数大大超过了母语使用者，据估计使用英语的人数目前已经接近世界总人口的四分之一，而学习者的人数更是不可胜数。面对这一现实，从事英语教育或学习的人应充分认识到英语学习的目的已不局限于同“英、美、加、澳”等母语使用者进行交流，而是运用英语与来自不同背景的人们进行跨文化交流。所以我们的英语教学面临着双重任务：调和、认清英语各文化背景间的不同，以保持国际交流中的互通性，也就是教授地道的标准英语，同时也要照顾到英语的最大使用者群体，即非母语使用者的社会及心理需求，特别在口语教学中应增加学生对多元化语境的感性认识，熟悉各种英语文化培养学习者开放、宽容的语言态度，即对多元文化英语的容忍度，提高跨文化交际的意识和能力。

（二）增加自然语言的输入

英语的多元文化首先是语言上的差异，在口语训练中需要有所革新，适当增加多元文化语境的能见度，在所选的口语教材中应当增加自然语言的分量。如按照日常场景进行的真实谈话，这些话语含有重复、省略、简化、停顿，世界各地不同的口音，甚至含有不合语法规则的成分。要使学生能够掌握英语中各种各样的自然表达方式，口语课不能只固定采用一套教材，而应该添加一些辅助的听力材料，特别是真实的录音材料。因为在现实生活中人们的语言千差万别，口语课的教学内容也应该是丰富多样。要让学生听到和习惯各种不同的文化下的口语语境，以增加学生学习的灵活性，适应时代的需求。

（三）在口语学习中，交际的动机以及对英语国家的社会、文化的认同态度对学生的参与动机起决定的作用

学习口语的目的是要把英语作为交际工具来使用。当今社会多元文化发展迅速，口语课堂也要随时代而进步，所传授的知识必须与时俱进，适应社会的需要。要让学生拥有将英语作为交际工具的动机支撑，并且对英语国家的文化差异有主动学习了解的欲望，

因而学习参与的态度会是积极而主动的，效果也会是明显的。教师应从主观上对英语的多元文化有丰富的理解，从他们对英语国家的社会文化认同方面来增强学生学习的积极性，调动学生的参与精神。教师更需要考虑到学生将来走出校门能否用到所学的知识，能否真正用所学的知识去交流。所以平常应当给学生讲授一些有实际操作性的知识。

（四）提高师生的文化意识

促使学生对文化产生兴趣并培养学生主动学习文化的意识是口语教学的一个重要方面。

教师在教课过程中应该有意识地给学生介绍一些关于不同国家不同文化之间的差异的知识，激发学生的兴趣。教师在关于英语口语资料的讲解中可以给学生提供一些视频资料来直观地体现不同文化在生活中的不同表现。也可以让学生分成几组，对英美两个国家文化上的不同点来进行对比，看哪一组找到的差异最多。学习一种外语就要适应一种外国文化。

在基于文化差异的英语口语教学中，教师需要激发学生的文化意识，只有这样才能习得更加地道的英语，培养学生的英语思维，同时对英语水平的提高也很有必要。

第五章 多元文化视角下的大学英语阅读教学研究

第 1 节 大学英语阅读教学概述

一、英语阅读教学的重要性

阅读理解是学习者学习知识和发展智力的重要基础和前提，同时也是人类信息传递的主要途径。大学英语教学的主要目的之一是培养学生具有较强的阅读能力，而当前在我国的各类考试中阅读部分所占的比重一般也都在 30% 或 30% 以上，可见提高阅读技能和水平的重要性。阅读的重要性主要体现在以下几个方面。

（一）获取信息的主要手段

阅读能力的培养应该是我国大学英语教学的努力方向。众所周知，我国教育部之所以把英语放在显赫的位置，目的之一就是想培养出能够通过英语获取先进的科学文化信息的人才。尽管语言的信息交流渠道可以分口头和书面两种形式，但一方面受客观现实的限制，绝大多数的学生在未来使用英语进行交流的日子里，获取信息的主要渠道还是阅读；另一方面，外语学习和母语习得表现出不同的发展规律。人们习得母语时是听说能力先于读写能力，无须太大的努力就可学会，而外语学习时情况则完全相反。这两个方面决定了书面语将会是他们获取更复杂、更精确、更综合信息的可靠源泉。这也同时说明了将阅读教学置于大学英语教学核心地位的必要性。

（二）提高语言行为和能力的重要基础

阅读能力是提高听、说、写能力的根本。广泛的英语阅读是写就地道作文的基础。正确的高声朗读是说一口流利英语的必经之路。这应该说是个不需证明的道理。反观我国学生的口头与书面表达能力，单从内容上来说，也常常是稚嫩可笑或言之无物。我们几乎可以肯定地说，这种令人遗憾的教学结果与阅读教学不足或方法欠妥是分不开的。

（三）语言知识的积累过程和文化知识的导入过程

大学英语学习是语言知识的积累过程和文化知识的导入过程，外语界已经形成共识。如果说，听说课和网络教学手段能在灌输语言知识上有所作为的话，那么它们尚不足以完全承担文化导入的这个重任——听说课具有稍纵即逝的特性，网络教学毕竟是“辅助教学”，不可能代替面授，而阅读教学则可以针对课文中零散的文化知识进行对比分析、阐释讲解或指出其文化内涵或点明其文化规约。这样，学生能循序渐进、润物无声地增进对异域文化的理解和文化知识的积累。此外，作为大学教育的一个重要部分，英语教学也还应该以拓宽学生视野、提高他们素质为取向。正如凡迪尼（Fantini，1991）所言，“二语学习严格地讲应该总是一个增长见识的过程（Second language learning may always be strictly an intellectual endeavor）”。在此方面，阅读教学显然可以发挥听说教学难以比拟的作用。

（四）阅读也是交际手段

现在，人们谈起大学英语教学中的交际教学法首先想到的是老师和学生之间的互动关系。忽略了学生作为读者在阅读英语时，其实也是在和作者进行交流。此时，学生的交际对象与我们大部分的英语教师相比，无论在语言能力上还是在文化修养上都略胜一筹。因此，阅读作为交际手段或许更有意义。这一点长期以来没有被我国外语界认识。这与人们传统上强调语篇的独自性（monologic nature）是分不开的。以系统功能语言学为代表的语篇分析理论认为，语言的本质要求我们更应该把语篇看成是过程（process）而不是产品（product）（Halliday，1985）。有鉴于此，如果说大学英语还存在着不少问题的话，其中之一是阅读太少，而不是太多。需要改变的是传统的阅读教学方法。

二、大学英语阅读教学的特点和目标

（一）大学英语阅读教学的特点

大学英语阅读教学是改革前后较少受到质疑的语言技能之一，不仅对于其重要性，而且对于其教学效果方面都是如此。

1. 大学英语阅读内容的特点

从对大学英语教材的把握上看，大学英语教材中几乎包括了各种文体，具有多样性和现代性。其多样性表现为，一是文章涉及多个领域，如语言、文学、政治、经济、科技、宗教等；二是体裁有说明文、记叙文、议论文；三是语域的多样性，所选文章既有书面体文章，也有语体口语化乃至俚语化的文章。因此可以说，大学英语的阅读内容具有篇幅长、生词多、句法多样、思想深度高等特点。

2. 大学英语阅读方式的特点

大学英语阅读一般分为精读（intensive reading）、泛读（extensive reading）和略读（skimming）。

（1）精读。要求学生毫无遗漏地仔细阅读全部语言材料，并获得对整篇文章深刻而全面的理解，在精读课本中，每篇课文后的词汇、语法、句型及注释都应仔细领会。

（2）泛读。也可称为普通阅读，要求学生读懂全文，对全文的主旨大意、主要思想和次要信息及作者的观点有明确的了解。对全文只做一般性的推理、归纳和总结，无须研究细节问题和探讨语法问题。但要求阅读速度高于精读速度的一倍。

（3）略读。是一种浏览性的阅读，指学生以他能力达到的最快速度浏览阅读材料。略读不需通读全文，只跳跃式地读主要部分，主要部分一般指第一段、最后段及中间衔接段，因为第一段一般为全文概述，最后一段为归纳总结，中间衔接段一般为上下文关系段落或者有递进关系、转折关系、因果关系等。目的是为了获取全文的中心思想和主要内容。一般来说，略读的速度应快于泛读速度的一倍。

（二）大学英语阅读教学的目标

大学阶段的英语阅读教学目标分为三个等级，即基础目标、提高目标和发展目标。

1. 基础目标

基础目标是针对大多数非英语专业学生的英语学习基本需求确定的。具体如下：

能基本读懂题材熟悉、语言难度中等的英语报刊文章和其他英语材料；能借助词典阅读英语教材和未来工作、生活中常见的应用文和简单的专业资料，掌握中心大意，理解主要事实和有关细节；能根据阅读目的的不同和阅读材料的难易，适当调整阅读速度和方法；能运用基本的阅读技巧。

2. 提高目标

提高目标是针对入学时英语基础较好、英语需求较高的学生确定的。具体如下：

能基本读懂公开发表的英语报刊上一般性题材的文章；能阅读与所学专业相关的综述性文献，或与未来工作相关的说明书、操作手册等材料，理解中心大意、关键信息、文章的篇章结构和隐含意义等；能较好地运用快速阅读技巧阅读篇幅较长、难度中等的材料；能较好地运用常用的阅读策略。

3. 发展目标

发展目标是根据学校人才培养计划的特殊需要以及部分学有余力学生的多元需求确定的。具体如下：

能读懂有一定难度的文章，理解主旨大意及细节；能比较顺利地阅读公开发表的英语报刊上的文章，以及与所学专业相关的英语文献和资料，较好地理解其中的逻辑结构和隐含意义等；能对不同阅读材料的内容进行综合分析，形成自己的理解和认识；能恰当地运用阅读技巧。

三、大学英语阅读教学的现状分析

英语阅读是大学英语教学的重要组成部分，也是学生必须掌握的语言技能之一。当前，大学英语阅读教学存在着一些问题，具体如下。

（一）课堂教学模式陈旧

当前大学英语的阅读教学中，由于长期受传统英语教学的影响，不少教师至今仍在沿用老的教学方法，习惯于“讲”，擅长于“教”。例如，读一句译一句的翻译教学法，对每一句话都要进行语法分析的分析教学法等。这些教学方法刻板单调，不利于激发学生学习英语的兴趣，不利于学生实际语言技巧的发展。在阅读课后，学生总抱怨除了学到教材里的几个单词以外，一无所获。因而造成了许多学生至今仍保持着一些不良的阅读习惯，如逐字阅读，一遇生词就查词典，阅读速度慢等，阅读能力处于较低水平且停滞不前。

（二）阅读教学内容把握不当

在教学内容上，重精读教学、轻泛读教学，过分重视词汇、语法知识的教学，忽视语篇分析，忽视材料背景知识和语言文化背景知识的介绍。据问卷调查得出，教师授课常常对词汇知识和句子分析投入大量精力，较少介绍阅读技巧和策略，很少介绍阅读材料的人文知识。

（三）现有阅读教材设计不合理

教材是教学的重要指导性资料，在一定程度上影响着教师的教学内容、教学方向。但是纵观我国英语教材，其在设计上存在着不合理的状况，在整体上缺乏内在的连续性。

具体来说，我国大学教材注重阅读技能的训练。虽然从表面上看，教材设计本着层层深入的原则，在教学的不同阶段侧重性和针对性都十分明显，同时也符合学生具体的学习和认知规律。但是却存在严重的过渡问题，也就是前一个学习阶段和后一个学习阶段缺乏一定的承接性。

这种教材脱节的现象，在一定程度上影响了教学效果，对英语阅读教学也有着很大的阻碍作用。阅读教学过程中应该遵循循序渐进的原则，在不同的学习阶段，应该使学生接触到不同程度的英语阅读材料，但是由于教材的脱节，学生的阅读训练缺乏整体性。学生跟上原本的阅读进度已经感到吃力，更何谈提高英语阅读能力？

此外，从教材内容上看，入选或入编的主题和篇章的结构性不足，所选社会科学主题、人文科学主题和自然科学主题在量的方面不均衡，主题筛选的广度和深度都有待进一步提高。教材的这种编写，缺乏与学生生活的联系性，因此学生对其的兴趣便得不到提高。

第 2 节　大学英语阅读教学策略研究

一、大学英语阅读教学理论

不少中外学者从不同角度研究或提出了行之有效的阅读理论，如外语界比较熟悉的、具有影响力的有图式阅读理论、阅读模式理论、语篇分析理论、词汇衔接理论和合作学习理论等。

（一）图式阅读理论

1. 图式理论与图式阅读理论

图式（schema）概念最早是由德国哲学家康德（Kant）在其著作《纯粹理性批判》一

书提出来的，他从哲学层面上分析认为图式是连接人们大脑中纯概念与感知对象的纽带。后来图式理论又经由德国心理学家巴特利特（Bartlett）和美国人工智能专家鲁梅尔哈特（Rumehart）逐步完善，形成了现代图式理论。它的基本观点认为：图式是认识的基础，人们处理外界的任何信息都需要调用大脑中的图式，依据图式来解释、预测、组织、吸收外界的信息。图式理论强调人们在理解新事物时，需要新事物与已知的概念、过去的经历和背景知识，即头脑中已存的与新事物相关联的图式联系起来，否则无法理解输入的新信息。

20世纪80年代，心理学家将图式理论运用到外语教学中，用它来解释阅读理解的心理过程，从而形成了图式阅读理论。图式阅读理论认为阅读过程是一个读者头脑已有图式与文本信息“双向互动”的过程，而阅读理解是文本信息与读者头脑中的图式相互作用的结果。阅读理解的双向过程包括两方面的信息加工过程，“自下而上”和“自上而下”的过程。前者指对文本中字、词、句、段落和篇章由小到大的理解过程，后者指读者根据头脑中的已有图式如文化背景知识、文章主题内容、语篇结构等，对文本信息进行自上而下的预测、验证、修正。高效的阅读理解是在这两个过程的交互作用中实现的。

2. 图式阅读理论类型

图式阅读理论分为三种类型：语言图式（linguistic schema）、内容图式（content schema）和形式图式（formal schema）。

（1）语言图式是指读者所掌握的语言文字知识，它包括该语言的语音、词汇和语法方面的知识。如果不具备这方面的语言图式，就无法对输入的文章文字信息进行解码，获取文字的意义。因此，读者要想理解文章，首先必须掌握与阅读文章相关的语言图式，语言图式掌握的熟练程度决定对阅读的理解程度。

（2）内容图式指阅读者对所读文章涉及的主题内容、题材或文化背景知识的了解。任何阅读材料都表达了一定的内容思想，建立在一定文化背景基础上。在实践中我们常发现这样一种现象，如果阅读者对阅读材料的主题内容、背景知识比较熟悉，即使在一些文字不熟悉的情况下，阅读者也能比较容易，并且准确地理解文章。这主要是阅读者具备了相关的内容图式。读者对于文章内容越熟悉，理解内容就越容易。

（3）形式图式是读者对文章的体裁和篇章结构方面的知识。文章内容的表述都是按一定顺序和结构形式排列语言的。不同体裁的文章具有不同的结构特点和语篇风格，比如说叙事类（narration）、描写类（description）、说明类（exposition）和论辩类（argumentation）的文章都体现出不同的体裁风格和结构形式。如果掌握了相关知识，就很容易把握文章的内在逻辑关系，理解作者要表达的思想。

在高效的阅读过程中，三种类型的图式运用是相辅相成，缺一不可的。其中“语言图式”是“内容图式”和“形式图式”的基础，负责对语言文字进行解码和整合，并提取意义。语言图式对于理解文本的作用属于“自下而上”的心理加工过程。因此，阅读者首先应具备识别文章字、词、句的语言图式能力，只有在跨越语言障碍的基础上，才能激活和调用更高层级的内容图式和形式图式的资源，才能实现对文章的理解。语言图式在阅读理解过程中具有现在性的地位，但仅具有这种图式并不能正确地理解文章内容，还必须激活相关的内容图式，掌握形式图式。即三种图式必须形成一个层级结构，交互影响，单一的图式能力不能达到有效的阅读效果，有效的阅读必须是三种图式合力的结果。

（二）阅读模式理论

目前，最主要的阅读模式大体分为三种。

1. 自下而上阅读模式

这种阅读模式指的是从词语、词组到单一句子一直到英语文章整体分层次进行阅读理解，强调的是让阅读者从最低级的单词开始理解，最终弄明白整篇文章所表达的内容和主题。该模式能够帮助阅读者在阅读过程中加深对文章中出现的一些语法现象等的理解，但是并不能很好地完成阅读者本身与文章之间的互动交流，也就是说，该模式把阅读过程视为阅读者仅凭文章中分解的因素比如词汇、句式等单向理解文章所传递信息的过程，忽视了阅读者在阅读过程中的主动地位和积极作用。

2. 自上而下阅读模式

学者们针对自下而上模式在实际运用中的不足，提出了自上而下的英语阅读模式，这种阅读模式与“自下而上”恰恰相反，认为阅读者在阅读英语文章的过程中不应该处于被动接受信息的地位，而应该积极运用自己所掌握的英语语言知识，根据从文章中得出的语言线索，对文章所表达的内容和主题进行一系列的思考、加工、推测和判断等思维活动，它所强调的是阅读者所掌握的较高层的背景知识对阅读起到的作用，突出了阅读者在阅读过程中的主体地位，但是由于片面强调阅读者主动，反而忽视了同样重要的基础语言知识。

3. 交叉作用阅读模式

这种阅读模式的提出和应用实际上就是前两种模式的有效结合，该模式认为在阅读理解的过程中，阅读者不仅仅要根据文章中的文字、单词进行掌握和理解，还应该充分利用自身已掌握的背景知识对文章进行阅读。它强调了阅读者与文章之间的关系应该是双重方向的，即阅读者本身所掌握的知识与文章中的组成因素如词汇、句式、语法等是可以相互作用、相互影响的。相比前两种模式，这种阅读模式的优点在于对阅读过程复杂性的解释更为全面，在阅读教学中既强调了学生思维能力的作用，又强调了基础知识的重要性，与目前我国提出的大学英语教学大纲要求相适应，因此被教育工作者普遍认可和广泛运用。

（三）语篇分析理论

认知心理学认为语篇知识与阅读能力有密切的相关性。学生对阅读材料中篇章结构的认知和理解能力与他们的阅读和写作总体水平成正相关。这就要求教学过程中使学生不只停留在词句的水平上学习语言，而是在语篇水平上，从表达完整确切意义和思想内容的语段篇章的层次结构入手，分析句子之间、段落篇章之间的衔接和相关意义及逻辑思维的连贯，帮助学生最大量地获取和掌握文章所传递的信息，进而获得理解语篇作者的观点、态度、思想感情的能力，同时逐步培养学生恰当地使用语言的能力。

英语教师运用语篇分析理论进行教学的重点就是要进行宏观分析，使学生初步了解课文的形式和内容，为以后深入理解课文打下基础。

1. 文化背景知识的导入

文化背景知识是课文的宏观语境，对语言外的关系意义起着连接作用，对正确理解课文有很强的指导作用。因此，背景知识是读者理解特定语篇所必需的外部世界知识，它包括文章的创作背景、作者背景、文化背景等，涉及文章的写作年代以及社会背景，作者的生平经历和写作风格，以及其他与文章内容相关的知识。文化背景知识的引入方式可以多种多样。教师可以根据具体情况对背景知识有重点有选择地介绍，或者布置学生自己从参考书籍或互联网查找相关的文化背景知识。一旦学生具备了相关的文化背景知识，教师就要帮助他们充分激活这些知识，有意识地运用这些知识进行阅读活动。

2. 语篇的宏观结构分析

语篇理论告诉我们，文章均有其特定的结构，尤其是论说文和说明文，基本上由主题段、描写或解说段和结论段构成。正确掌握语篇结构的知识可以帮助阅读者准确、快速地获取信息。所以，我们在教学中首先要考虑的问题是文章的框架结构问题。这样我们可以从宏观上把握文章的脉络，可解决类似“每个词都认识就是看不懂意思”的问题。语篇结构分析就是要将文章的语言特点、结构特征、主题表达等有机地结合起来，使学生能达到对文章内容真正的理解，包括作者意图和观点。

（四）词汇衔接理论

词汇衔接是语篇衔接中最突出最重要的手段之一，它是指通过词汇选择，在篇章中建立一个贯穿篇章的链条从而建立篇章的连续性，也就是说词汇衔接是将些话语与另外一些话语连接起来的手段和词汇关系。词汇衔接是语篇的有形网络，体现在语篇的表层结构上，不仅对语篇连贯起着重要作用，更重要的是能从各个层面上反映作者或说话者的交际意图，强化语篇主题。因而对词汇衔接的研究可以帮助我们深化对语篇的分析和理解，提高英语阅读教学效果。

1. 教师应在阅读教学中加强词汇衔接理论的系统讲授

在阅读教学中，教师在将词汇衔接知识系统传授给学生的同时，要鼓励学生经常应用这些知识以促进阅读能力的提高，课文精讲是高职英语教学中的一个重要环节，教师在教学过程中应该以语篇为起点讲解课文，通过分析课文中的衔接手段让学生掌握作者的写作思路从而加深对课文的理解。

2. 教师在讲解课文时要提醒学生注意词汇连接

教师在讲解课文时要时刻提醒学生注意词与词之间的关系，分析一下课文中的词汇衔接方式及其功能，引导学生抓住关键词从而提高学生对文章理解的程度，教师要有意识地引导学生把词汇衔接与略读快读的训练结合起来，在略读一篇文章时运用词汇衔接知识可以使学生预测文章的发展方向，通过找到文章的关键词、主题句来帮助学生理解文章，在快速阅读中，那些与问题联系最大的句子中往往含有一定的词汇重复如同义词、反义词、上下义词等。教师可以利用词汇衔接对学生进行查找特定信息的训练，从而降低答案搜索的盲目性，提高答题的速度和准确性。

3. 教师应该把写作训练与阅读教学结合起来

教师应在指导学生借助词汇衔接分析语篇的同时，引导学生运用词汇衔接手段进行英语写作训练从而使阅读和写作起到相辅相成的作用。

二、大学英语阅读教学策略分析

（一）运用语篇教学法

在传统的语法翻译理论的指导下，英语阅读常常重知识点的分析而轻语篇的整体理解，这样的只见树木不见森林的教学模式使学生被动接收信息，往往不能紧扣语篇结构做全面的分析。语篇分析理论主张把文章看作整体，从文章的层次结构着手，引导学生注重句子与句子之间的衔接、段落与段落之间的过渡，使学生在语篇基础上掌握全文，从而提高理解能力。在大学英语阅读教学实践中，运用语篇教学法进行教学的主要环节如下。

1. 围绕文章标题，预测文章内容。文章标题是文章内容的总概括，通过对文章标题的分析，可以有效地预测阅读材料的语篇类型及题材。在此过程中，教师可以围绕标题提一些启发性的问题，这不仅有利于预测文章内容，还为下一步导入文化背景做好了铺垫。

2. 导入背景知识，进行体裁和语篇分析。体裁是文体分析的三个层面之一体裁分析是语篇分析的一个方面。要让学生学会比较不同的体裁所达到的不同交际效果，就必须在教学中及时导入相应的文化背景知识，只有让学生充分了解不同文体的特点，认识不同文体的结构，才能有效培养学生运用正确的阅读方法来进行阅读的能力，从而提高阅读效果。例如记叙文阅读时要抓住三个要素：人物、背景（时间、地点）和事件的发生、进程及结果。记叙文常通过时间的先后和地点、空间的转移来描述事情的发展过程。议论文则要抓住论点、论据和论证这些要素。说明文则需要注意主题句及辅助句。说明主题句的辅助部分常用举例的结构形式。与此同时，读者一定要明确语篇的整体形式。如：文章如何开篇，如何结尾，段落如何发展、如何照应，主要观点如何贯穿全文，中心思想如何表达等。

3. 抓住主题句，利用信息传递及组织模式把握语篇中句子和段落中心，并进行必要的语法、词汇衔接手段分析和意义连贯推理。在此过程中，教师可以把《新编英语语法》中关于“篇章纽带”的知识以及有关语篇衔接与连贯的知识介绍给学生。例如用表示时间顺序、地理方位、因果关系等逻辑概念的“过渡词语”以达到文章的连贯性和黏着性；或运用“语法纽带”即通过使用省略、替代、照应等句法手段达到承上启下的效果。从英汉语篇模式及其主题提出的位置来看，英语本族语者重直线型思维。在英语语篇中，英语本族者倾向于在文章的前一部分（文章的头三分之一段落）提出主题思想。具体到段落中，每段常以一个点明中心思想的主题句开始，接着一层层展开主题，进行论述。

4. 精讲部分重要词汇用法，辨析词义；疏通语言点并提供操练句型。这一环节，在日常教学实践中，大部分教师都相当重视，但值得一提的是，词汇语法的辨析讲解需要把握一个度，若过了这个度，整个教学过程就容易给学生一种“只见树木，不见森林”的感觉。

5. 概括全文中心思想。语篇是由段落组成的，每段的主题句基本概括了段落大意，读者通常可以根据主题句推测出语篇的大致内容。换句话说，综合几个主题句就可以概括出全文的中心思想。只要把握住全文的中心思想就能更快、更好地理解文章。

（二）重视学生的词汇量和阅读量

词汇量和阅读量是阅读理解的基础，往往预示着阅读能力的高低。美国语言学家 Driller 研究指出：识记 2500 个常用英文单词，平均每页报纸上的词人们会认得 68%；识记 5000 个，为 80%；识记 10 000 个，将达 92%，足见词汇量对于阅读能力的直接影响。因此教师要督促学生加大词汇量和阅读量，鼓励他们多读、多写、多记，同时传授一些词汇记忆方法，如文章中记忆法、造句记忆法、联想记忆法、构词记忆法等。此外还有必要系统讲授一些词汇学习理解方法，如利用词缀猜测生词的含义；利用上下文来推测词义；利用近义词、反义词、同类词来比较词义；通过加大阅读量来巩固词汇等。同时注意一词多义，引导学生掌握词汇的派生、合成和转化等构词法知识，建立起便于记忆和应用的新图式，扩大自己的词汇量。

当读一篇文章时，必将会遇到一些生词，教会学生从上下文中猜出这些生词的意思。

1. 通过定义或重新陈述理解词的意思

作者有时为了使读者比较容易地理解某个词，常常在句子中给出该词的定义，或再用一个句子进行解释。例如：

（1）Jane is indecisive，that is，she can't make up her mind.

（2）I am a resolute man.Once I set up a goal，I won't give it up easily.

2. 通过一般知识理解词的意思

读者通常应用一般知识或自己的经验就可以猜出词的意思。例如：The door was so low that I hit my head on the lintel.

3. 通过相关信息理解词的意思

将上下文中有关的信息放在一起，读者就可以猜出词的意思。例如：Mike was now angry…Once again he flew into a rage.

4. 通过举例理解词的意思

作者通过举例子给读者一个提示，比如：She is studying glaucoma and other disease of the eye. 在这个句子中，作者没有告诉读者 glaucoma 的确切含义，但读者已从“ other disease of the eye”几个词中知道了 glaucoma 是一种眼科疾病。

（三）传授快速阅读的技巧

1. 跨越生词障碍

影响阅读速度的最大障碍莫过于生词了。跨越生词障碍可以通过猜测词义来解决。猜测词义的方法有很多，比如根据语境、定义标记词（means，refer to，…）、重复标记词（in other words，…）、列举标记词（such as，…）以及同位语、同义词、反义词或常识等。但这些方法都离不开两大要素，首先是阅读者本身的文化修养，即语言、文化素质。其次是通过全局识破个体的能力。这就要求读者要不断扩大自己的知识面，懂得社会、天文、地理、财经、文体等科普性知识。

除了上述方法外还可根据构词法猜测词义。例如：large → enlarge(扩大，en 表示“使……”)，tell → foretell(预告，fore 表示“前”)，state+run → state-run(国有的) 等。英语阅读教学中，教师需经常提醒学生，一定要重视利用词缀来扩充词汇量和通过理解词缀的意义来判断生词的确切含义，达到提高阅读速度的目的。

2. 克服不良的阅读习惯，提高阅读速度

首先，要避免以单词为注视点，而要按意群进行阅读，这样才符合眼睛与大脑的协调。成组视读是一种科学的阅读方法。它首先要求把所读的句子尽可能分成意义较完整的组群，目光要尽可能少地停顿。成组视读的关键在于它既不是默读(心读)更不是朗读，而是通过目光在外语与大脑之间建立直接的联系，即外语思维。

其次，避免出声阅读和心读。出声阅读实际上是喃喃自语地把每个词读出来心读实际上还是一种声读形式，只是没有声音，也看不到嘴唇的蠕动，但在内心想象各个单词的发音，存在着一种内心说话的形式。

最后，要认识到阅读是一种视觉过程，是靠眼球自左向右的转动和大脑的协调来获取信息的。有人阅读时总是一个词一个词地读，且常伴有一些习惯动作：用手指、摆头等，这些都是速读的障碍。读的时候要少眨眼、不摆头，只要眼球来回转动就可以了。

3. 利用略读、查阅来提高阅读速度

略读，即指读者以最快的速度粗略地对文章的内容获以梗概；而查阅，即指以最快的速度从一篇文章中淘沙捡金，获取读者所需的材料或信息，包括查找人名地名、事件发生的事件或地点等。首先快速浏览文章的前面几段，以便对文章的内容、背景、写作的风格以及作者的观点等有所了解，而对后面的一些段落可以只读每段的主题句。主题句一般位于句首、句末，也有少数插入段中。

4. 浏览所提问题，带着问题读文章

一般来说，作者根据自己的意图和思维模式，通过一定的语言手段，把分散的、细节的、具体的材料组织在一起，在训练或测试中，命题者往往采用多种方式进行提问，有直接的和间接的，但不管怎样，命题范围和思想基本与作者一致。阅读者首先要搞清楚问题的要求，带着问题和所需的信息去查询，以提高阅读速度。

（四）重视文化知识的介绍

文化知识即一些文化背景，包括民族文化、风俗习惯、人物传记、社会经历、政治背景等。文化背景的积累方法可以有以下几种：依靠老师在阅读前进行讲授；靠大量中、英文阅读积累，多读有关西方国家文化背景、风土人情的读物，特别是希腊、罗马文化故事；可查阅有关工具书参考了解有关背景知识；积极主动进行课外阅读。阅读的文章应体裁多样，可以包括记叙文、说明文、议论文等。

语言是文化的载体和组成部分，也是文化的写照和表现形式，其产生、发展和变化过程受本民族文化的制约和影响，因而任何语言都带有所属文化系统的特征，包含着深刻的人文属性，体现着该民族的世界观和价值观。

二语习得研究发现，一种语言的习得和使用，不仅仅是语言结构本身的学习和使用，更离不开对这门语言所表现的文化内涵的了解，离不开对形成和使用这门语言的文化背景和底蕴的了解。在阅读过程中，文化背景知识的欠缺、跨文化意识的淡薄会直接影响到英语阅读的各个层面。可以说学生对阅读理解的多少与深浅，很大程度上取决于他们对文章所涉及的文化背景知识掌握的多寡。在大学英语阅读课的教学中，适时而恰到好处地介绍文化背景知识，对文化差异现象进行对比分析和讲解，有助于学生更好地理解阅读材料，激发其阅读兴趣。大学英语的阅读材料涵盖了政治、历史、地理、人文、科学以及风俗民情等各方面的知识。这就要求学生不断扩大自己的知识面，平时阅读时自觉形成收集有关英语国家的文化信息并内化为自己的英语方面的能力。在英语阅读课的教学过程中，对阅读材料的背景知识进行恰当介绍，不但可以激发学生的阅读兴趣，也有助于学生正确理解、把握阅读材料，提高英语阅读课堂教学的效率。另外通过播放视频向学生介绍英美等国家的背景知识，使学生吸取知识，提高能力，丰富学生的阅读知识视野。

第 3 节　多元文化视角下的大学英语阅读教学

一、文化与大学英语阅读

（一）文化背景知识对阅读理解的重要性

语言是文化的载体和折射，是文化的一个组成部分。大量的语言试验说明，英语阅读的障碍不仅仅存在于词汇和语法方面，语言所承载的背景知识和文化信息也是阅读理解的主要障碍之一，因为不同语言中某些词语的概念虽然基本相同，但其表达意义和社会文化含义却往往独具浓郁的民族特色，深深地被烙上民族历史、文化、习俗、政治的印痕。“它不仅包含着民族的历史和文化背景，而且还蕴藏着该民族对人生的看法、生活方式和思维方式。”奥苏贝尔（Ausubel）认为，文化背景知识同语言知识相辅相成，是阅读理解过程不可分割的两个方面。只有当学生将文化背景知识与语言负载的语言文字联系起来以后，意义才产生，理解才产生，阅读的交际功能才得以完成。英语阅读理解要做到理解透彻就必须要有足够的英语国家文化背景知识。

关于文化的定义各种各样，其中被认为最经典的是英国人类学家泰勒在 1871 年所提出的：“文化是一个复合整体，其中包括知识、信仰、艺术、法律、道德、风俗以及人作为社会成员而获得的其他的能力和习惯。”尔后，美国著名的文化学家克鲁伯和卡拉克洪在《文化：概念和定义的批判性回顾》（Culture：A Critical Review of Concepts and Definitions）中对泰勒所做的定义进行了较为深入的阐释：“文化包括各种外显和内隐的行为模式，它通过符号的运用使人们习得或被传授，并构成人类群体的出色成就，包括体现于人工制品中的成就。文化的基本核心包括传统观念，尤其是价值观念。”一般认为文化包括社会系统、思想意识系统、技术—经济系统和语言系统（social system，ideational system，techno-economic system，linguistic system）四大部分。社会系统主要包括社会制度、行政体系、教育体制、历史、风俗等方面；思想意识系统包括宗教、哲学、信仰、价值观等方面；技术—经济系统包括科学技术和经济诸领域的理论、运行模式等；语言系统则指语言、文字、语法、词汇、修辞规范等方面。

东西方社会是在不同文化的基础上形成和发展的，所以人们的思想、信仰、习俗等都有不同程度的差异。语言是一种特殊的社会文化现象，它是人们在长期的社会生活实践中约定俗成的。而思维方式是沟通文化和语言的桥梁，它既是文化心理特征的体现，又是语言生成和发展的深层机制。英语教学中的文化背景主要指英语国家的地理、历史、风土人情、传统习俗、社会生活、文学艺术、行为规范和价值观等。每个民族都有自己独特的风俗习惯和文化背景，人们总是根据自己的文化背景及语言习惯用自己固有的思维方式去理解别人所说的话，所以如果不熟悉英美国家的文化背景知识，不懂得用西方思维方式去理解英语语言，就会产生误会，造成交际障碍。下面仅从几个方面来分析文化背景知识对阅读理解的影响。

（二）文化差异对大学英语阅读影响的几个方面

1. 西方国家的传统风俗

以《大学英语》(上外版）课文 A Miserable，Merry Christmas 为例，在课文的开始部分有这样两句话："There ought to be something to fill your stocking with，and Santa Claus can' t put a pony into a stocking.That was true，and he couldn't lead a pony down the chimney either." 若不了解西方过圣诞的传统，学生会搞不懂圣诞老人怎么会牵着一匹小马沿着烟囱来，因此教师们在讲解这一课时，要向学生介绍相关圣诞节的传统，告诉他们圣诞老人是通过烟囱把礼物送到小孩的长袜里去的。学生们了解了这一文化背景知识，理解上面两句话的意思就容易了很多。

2. 西方人的社会生活

以《大学英语》(上外版）课文 The Professor and the Yo-yo 为例，"Although he corresponded with many of the world's most important people，his stationery carried only a watermark for Woolworth's." 这句话的意思是：虽然他（爱因斯坦）与世界上的许多要人通信，他用的却是有 W 水印字母的信笺，水印字母 W 是五分钱商店伍尔沃思的缩写。Woolworth's 是美国一家由 F.W.Woolworth 在 1879 年就已创立的迄今已有一百多年历史的只出售五美分商品的廉价连锁商店。如果不了解美国有 Woolworth's 这样的特殊连锁店怎么能正确理解这句话的意思呢？这句话隐含的意思是，尽管爱因斯坦是一个举世闻名的科学家，但他在生活上非常节俭，从而形象地刻画出了爱因斯坦的人物性格。有一类词，它们具有更鲜明的文化内涵，只表达某种语言所独具的事物和现象，如"the United States has set up a loneliness industry"，此句中的"loneliness industry"指的是美国的一种福利事业。由于美国越来越多的子女不愿与老年父母居住在一起去照顾他们的生活，美国政府便下决心建立了"loneliness industry"，一种专门为孤寡老人服务的社会项目。

3. 西方文化中的典故

几乎所有人在说话写作时都引用历史、传说、文学或宗教中的人物或事件。这些人物或事件就是典故。许多英语典故涉及的人物和事件来自英国文学宝库，如希腊罗马神话和莎士比亚作品。比如，It was a Herculean task，but he managed to do it. 那是非常艰巨的任务，但他终于完成了。a Herculean task 指需要巨大的体力或智力才能完成的任务。海格力斯是希腊神话中的身材魁梧、力大无穷的英雄。他曾被罚去完成 12 项极为艰巨的任务，成功后，被封为神。再如，有的学生顾名思义将 John can be relied on.He eats no fish and plays the game. 翻译成：约翰能够被信赖，因为他既不吃鱼又喜欢玩游戏。其实，"to eat no fish"出自一个典故，在英国伊丽莎白女王时代，基督徒为了表示对政府的忠诚，拒绝遵守反政府的罗马天主教徒在星期五只吃鱼的习惯。因此，“to eat no fish”表示“忠诚”的意思。“to play the game”和“to play fair”同义，可以理解为“为人正直”。这句话的真正意思是：约翰既忠诚又为人正直，是个能够信赖的人。又如：The congress which assembled Monday for its last session is full of what they call “lame ducks”.（国会于星期一开最后一次会议时，有很多所谓的“跛鸭子”议员。）如果读者不知道“跛鸭子”的典故，就无法正确理解其含义。在美国总统选出之后，当选总统及官员春风得意，总统所在的党派扬眉吐气，趾高气扬，而前总统及其政府官员，他们即将卸任，心情沮丧。美国人称那些竞选失败、即将离任的官员为“跛鸭子”（lame ducks），指走路一瘸一拐的鸭子，再也飞不起来了。同样，英语中含有大量丰富的特定历史文化背景下产生或由历史典故形成的习语，这些习语在阅读中起着至关重要的作用。如：meet one's Waterloo（一败涂地），Watergate scandal（水门事件），a Pandora's box（潘多拉之盒），达摩克利斯之剑 sword of Damocles（随时可能发生的危险），特洛伊木马 the wooden horse of Troy（潜伏在内部的敌人），酸葡萄 sour grapes（得不到的东西便说成不好的）。

文化差异所导致的对词汇的意象和联想不同在阅读理解过程中也可能造成理解偏差。以龙为例，在中国，龙是吉祥物，我们都是龙的传人，皇帝的身体称为龙体，老百姓都望子成龙；而在西方，龙却是凶险邪恶的象征，是吐火伤人的怪物。由此可见，语言和文化是密不可分的，不了解英语的文化背景，就无法正确理解和运用英语。

因此，作为英语阅读教师，要有意识、有目的，并尽可能多地介绍和传授英语国家的文化背景知识以及比较中西文化之间的差异，努力提高学生对语言和文化差异的敏感性，使他们了解生活在不同社会背景中的人们的语言特征和文化习惯。在教授语言时，不应只局限于语言形式的讲解传授，还应该向学生传播英语国家的文化背景知识，要使学生通过课堂学习了解并熟悉与东方文化不同的一种西方文化，体会东西方文化的差异，避免由于缺乏文化背景知识而无法理解或误解一些典故和熟语，造成文化休克，最终影响对于课文中所传递的信息的准确理解。

二、多元文化视角下大学英语阅读教学方法

（一）通过课堂教授

文化是人类在社会历史发展过程中创造的精神财富和物质财富的总和。可以说，它是一门具有综合性的杂学，是反映不同历史时期不同国家、不同民族特点的一些基本常识。文化背景知识的传授应是一种密切结合语言实践的教学，一般应与阅读实践课同步进行，文化传授要为语言实践服务。换言之，传授文化背景知识的目的是为了使学生更深刻地理解英语，更恰当地使用英语。著名英语教育家胡文仲认为提高学生跨文化意识的途径多种多样，如开设课程、举行讲座、举办展览、开展课外活动等，但最有效的是结合日常的外语教学进行文化对比，并提出结合日常教学可以从各个层面进行，如词汇、语用、语篇等。

1. 利用词汇教学学习文化知识

词汇是语言的基础，是一个民族文化概念的指代方式，具有丰富的文化内涵。要使学生准确地理解把握英语词汇（包括单词和习语、成语等）的含义和用法，需要对英语国家文化深入了解。在讲解词汇时，介绍词汇的文化内涵，进行文化知识的渗透，避免从字面意义上做主观判断。如在中国，称中年以上的人为老，是尊敬的表示，而在西方，老却意味着衰朽残年。所以，美国的老人不喜欢别人称其为老人 elderly people，而用年长的公民 senior citizens 这一委婉语来代替老人。再例如汉语中有关狗的习语大多含有贬义，如狐朋狗友、狗急跳墙、狼心狗肺等。狗的贬义形象深植于汉语文化中。而在西方英语国家，人们通常将狗作为宠物来养，在牧羊区则用牧羊犬帮助管理羊群，狗被认为是人类最忠诚的朋友，因此西方人对于食狗肉十分反感。英语中有关狗的习语除了一部分受其他语言影响含有贬义外，大部分没有贬义：You are a lucky dog（你是一个幸运儿），Every dog has his day（凡人皆有得意日）等。又如，intellectual（知识分子）在中美各自的文化背景中含义大不相同。在汉语中，“知识分子”泛指“有一定文化科学知识的脑力劳动者。如科技工作者、文艺工作者、教师、医生等”(《辞海》1979 年版)。而在欧美，科技工作者、文艺工作者和医生当中可能会有一些 intellectual，但作为群体肯定不属于 intellectuals 的范畴，教师中也只有一部分可以称为 intellectuals。此外在美国，intellectual 并不总是褒义词，同时也含有只知探讨理论而对实际问题束手无策的意思。

由于文化背景和思维方式的不同，英语中几乎没有与汉语完全对等的词，即使有一些英文词汇概念意义和中文一致，也可能是表达不同的文化心理和文化内涵。因此教师在传授学生这方面词汇时应特别注意结合相关的文化背景知识，使学生充分理解这类词汇在英汉意义上的区别，避免日后实际应用时出错。

2. 利用翻译教学学习文化知识

大学英语教学中不可避免地会涉及英文句子或文章段落的翻译。翻译是两种语言的相互转化，也是不同文化之间的翻译，文化知识在翻译过程中占有很重要的位置。例如汉语中人们常用“挥金如土”比喻花钱大手大脚，但是在翻译成英语时，“土”变成了“水”（water）。因为英国是一个岛国，历史上航海业十分发达；而中国位于亚洲大陆，人们的生活离不开土地，因此正确的翻译应是“spend money like water”。

3. 利用课文讲解学习文化知识

讲解课文时，教师应充分挖掘文章蕴涵的英语国家文化知识，帮助学生深刻理解文章的思想内容。

以《新视野大学英语读写教程》第四册第二单元 A 课文为例，文章从事业和情感两方面简述 Charlie Chaplin 的生平。单纯从语言角度看，文章没有太难的语法知识，但要充分理解文章中一些句子的内涵，学生就必须了解 Charlie Chaplin 的一些生活经历和英国作家 Dickens 的相关著作。比如课文第一段提到“Dickens might have created Charlie

Chaplin's childhood"（狄更斯或许会创作出查理·卓别林的童年故事）。这句话的翻译不难，但是学生理解时可能会出现偏差，狄更斯在卓别林出生时早已去世，怎么可能“创作出查理·卓别林的童年故事”？此时教师在讲解时应加人相关的文化背景知识介绍：卓别林一岁时父母分居，六岁时父亲去世，母亲发疯，很小就和同母异父的兄弟流落街头，生活凄惨，这些卓别林早年的生活经历与狄更斯小说《雾都孤儿》中的 Oliver Twist 很相似，因此才有了文章中的那句话。

再以《新视野大学英语读写教程》第二册第三单元 B 课文为例，课文主要讲述一个中国女孩带美国男朋友回家吃晚饭的故事。文中有一段描述母亲自谦自己的拿手好菜味道偏淡不好吃，“我”的美国男友信以为真，在菜里添加了不少酱油提升味道，结果却令母亲异常吃惊，由此而引起文化冲突（culture shock），是教师用来进行文化对比教学的优秀素材。自古以来，中国人视谦虚为美德，对于自己拿手的事情习惯采用“抑”的态度，给予否定评价，其真实含义往往是希望得到他人的称赞或认同；而西方人则比较直接，不会刻意贬低自己认为值得称赞的东西。这充分体现了中西方文化的显著差异。

在讲解类似的文章时，教师可以 选取文化冲突比较明显的部分做特别说明，对比两者异同，从而引出更多的文化知识，在比较与对比中让学生学习了解不同国家的文化。

4. 通过多种渠道帮助学生感受体验异国风情与文化

我们可以通过邀请外籍教师做文化差异的讲座，涉猎各种形式的文学作品，阅读简易本的名著，观赏精彩的外国影视录像，欣赏格调高雅的外文歌曲等各种渠道给学生直观感受，使学生对英语有身临其境的真实感受来了解外国文化，努力培养学生对于文化差异的敏感性，使他们主动地、自觉地吸收并融入新的文化环境中。

在上课前，教师必须弄清楚要讲的课文中含有什么样的文化背景知识，并估计中国学生对该文化信息的了解程度如何，做到心中有数，有的放矢。若估计到学生们对文中所涉及的文化背景信息不太熟悉，教师就必须提前做好资料搜集工作，可在开始讲授课文之前给学生们系统地讲解一下该文的文化背景，或者可以组织学生们对西方的风俗习惯、风土人情进行讨论。由于不同的学生对同一文化背景知识了解的程度不同，讨论形式给学生们提供了集体活动气氛，激发了学生的表现欲望，也使学生们从别人的谈话中了解到自己以前所不知道的知识，使学生在轻松愉快的氛围中相互学习，获取知识。

（二）通过课外阅读

英语阅读教学并不仅仅限于课堂的讲授和学习，教师们应指导学生积极利用自己的业余时间进行课外阅读。在课外阅读过程中，教师可以有针对地给予指导，向学生们推荐一些文化含量较高的阅读材料。首先，可以让学生们读一些有关《圣经》《罗马神话》《希腊神话》方面的英语材料，因为它们是西方文化的支柱，英语中有很多习语、俗语来源于此，多阅读一些这方面的文章，对了解和熟悉西方文化有巨大的帮助，还可以扩大学生的词汇量，学到原汁原味的英语。其次，要鼓励学生进行广泛的阅读，多阅读一些英美国家的历史、社会、政治、经济、地理等各个方面的书籍，进行广泛的阅读可以使学生对整个西方文化有一个全面的了解。最后，有条件的话可以让学生们经常看一些英美国家的近期的报刊、杂志，这样学生们可以贴近英美国家当今鲜活的现代文化。然而，对英美国家的文化背景知识的了解是一个漫长的、潜移默化的过程。在平时的英语教学中，要积极鼓励学生们通过各种渠道接触和了解外国文化，教师也应尽量多地为学生们创造一些文化学习的机会。比如，定期地举办一些英美文化知识的专题讲座，系统地给学生们介绍西方文化；利用多媒体教学，组织学生们观看外国影片，并提醒学生们注意西方人的生活细节，以及具体场合下所使用的语言；经常举办一些英语晚会，邀请外籍教师参加，使同学们多与外国人接触，切身体会外国人表达思想感情的方式和行为，直观地感受外国文化。

在课堂教学中，教师应当注意两个问题：第一，注重文化背景知识的教学并不表示忽略语言本身的教学。文化背景知识教学的目的在于加强和补充语言教学，因此教师不能厚此薄彼，要妥善处理好两者的关系。第二，学习外国文化的同时，应加强对本国文化的学习。爱德华·霍尔在《无声的语言》中指出："语言掩盖的远远多于它所展露的。说也奇怪，文化所掩盖的东西最能瞒过的竟是浸在这个文化里边的人。我认识到真正需要你的工作不是了解外国文化，而是了解自己的本国文化。"学习外国语言和文化可以深入地了解本国语言和文化，因此教师应加强自身双重文化的理解能力，具备用英语准确表达本民族文化的能力，这样才能在课堂教学中更好地启发、引导学生，调动学生的积极性，有效地组织以学生为中心的课堂教学，提高学生的人文素质。

总之，在大学英语教学中，教师必须注意语言教学与文化教学相结合，这样不仅可以激发学生学习英语的兴趣，而且能够使学生认识到学习和了解英语国家文化知识对于英语学习的重要意义，更有效地运用英语进行跨文化交际。

第六章　多元文化视角下的大学英语写作教学研究

第 1 节　大学英语写作教学概述

一、写作在英语教学中的地位

（一）社会的发展使英文写作越来越重要

当前，人类进入了信息时代。这个时代要求文化科学技术以前所未有的广度和速度传播，而传播的手段首先是写作，尤其是英语写作。虽然现代化的广播、电视和计算机互联网络等多媒体传播工具已普遍使用，但是专家、学者、教授、新闻记者和商人，一般都不是直接使用现代传播工具，而是事先写成文稿，然后才借助传媒工具进行传播的。因此，现代传媒技术的发展和普遍使用不仅没有降低写作的地位，反而对写作提出了更高的要求。由于英语写作在当今全球化不断加快的人类社会生活中占有极其重要的地位，因此英语写作在整个英语教学课程中显得格外重要。现在随着国际间各种交流的迅速发展，计算机网络等媒体技术的进步，电子邮件的便捷传输，英文信函的频繁往来，技术交流和论文撰写的需要使得英文写作与日俱增。如果我们的专业技术人员不具备满足社会需求的英文写作能力，就不能很好地适应工作的需要，就会在社会进步中处于被动状态。

（二）写作是重要的交际手段

写作在教学中的地位还取决于它在听、说、读、写四种技能中的作用。要学好一门外语，这四种技能都是不可缺少的，而且是相辅相成的。我们难以设想，一个写作中错误百出的学生会在阅读和听说方面达到较高水准。英语学习成功的标准不仅仅在于学生记住了多少英语知识，而在于他们是否能用所学的语言创造性地进行口、笔语表达，也就是说，他们应该不仅能认知，而且能内化他们学到的语言，并在此基础上进行分析、综合、判断、重建和再创造。外语教学的目的就是培养学生的语言交际能力，也就是要培养学生用目的语进行听、说、读、写的综合能力。以前人们在讨论交际能力时往往将重点放在口头表达方面，忽视书面语交际能力的研究。作为语言交际两个方式之一，书面交际能力应该受到相当程度的重视，这不仅因为现代社会生活对书面语交际能力有着更为迫切和现实的需要，而且还因为书面语交际在本质和方式上与口语交际有着很大的差异，它应该成为交际能力的重要部分而予以高度重视。

学习语言离不开写作，写作不仅能巩固已学的语言知识，也是一种重要的交际手段。写作是听、说、读、写四项交际技能之一。四项技能各有特点，各有任务，但又相互关联，相互促进和制约。学习一种语言，这四项技能缺一不可。写作可以增强学习者的语言习得，因为当学习者尝试用词、句子或者更大的语段进行写作、有效地交流自己的思想时，强化了他们在课堂所学的语法和词汇。写作能有效促进语言知识的内在化。Swain（1985）提出“可理解输出”（comprehensible output）假设，认为包括写在内的语言产出性运用有助于学习者检验目的语句法结构和词语的使用，促进语言运用的自动化，有效达到语言习得的目的。当学习者用英文表达意思时，不得不主动地调用已学过的英语知识，斟酌语法规则的运用，琢磨词语的搭配，掂量词句使用的确切性和得体性。通过写作，英语知识不断得到巩固并内在化，为英语技能的全面发展铺路。然而，由于写作是一个迂回复杂、动态的过程，受到各种认知和社会因素的约束，学会写作不容易。用英语写作，其修辞环境更为复杂，涉及跨社会、跨文化因素的制约和影响，因而更难。

二、大学英语写作教学的特点和目标

（一）大学英语写作教学的特点

大学阶段的英语学习主要包括听、说、读、写四项技能的训练。其中，写作教学与其他技能的学习又有差异。主要体现在以下几个方面。

1. 写作课是一个输出和检验的过程

学生首先要有一定的信息输入——对体裁、内容都要有一定的了解，同时不论是课后还是课中，学生都应有一定的阅读量，积累了丰富的词汇、句型和语法，才能在写作课上游刃有余。换句话说，写作课检验了学生平时的知识积累程度，检验了学生对语法的掌握和词汇的运用等。学生如果没有日常的积累，就没有写作课上的灵活自如。

2. 写作课对教师的要求高

写作课是输出和检验的过程。它不仅检验了学生的知识积累，同时也在检验着教师的积累和准备工作。一名好教师，绝不会在写作课上让学生写一篇作文了事。首先，写作课教学要求教师充分准备素材，要让学生有所想、有所写，教师要启发学生思考。如针对题材的思考，针对体裁的思考，以及针对范文和遣词用句的思考等，都需要教师的启发和教导。所谓“授之以鱼，不如授之以渔”。其次，写作课要求教师具有比较广博的知识。因为写作的内容涉及多个方面，教师除了要有较高的外语水平外，还要对相关内容有所了解。这样才能言之有物，不会离题万里。最后，教师课后要有耐心和责任心。学生写作的水平需要教师的指正才能有所提高，因此课后教师的任务更重。阅读每一个学生的作文，然后给出适当的评语，没有充分的耐心和责任心是做不到的，或做不好的。所以说，写作课的成功与否，一方面需要学生自身的努力，另一方面也离不开教师的引导。

3. 写作课是循序渐进的过程

写作是一个复杂、循环、创造的过程，是一个不断发掘的过程。它要求写作者进行丰富的联想，发现题材并将之组织成文。要想提高写作水平并不是短时间能够做到的。许多学生平时能够阅读很复杂的文章，但却写不出完整的句子。有些学生错误地认为临考前背几篇范文就能在写作方面得高分。要解决根本问题，切实提高自身的写作水平，还需要多阅读、多分析，反复练笔。因为，写作的过程并不是简单地记录所看到或所读到的内容，而是用另一种语言表达自己的思想的过程，其中涉及遣词造句、文章架构以及段落的衔接等方面的问题。因此，写作水平的提高需要较长时间的训练，非一两天或一两周所能促成。

（二）大学英语写作教学的目标

大学阶段的英语写作教学目标分为三个等级，即基础目标、提高目标和发展目标。

1. 基础目标

基础目标是针对大多数非英语专业学生的英语学习基本需求确定的。具体如下：

能用英语描述个人经历、观感、情感和发生的事件等；能写常见的应用文；能就一般性话题或提纲以短文的形式展开简短的讨论、解释、说明等。语言结构基本完整，中心思想明确，用词较为恰当，语意连贯。能运用基本的写作技巧。

2. 提高目标

提高目标是针对入学时英语基础较好、英语需求较高的学生确定的。具体如下：

能用英语就一般性的主题表达个人观点；能撰写所学专业论文的英文摘要和英语小论文；能描述各种图表；能用英语对未来所从事工作或岗位职能、业务、产品等进行简要的书面介绍。语言表达内容完整，观点明确，条理清楚，语句通顺；能较好地运用常用的书面表达与交流技巧。

3. 发展目标

发展目标是根据学校人才培养计划的特殊需要以及部分学有余力学生的多元需求确定的。具体如下：

能以书面英语形式比较自如地表达个人的观点；能就广泛的社会、文化主题写出有一定思想深度的说明文和议论文，就专业话题撰写简短报告或论文，思想表达清楚，内容丰富，文章结构清晰，逻辑性较强；能对从不同来源获得的信息进行归纳，写出大纲、总结或摘要，并重现其中的论述和理由；能以适当的格式和文体撰写商务信函、简讯、备忘录等；能恰当地运用写作技巧。

三、大学英语写作教学的现状分析

英语写作能力是英语语言能力的一个重要组成部分，但长期以来，我国学生的英语写作能力一直没有得到有效提高。在全国大学英语四、六级考试中，学生“听”和“读”

的成绩在近年来都有较明显的进步，但写作成绩则少有改善。这一方面可能由于早年的《大学英语教学大纲》对写作能力要求相对比较低，另一方面也与传统的英语写作教学方法有一定关系。当前大学英语写作教学情况主要表现如下。

（一）对大学英语写作教学的思想认识不足

我国英语写作教学中还普遍存在教师既不愿意“教”、学生也不愿意“练”的问题。从教师角度看，很多语言规则是无法通过课堂教学让学生掌握的，只能通过学生对英语语言的大量使用实现。这些使用不仅指“写”本身，也包括“听”“说”和“阅读”等。从学生角度看，由于写作涉及语言和内容两个方面，学生存在语言表达困难、缺少及时反馈等问题。而如果学生得不到及时、有针对性的反馈，便会进一步挫伤他们提高英语写作能力的积极性。

（二）受应试教学目标的束缚

写作教学内容不得不围绕考试指挥棒转，从而无法摆脱应试教学的樊篱。其后果是学生的写作思维教条化、模式化，写作内容千篇一律，无创新亦无内涵。除了写作范文和阅读理解文章外，学生很少有时间去阅读英文原版书籍杂志等。英语兴趣的培养和写作水平的提高都受到了很大影响。

（三）课程教学时间不足

英语写作教学大部分是穿插在各学期精读课之后的练习中来完成。若精读课能按教学计划顺利完成，教师就能利用有限的时间“蜻蜓点水”般地对写作进行简单讲解；否则，写作教学就被无情地忽视和删减掉，完全成为精读教学的附庸。因此，写作教学在时间和内容上都无计划性、系统性，而随意性强。

（四）教学材料和模式上的局限性

现行教材中存在的弊端是“不仅分散、铺排较广，且时间跨度较大，难成体系”。目前诸多高校参与编写的大学英语的系列教材主要还是针对阅读和听说方面，而专门针对非英语专业学生的写作教材并不多也不精。另一方面，大多数老师还是遵循传统写作教学模式。首先讲解写作方法和技巧，然后给学生指定作文题目，要求学生在课后独立完成并在规定时间内交给教师批改。忽视了学生对写作素材的收集、分析、判断、修改。不强调写作是一个由师生共同完成的教学实践过程。

第 2 节　大学英语写作教学策略研究

一、大学英语写作教学理论

（一）整体教学理论

1. 整体教学理论概述

“整体语言教学”（Whole Language Approach）始于 20 世纪 80 年代的美国，最初用于美国中小学教授本族语的语言艺术及阅读教学，它强调语言的整体性，反对把语言肢解成音素、词素、词汇和语法学，强调口语和书面语言之间的互动性及内在联系。之后，研究语言习得的应用语言专家对整体语言教学也做了深入的研究。美国亚利桑那大学教授、“整体语言”学源的主要倡导入之一 K.Goodman 研究发现，儿童在读、写受到比较重视的环境里，读、写能力的发展过程与听、说能力发展的过程是并驾齐驱的。这一发现揭示，过去按听、说、读、写顺序进行教学的原则违背了语言发展规律。俄罗斯著名心理学家 Vygotsky 认为：语言能力是通过与他人进行言语交际，思想交流而习得的。Genesee 强调事物的整体不是部分的简单总和，整体永远大于部分之和。

整体教学中的“整体”，是指在教学中把语言看作一个整体，而不是教师在课堂上讲解并让学生学习一些支离破碎的“技能”。“整体”教学就是用整体、联系的观点与方法来组织教学，其目的是让学生能够主动，有效，持久地学习，而不是教师在课堂上填充式地直接讲解，或让学生被动地重复课文中或教师讲解中已提出的信息。学生的写作技能和策略是在整体的、真实的语境中发展而来的，各种技能的培养必须渗透到整个课程计划中，这就是整体教学的实质。

2. 整体教学理论在英语写作课堂上的应用

（1）整体。整体教学提出了整体统帅局部的原则，采用从整体出发，从整体来教局部，教局部不忘整体的教学方法。教师应全面掌握《大学英语写作大纲》中对学生的全部要求，对毕业后学生在写作能力上达到的水平有一个整体的构想，并设计出每一年、每一学期、甚至每一节课在写作方面所要达到的目标。把握整体的过程就是语言输入的过程，目的是让学生初步理解所要学的知识内容，对所要学的知识有一个整体的认识。写作技能的培训可以贯穿于英语教学的各个学科。以精读课为例：在读一篇文章讲解分析的同时，教师也要设计本节课结束后，在写作能力的培养上要达到怎样的效果，这样在课文的讲解中有意识强调作者的写作特点和优点，在潜移默化中进行点滴积累，最后达到提高写作的目的。

（2）分散。语言的功能和形式依附内容而存在，语言教学从整体出发，教师应将写作所要求的各种技能融于平时的各个教学环节中，语言知识和技能应通过自然的语言环境加以培养，而不应人为地把语言知识和写作技能分开来独立进行培养。分散可以让学生在平时的渐进式学习和积累中掌握全部的写作技巧，在潜移默化中达到水到渠成的效果。具体做法如下。

①分散到教材。教师可利用精读、泛读课堂加强学生对词汇的感悟，特别是同义词之间的差异。例如，我们不宜说 Our teacher is thin.（应用 slim）或 Our teacher is fat.（应用 strong 或 plumpy 等）。通过这样具体的事例我们可以让学生明白词汇有抽象与具体、正式与非正式、高雅与通俗、褒扬与贬抑等区别。

词汇是语言的建筑材料，我们写文章总离不开措辞，文章写得好坏与用词有密切关系。在写作时学生犯的通病是该用具体词的地方却用了抽象词。“具体”和“抽象”是相对而言的，教师在授课时应用一些精辟的例句让学生明白在写作中词的意义越具体，越能给读者鲜明印象的道理，并鼓励学生掌握足够的词汇量，这样词汇量大了，才能在写作中左右逢源，随时能用上所需要的词。

②分散到时事。语言与我们的生活息息相关，教师可利用当前的一些国内外时事来激发学生要用英语表达的欲望。例如2010年将在中国上海举办举世瞩目的世博会，请用简短的几句话描述一下你的心情。有很多学生可能都会用到good，nice，happy这类词，而且频率还会很高，但教师此时给出一些类似wonderful，fantastic，marvelous，gorgeous的词汇时，学生自己就会感悟到每个不同词汇的使用都会给文章带来不同层次的韵味。教师还可以适当扩展，对所学知识由表层向深层发展，引导学生对时事作出评论，从而掌握议论文的写作格式和要领。

③分散到媒体。多媒体计算机和网络通信技术的发展为学生学习提供了理想的认知工具，能有效地促进学生的认知发展。多媒体系统的多种感官刺激更符合人类学习认识规律，体现了学生认识主体的地位，同时还考虑到学生个体差异，改变了传统的“黑板＋粉笔”的教学模式。教师可以因势利导，通过媒体让学生了解并掌握一些计算机和网络的术语，并学会电子邮件和函购信笺的写作格式。

④分散到学生。整体教学体现出以学生为主导的教学思想，它改变了“教师讲学生听”的被动灌输方式，给学生创造良好的氛围，让学生之间展开讨论，相互学习。学生之间相互检查所写的文章，检查出漏洞，再由学生进行讲解、分析、改错，这种学生与学生之间的学习要比学生向老师学更有深远意义。

总之，分散是把要学习的写作能力和技巧分散到每个学期、每一单元、每一节课，把要学习的知识重点和难点分散到各个单元，精讲多练，讲练结合，在每节课的点滴学习中收获写作的全部知识。

（3）全面综合。分散讲解完每个知识点后，教师应让学生以归纳的方式及时总结重点内容，归纳写作技巧和各种写作格式，最终在学生的头脑中留下完整的知识，形成完整的印象。全面综合让学生对各个知识点的认识从模糊、凌乱到清晰、完整，这是质的飞跃，同时也符合记忆的心理规律。这一阶段可以用以下三种方法：课文内容的整体再现；词汇句式的综合再现；语法知识的重点再现。以课文内容再现为主导，教师可采用播放录音、复述提纲、图标归纳等手段得以实现，目的在于全面总结，使各语言点、知识点变得系统化、条理化。

（4）实际运用。运用是教学的最终目标，运用也是教学过程的最终体现。写作教学应该贯穿于各学科的始末，光学不练永远达不到预期的目标。教师应在授课的一定阶段，结合所讲内容和这一阶段所提示的写作技能布置一些相应的写作练习，让学生在实践中得以巩固。教师可以指导学生写课文摘要或进行缩写、改写，以培养概括能力；给主题句和关键词要求联句成篇；或根据范例模仿作文；教师还可根据课文内容设计一些具有概括性的话题，让学生讨论，以培养交际能力。因为整体教学的理论是，听、说、读、写的能力是齐头并进的。

（二）语言模因理论

1. 什么是语言模因论

（1）语言与模因。模因论（Memetics）是基于达尔文进化论的观点解释文化进化规律的一种新理论。Meme(模因）一词是英国牛津大学著名动物学家道金斯（Dawkins）在其著作 The selfish gene(《自私的基因》)一书中杜撰的，他将之定义为“文化传递的单位”。《牛津英语词典》收录该词后将它解释为“文化的基本单位，通过非遗传的方式、特别是模仿而得到传递”。模因与基因很相似，基因通过遗传来繁衍，模因则通过模仿进行传播，所以，模因的核心是模仿。作为文化传播单位，模因的表现形式很多。任何能够通过模仿而复制的信息都可以称之为模因。从语言角度来看，学语言的过程就是语言模因复制、传播的过程，因为语言本身就是一种模因，任何字、词、段落乃至篇章只要通过模仿得到复制和传播都可以称之为模因。

（2）语言模因的创新。语言模因作为复制因子，具有保留性、变异性和选择性即每一个模因既是对以前模因的复制与继承，又会在复制和传播过程中产生一定的变异，在变异中获得发展。因此，任何创造性的语言使用都是在模仿的基础上进行的，先模仿而后创新，没有模仿和继承，就谈不上创造和创新。联系到写作，仿写是读写结合的最基本形式。通过仿写能便捷地获得写作理法，缩短学生探索直接经验的时间，加速语言从理解到运用的过渡。从模因论的角度探讨模仿写作教学，有利于我们掌握快捷有效的方法，在“模仿”的基础上进行英语写作创新。

2. 语言模因论的传播方式

不管语言模因的形式和内容如何，其复制和传播方式基本上是重复与类推两种。

（1）重复—背诵。重复主要涉及对语言模因的直接套用，背诵是达到这一目的的直接手段。背诵作为传统教学模式一直被我国教育者所沿用；但如今，越来越多的教师却不屑于使用背诵这一传统学习策略，特别是在大学阶段，他们忽略了语言是在不断的复制和传播中得以生存的重要道理。事实上，背诵在写作教学中发挥着重要的作用。卡洛尔曾指出，“成功的外语学习就必然要求耗费大量的时间，这时间的大部分应用于重复操练上”。背诵能够强化语言输入，加深学生对所学语法知识的理解，提高词汇、句型的记忆效果，增强语言知识的积累，从而使英语语言输出规范得体化。

（2）类推—仿写。类推是模因复制与传播的另一种方式，与写作教学结合在起主要涉及同构类推。即保持原模因整体结构框架不变，替换其中某些内容从而出现新的模因变体或形成模因复合体的现象。在写作教学中类推其实就意味着仿写。仿写合理地运用了模因论“模仿”原则，是提高学生英语写作能力有效的训练方式。仿写常用的一种模因是表现型模因，即语言的形式嵌入不同信息内容而予以复制、传递的模因。仿写通常可以从两个层次进行训练：一是词句模因，二是段落篇章模因。

①词句模因。词汇是写作的基础，因此，教师应鼓励学生通过模因模仿积累同义异词或通过上下义、反义等关系联想记忆词汇。同义异词可以有效避免行文的单调重复，从而提高文章的表达能力。另外，实用句型模因也是非常重要的仿写训练内容，它可以提高学生的句子写作水平。

②段落篇章模因。段落篇章模因训练是模仿已知的段落或篇章结构，根据不同语境，变动原来的语言信息或其中的成分，表达出不同的内容。例如在理解了某个经典段落后，教师可以详细分析段落的结构，写作手法与技巧的运用，指导学生进行仿写。

3. 模因论对大学英语写作教学的启示

（1）背诵是语言模因的第一要素。背诵的目的在于充分熟悉大量目标语素材，强化语言输入，加强学生对词汇、句型的记忆和语法知识的理解，使英语语言输出规范得体。同时，教师应帮助学生准备一些包含相应模因的材料，使他们在背诵过程中能不断复制其语言要素，从而进一步组装并构成个人所需的语料。

（2）针对优秀范文进行分析和仿写。仿写指在写作过程中模仿其他个体的写作行为或既成的规范语句或文章进行学习性写作的训练方式，它是遵循模因论“模仿”原则来提高学生英语写作能力的有效方式。因此，教师要引导学生运用不同的表达方式来陈述自己的观点，首先要求教师分析范文的结构，向学生讲解各种写作的体裁及其语言特色，让他们了解语篇建构由语言、语境要素和写作交际目的等诸多因素构成，然后通过仿写训练，达到提高英语写作能力的目的。

（3）采用联想教学启发学生的多层次思维。在表现型语言模因中，可以让学生产生不同的意义联想，在复制传播过程中可能会出现变异，但意义变异仍是语言模因变异的一种重要方式。因此，引入联想启发法可以促使学生积极地思考问题，开发他们的想象力。

（4）同伴之间的互相模因。互相学习从某种意义上也是互相模因，学生作文的评改讲评就是一个非常好的学习机会。在学生第一次写稿完成后，根据教师的“自我纠错”要点先自己找错，再交到小组里轮流“传阅品评”，然后交给教师，最后环节是课堂讲评。课堂讲评主要是教师找出学生作文中典型的语言错误让他们集体改正及作文评比，被讲评文章要有目的性、针对性和代表性，要兼顾优秀、一般、较差，让学生进行比较，最终修改出好的文章，优秀的习作会放到班级论坛里供同学学习模因。所有活动自始至终都有学生的参与，是写作课的延续。

（三）错误分析理论

1. 什么是错误分析理论

错误（error）是语言学习过程中不可避免的现象。在语言学界，有关学习者错误的研究最先出现的是对比分析（contrastive analysis）理论。该理论将目标语（target language）与本族语（native language）进行对比，认为学习者错误是由于本族语的干扰造成的，主张有错必纠。随着认知语言学的发展，对比分析的不足越来越明显了，其中最主要的问题是忽视了学习者在语言学习过程中的主观能动性和许多错误无法通过两种语言的对比来加以解释。20 世纪 60 年代末，Corder 提出了错误分析理论。该理论认为错误是语言发展过程中的必然产物，是学习者对新语言知识所做的一种假设（hypothesis）和尝试，为教师提供了学习者的语言掌握情况，对二语习得有着积极的意义。错误分析理论改变了对语言学习者错误的传统看法，即错误是需要彻底根除的学习障碍，对第二语言的教学和研究产生了深远的影响。

2. 错误分析及其意义

在教学法中，错误分析法是教学法中常用的一种方法，主要是对于学生在学习中产生的错误进行集中的总结和归纳。在英语写作教学中运用错误分析法，整理学生在写作中相对集中的错误点，通过对于学生的学习过程的分析，找到学生在学习过程中出现的语言错误的原因，从而从根本上认识和纠正学生在学习过程中的偏差。通过对于学生产生错误的分析，首先可以系统和全面地了解学生产生错误的原因，能够使我们在教学中更好地实现针对性的教学，提高学生的学习效果，减少学生在写作中的错误。其次，通过对于错误的分析，可以查找和检验我们实际教学中出现的问题，从而改进教学方法，提高教学效果。

错误具有三方面的意义：第一，教师对学生的语言错误进行系统的分析，可以知道学习者距目标有多远，还需要学习什么内容；第二，学习者的错误能向研究人员提供证据，说明语言学习的方式和采用的策略或程序；第三，错误是学习者不可避免的，出错可以看成学习的手段，用于检验关于正在学习的语言规则的假设。

3. 错误分析理论对大学英语写作教学的启示

（1）改变了对学习者错误的看法。传统观点认为，错误是由于本族语的干扰造成的，是二语学习的大敌，需要尽可能地避免和去除。而错误分析理论认为，错误是语言学习中不可避免的现象，对二语学习有着积极的意义。Corder(1967）认为，错误为教师提供了学习者的语言掌握情况，为研究者提供了语言是如何被习得的证据，是学习者发现语言规律所需运用的策略之一。二语习得者的错误其实是他们对目标语进行的尝试和假设，错误的改正就是假设被检验并修改。通过这种不断进行的假设检验，学习者就能逐步克服自身的不足，进而不断向目标语接近，这其实就是二语学习的过程。所以，教师应对学习者的错误有正确的认识，克服教学中的急躁情绪和焦虑心理，认识到错误不仅是语言学习中的正常现象而且有积极的意义。因此，对待错误不必如临大敌而应采取宽容的态度，并让学生认识到这点。教师要鼓励学生多写多练，不要因为害怕出错而总是写简单的句子，而要勇于在写作中锻炼写长句和从句的能力。

（2）区分错误，采取不同的处理方法。对学习者错误的宽容并不意味着一概忽略，因为有些错误如果没有得到及时纠正，其形式就会固定下来并以潜在的方式存在于学习者语言（learner language）中，在多次纠正之后仍然会重新出现，这就是石化（fossilization）现象。石化现象会严重阻碍学生英语水平的进步。因此，教师要重视学生的错误，在批阅时对错误进行分析和归类。对影响句子的单个成分而不影响文章整体的错误可不必过多关注，而对影响句子整体和文章全局的错误，密集程度高的和普遍发生的错误、由于缺乏对西方文化和英语语言特征的了解而产生的错误等则要有足够的重视。

教师在纠正学生错误时可采取多种形式，为学生提供尽可能多的发现和纠正错误的机会，如自我纠错、同伴纠错、小组纠错等，鼓励学生充分开动脑筋，积极主动地纠正错误，从而加深对错误的印象，避免以后再次出现。对密集程度高的和普遍发生的错误可以采取课堂集中讲解的方式，对个别学生的错误可课后单独向其指正。但要注意，无论采取何种方式，教师都不能挫伤学生学习英语的兴趣和伤害其自尊心。

（3）重视输出在语言学习中的作用。在语言学习中，听、读属于语言输入，说、写属于语言输出。我国的英语教学中普遍存在的重输入轻输出的模式不利于学习者的语言学习。很多学生能够读懂有一定难度的英语文章，但是写出的英语作文却满是拼写和语法错误，甚至让人不知所云，这就是英语教学中轻视语言输出的后果。学习者的错误表示他们对目标语进行的假设，在错误得到改正，即假设得到检验时，学习者才能认识到他们在语言学习中的缺陷，他们语言学习的内在认知才能被激活。而只有在语言输出中，学习者才能对假设进行检验，才能认识到学习者语言与目标语的差距，这种差距的弥补会使学习者语言不断完善并逐步接近目标语。所以，大学英语教学中应重视对学生英语语言输出能力、特别是写作能力的培养，并重视反馈的作用。通过对学生写作中的错误进行分析、归类和纠错，使学生发现不足并予以弥补。这样，学习者语言中的各个元素就会不断重组，不断接近目标语，这就是二语习得的过程。

二、大学英语写作过程教学分析

写作过程是一个复杂的过程，它不仅需要学生具有坚实的语言基本功，包括拼写、词汇、句法等，也要学生善于安排篇章结构，充分挖掘内容深度。一直以来，写作都是语言学习过程中最重要的一个环节，也是教学中最为薄弱的一个环节。

（一）写作过程教学指导

写作过程主要分三个阶段：写前准备、写作过程、定稿修改。准备阶段的教学目标是让学生在教师的指导下全面分析、掌握材料，形成写作提纲和“腹稿”。写作过程是学生根据要求完成写作的全过程。定稿修改是通过师生的信息互动，学生将作文修改完善。在整个写作过程中，始终注意突出学生是学习的主体这一根本指导思想，注意调动学生写作的积极性，充分发挥他们互相帮助、共同提高的协作精神。如果将这三个阶段进一步细化，可分为审题立意、列出提纲、确定主题句、组织扩展句、撰写结论句和精修细正这六个步骤。

1. 审题立意

审题是写好一篇文章的第一个且是最重要的环节。文章是否切题就看学生是否认真审题，是否能明白题材的写作要求。英语专业写作都会给出提示语，甚至是作文题目，学生必须围绕所给提示语或题目展开论述。因此，审题并理解题旨很有必要。学生在拿到作文题目之后，先要仔细阅读题目，认真审阅写作部分提供的说明与要求，再确定相应的体裁，如议论文、说明文。议论文主要是权衡利弊或就观点进行反驳等；说明文主要是阐述主题或提出解决问题的方案等。教师可以对学生进行提问，了解他们的审题情况。通过审题，学生明确文章的中心内容，从而达到审题立意。

2. 列出提纲

在确定中心思想之后，学生需粗拟一个提纲。提纲是文章写作的计划，也是一篇文章的基本框架。提纲可根据文章的结构列出。文章是由引言段，正文部分和结论段三部分组成。引言段揭示主题，正文部分从不同的角度对主题进行阐述，结论段对全文归纳总结。

3. 确定主题句

主题句是表达全文主题的句子，它概括了全文的大意，全文的其他文字都应围绕它展开。因此，主题句一般放在文章的开头，其特点是开门见山地摆出问题，然后加以详细说明。这样一来，读者便能一眼就明了全文的大意。主题句具有较强的概括性，它概括了全文的中心思想，反映了作者写作意图，它是全文的核心所在，作者思维的起点，扣题的准绳，阐述的对象，也是读者叩开阅读理解之门的钥匙，它对确保文章主题突出，有着举足轻重的作用。教师可以通过学生的主题句得知其对文章主题的把握情况，从而判定其写作前的准备工作是否充分。因此在英语写作过程中，我们应充分重视主题句，将主题思想准确而明了地表达出来。

4. 组织扩展句

扩展句是用来解释和支持主题句的句子。确定主题句之后，学生可以根据所列提纲，围绕主题进行发挥，收集与主题句密切相关的写作材料，为主题句服务，详细说明并支持主题句的思想。教师可检查学生有关主题的扩展，将任何与主题句无关的繁杂内容都舍弃。选择的材料最好来自于我们的日常生活，因为它们真实且具说服力，学生也相对熟悉，易于把握。在组织扩展句的过程中，注意句子之间必须用连词或关系词来连接，段与段之间要用过渡词，以体现文章的逻辑性，它们是连接句与句或段与段之间的纽带，在行文中起承上启下的作用。同时，学生也要注意整个篇章的层次性，将最重要的先写，然后逐级递减。这样可以使文章自然、流畅，重点突出。

5. 撰写结论句

最后一部分由结论句构成。结论句通常与主题句一样包含全文的中心思想，它总结了全文，深化了主题，但所用的措辞与主题句不同，它是换一种说法，变换措辞。学生可简明扼要地总结前面所写的内容，重申主题，使文章结尾与开头相互照应。结尾部分能加深读者对整篇文章的理解，给读者留下更为深刻的印象。

6. 精修细正。文章写完后，花几分钟的时间再认真通读一遍，修改明显的拼写错误，以及一些语法错误，如时态、语态等。修改环节很重要，如果行文错误太多，会影响到写作成绩的评定。所以，学生不要写自己不明确或不会拼写的词，以确保句子的正确性，尽量避免语法结构错误。当然，不可能避免所有错误，所以尽量细心检查一遍也是非常必要的。这一过程虽不能针对立题、结构、修辞等方面进行全方面考虑，但对个别词汇、语法、拼写错误稍加改动也很有意义。在过程法教学中，教师往往不是学生作文的唯一回应者和评估人，作者的同学也参与其中。除学生自己修改外，还可以进行学生之间的互改互评。然后教师再进行批改、讲评。讲评的重点放在文章的结构与内容上。

（二）写作过程中的技巧

过程教学法强调教师对写作过程的指导。由于指导的重点放在写作过程上这将有利于学生了解自己的写作过程，并懂得写一篇文章必须经历的几个步骤，如写作前准备、起草、初稿、修改或重写等，这有助于他们写作能力的提高。但写作水平的提高也有赖于学生对语言形式与写作技巧的掌握。写作与其他语言技能是个整体，它的提高与其他语言技能的提高是一个相辅相成的关系。所以在一定程度上，不可否认成果教学法的可取之处。最近，西方写作教学研究出现了一种“回归结果”的倾向。因此，在写作教学过程中，教师对学生的语言知识、写作技能培养同样不可忽视。

指导学生的表达与书写具体落脚在指导遣词造句上。其实，写作部分重点考查学生的英语专业表达能力，而阅卷人员也较重视语言。写作技能也包括了语言运用的准确性，也就是使用恰当、地道的词语以及正确的语法、拼写、标点等。学生最常犯的语言错误就是拼写与语法。语法的错误包括时态、主谓一致、名词单复数等。因此，学生应把主要精力放在语言上，尽量避免拼写、语法等错误。除了做到语言最基础的基本功外，还需从词汇、句型等方面下功夫。

1. 词汇根据不同的语境或上下文，学生需选择恰当的词语。在写作的时候，首先必须保证选词的正确性，然后根据所需表达的具体含义，选择最为恰当的单词。

由于英语专业不像汉语那样喜欢重复，所以在考虑相同的意思时，同一词语在一篇文章中最好不要重复出现，而应考虑使用其他同义词或近义词替换，可以选择一些具有一定难度的单词进行替代。因为恰当地使用高难词汇有助于提高写作层次。例如我们发表观点时，可以使用“think”或“believe”，除此之外，更应该选择“assume，argue，reckon”等词。再如“主要的”多数情况下是用“main”，但更好的词汇是“chief，principal，major，leading，essential，primary”等。大多数学生在大多数情况下表达“重要的”的意思基本是用“Important”，但如果学生能用其他的单词，比如“critical，vital， significant，crucial”等，效果就可能大不一样。当然，在选择同义词或近义词进行替换时，首要的条件是用词必须准确恰当，表达地道。同时，使用不同的词性也是丰富英语专业表达的重要途径。

2. 句型在写作中，除了词汇可以丰富多彩外，我们还可以使用不同的句型结构。我们常发现学生的写作句式单一，变换不够灵活。学生在写作过程中受自身的知识和时间等方面的影响，在句式变化上未能深入地思考，以致出现行文呆板、不够灵活。在英语写作中，有很多的特殊句型都可以运用在写作中，成为文章的闪光点。例如，让学生多使用典型句式，适当运用成语和谚语，恰当使用一些平行、对比结构。

3. 结构衔接在写作过程中，要使句子或段落之间的衔接紧密，需用一些关联词来连接，这样才能使文章自然、流畅。关联词可以连接段落或句子。段落是文章中最基本的单位，它表明了全文的结构层次。写作时一定要段落清楚，有开头、主体和结论三部分，故全文需分段撰写。而句子又是构成段落的基本单位。如何将它们有机地组合起来，这就需要使用过渡性的词语。根据关联词表示的逻辑关系不同选择关联词。

4. 背诵名句俗话说：“熟读唐诗三百首，不会作诗也会吟。”平时背诵一些常用搭配、习惯用法，以及一些名篇名句，有利于提高英语写作水平。学生通过大量语言信息的输入，扩大了词汇量，熟练了句型，拓展了知识面，在写作需要时会自然而然地运用到背好的经典词汇与句型。背诵的目的在于灵活运用，所以学生背诵时需深刻理解所背内容的含义，并掌握其使用的环境。写作时将这些背诵的词汇与句型运用于写作中或进行仿写。这样，既能节省写作时间，又提高了写作层次。可以背诵蔡基刚教授编著的《大学英语专业写作常用句型》中的句型，在文章开头引出人们对要讨论的问题的不同看法，然后提出作者自己的不同看法。

三、大学英语写作教学改革

随着互联网应用的飞速发展，人类社会已经进入一个全新时代。采取有效措施和手段，积极推进大学英语教学改革势在必行。

（一）教学观念的更新和转变

众所周知，语用性语言能力分为听，说，读，写四大板块，听读属于输入能力，说写属于输出能力。而传统的教学方法更注重输入即听读能力。不难看出，这种模式下培养出来的学生说写能力非常欠缺，让他们开口说英语是一件很困难的事，也就是人们所说的“哑巴英语”。为了改变这种现状，大学英语教师也做了很多的尝试和努力，但情况并不是让人满意。原因可以归结为以下两点：一个主要原因是非英语环境。在汉语的环境里，学生没有说英语的语境。二是传统的教学模式和理念导致输入大于输出，这一点可能是长时间的因素造成的。学生刚开始接触英语大多是在小学，从小学开始教师就重视输入能力，而忽视输出能力。因此解决问题的办法要从源头抓起，即从小学抓起，从根本上改变“哑巴英语”的产生。同时，教师也可在课堂上多创造让学生说的机会，比如安排一些情景剧，举行一些英文歌唱比赛等。总之，教师要鼓励学生先开口说，刚开始不必纠正学生说时所犯的语法语音错误，因为对学生来讲，能够开口说就是一大挑战。

（二）创造更加真实的语言教学环境

作为大学英语教师，我们应该引进现代技术手段，改革英语教学模式。现代化的教学手段，可以吸引学生的注意力，能够提高教师的课堂教学效率。现代化的教学手段有很多种，如录像、录音、电视、电影、网络以及多媒体课件等。大学英语教师课堂上应该有效地利用这些现代化的教学手段，从而改变传统的一支粉笔、一块黑板的教学工具。同时为了师生更好的交流，还可以设立师生互动平台，提前为学生提供英语课文背景知识及英美文化介绍，等。

（三）大学英语教师队伍建设

近年来很多高校都进行了大学英语教学改革，随之而来的就是教师的教学任务不断加重，另一个突出的问题就是师资力量短缺。同时出现的问题是现的大学英语教师的学历也不能满足和适应现有的教学任务，教师的创新能力低，科研成果少。很多学校都有本科教师教本科学生的情况，面对这种情况，教师自己本身要有压力感，努力提高自己的专业水平和素养，同时各高校要有一个提高教师学历的整体规划，加大财力、物力的投入，支持和鼓励教师外出学习和培训。同时还可以采取在岗轮流培训的制度，培养大学英语教师成为自主学习型教师。

（四）课程计划的改革

所谓课程计划，是指在上学期末或本学期初要求每位教师就本学期所教授内容列一个详细的计划，大致内容主要是每周教学进度和内容。

很多高校还将课程计划列入教师考核的标准。当然课程计划可以促使教师有计划、有步骤地进行本学期所教内容的讲解，能够保障教学的顺利进行。但是大家也应该看到它的弊端。教学计划虽然规定了教学的进度和内容，但是在某种程度上却制约了教师教学的能动性和创造性。教师会沿着统一的教学步骤采用统一的教学风格把本学期所讲内容按部就班地讲解完，教学效果可想而知，事实上，在统一的教学大纲的指导下，按专业设置来制订教学计划应该是一种比较理想的状态。只要不违反大学英语教学目标，给任课教师适当的自由，让他们根据自己的专业特色制订教学计划。

第 3 节　多元文化视角下的大学英语写作教学

一、英汉写作中的文化差异

汉语与英语是两种截然不同的语言符号系统，中国学生在学习英语时因受汉语的影响，习惯用汉语思维。无论从词法、句法、篇章结构上还是思维模式上，他们的作文都难免带有汉语的痕迹。

（一）词法方面

每一种语言的词汇都可以反映使用这种语言的社会面貌、制度和习俗等。如果不了解该语言所处的特定文化背景，就难以理解词汇的准确意义。另外，英语中有些词类的划分与汉语也有所不同。例如：英语中名词分为可数名词和不可数名词，动词分为及物动词和不及物动词，形容词分为表语形容词和定语形容词。在英语的写作过程中，学生应该特别注意英语词汇的特征。

1. 词汇的虚实

汉语思维是整体、综合的，而英语的思维是分析、独特的。（马秉义，1996）这种思维差异表现在语言上就是：汉语往往偏好种概念的词，即泛指，用词概括而模糊；而英语偏好属概念的词，即特指，用词具体而细腻。

2. 词性的差异

汉语对词性的界定相对宽松，词语的词性往往在句子中才会彰显。如果单独呈现，则难以判断词性。而英语大部分词放入句子之前一般都有较明确的词性。由于受汉语的影响，中国学生对英语词语的词性把握相对缺乏严谨性，在用英语写作时只注意词汇的词义而忽视了其词性，结果导致了许多语言错误。例如：

Many people against the plan.（将介词 against 误用为动词）

I'm regret to inform you that the sports meeting has been cancelled.（将动词 regret 误用为形容词）

3. 词语的搭配

由于文化背景不同，英语词语搭配存在一定的差异。比如，汉语中某些词语在不同的语境中会有英语不同的表达，而且这些表达是约定俗成的，如果忽略了这种差异就会出现语言错误。

比如，许多学生习惯把“学习知识”说成 learn knowledge，这显然是错误的，正确的表达应该为 acquire knowledge。如果照汉语的习惯来构建英语表达就会导致搭配不当的语言错误。

4. 词义的文化差异

中西文化背景以及思维方式的差异导致英汉两种语言所包含的文化内涵也存在差异。例如“龙”（dragon）在中国人眼里是吉祥的特征，而在西方却是象征邪恶。若将“望子成龙”译为：to hope one's son will become a dragon，英美人士会感到奇怪。但译为：to hope one's son bright future，英美人士可以获得与汉语读者相近的或相同的理解。

（二）句法方面

英语与汉语在句子结构方面最基本的差异是：汉语句子重意合，英语句子重形合；汉语句法关系主要靠词序和语义关系表达，并不追求形式上的完整，往往只求达意；英语句法重句子结构形式上的完整和逻辑上的合理。（舒淇，2007）具体地来讲，英语中有语态，时态，人称和数等多种形态变化。英语句子一般都有一个明确的逻辑中心，不论句子中的附加成分多么复杂，总与中心的成分保持清楚的逻辑关系，从而形成了以主谓宾结构为核心，用各种从句、短语进行修饰、扩展的句法结构。

1. 句子的词序

词序是指单词在句子中的排列顺序。汉语和英语都有严格的词序要求，但两种语言在结构上有所不同，在词序方面也存在差异。具体来说汉语的词序排列由远及近，由大到小，由重到轻，由普通到特殊，由主观到客观，由整体到个体，而英语则恰恰相反。因此，不少中国学生在写作中出现语序错误。例如：

我还记得发生在我和他之间的一切事情。

（误）I still remember everything that happened to me and him.

（正）I still remember everything that happened to him and me

这例子的错误是汉英词序不同的典型反映。汉语里一切从“我”开始，而英语则恰恰相反，“我”永远在最后。

2. 句子的时态

不同的语言有不同的时态，有的语言很少甚至没有时态。汉语基本上就是借助词汇来表示各种时间和动作的。汉语中除了“着”“了”“过”的若干说法与英语中的进行时、完成时、过去时相对应外，别无其他与英语相对应的时态形式。而英语不仅有时态，而且种类繁多（共有 16 种时态），区分细微。英语通过这些时态将事物的状态或动作进行的过程描写得准确而精细，有时甚至能表达说话人的感情色彩。例如：

You are always asking me such questions!

你怎么老问我这样的问题！（用现在进行时表示厌烦）

3. 句子的语态

汉语中被动语态极少使用，即使使用也大多表达一些对主语而言是不如意或不希望发生的事情，如“被打”“受罚”“挨批”等。但是，英语中被动语态使用的频率较高，尤其是科技英语文献和英语新闻报道中。另外，汉语中如果不强调动作的执行者，且主动意义和被动意义不至于发生混淆时，一般不使用被动语态。而英语中只要具有被动意义的句子一般都要使用被动语态。汉语和英语在语态使用上的差异经常导致学生犯语态方面的错误。例如：

（误）This book is his father gave him.

（正）This was given by his father

4. 句子的结构

中式英语还经常表现在句子主语的选择上。一般来说，汉语句子主语可以很长，而英语句子主语则尽可能简洁，使句子结构保持平衡。中国学生因忽略这一差异而导致错误。例如：

明天天黑前能否找到帮手并完成工作是我们必须要面对的问题

（中式）Whether we can find helpers and finish the work by tomorrow evenings is the problem we have to face.

（英式）The problem we have to face is whether we can find helpers and finished work by tomorrow evening.

5. 句子的衔接

英语句式具有多变性，而汉语句式则较为固定。（陈静，2003）英语的句子常以主谓宾结构为其核心，用各种连词、短语和从句进行修饰、扩展，句子结构复杂，但读起来形象、生动。由于受汉语句式影响，中国学生在写作中往往会使用一连串简单句或句式雷同的复合句，造成句式单一，读起来单调、乏味。例如：

社会发展很快，学生了解外面的世界很重要。

（误）It is important for the students to know the world outside the campus.Because now the society is developing quickly.

（正）With the fast development of the society，it is important for the student to know the work outside the campus.

（三）语篇方面

1. 汉语的意合与英语的形合

英语语法是硬的，没有弹性的，中国语法是软的，富有弹性的。因其是硬的，所以英语语法有许多呆板的要求，事实上，汉语和英语的本质区别在于汉语重意合，结构松散，语句的逻辑关系是暗藏、隐晦的；英语重形合，结构紧凑，语句的逻辑关系是明显外露的。语言学家们认为英语采用的是“竹节句法”（潘文国，1997），即英语的句内成分或者各个独立的单句都是依靠各种表达特定逻辑关系的连接词衔接起来的，宛如节节相连的竹子；而汉语采用的是“流水句法”，所谓“流水”是指汉语句子内部或者句与句之间都极少乃至不用连接词来明示某种逻辑关系，但是文字在意义表达上仍是流畅自然的。例如下面这段中文其文字言简意赅，流畅自然。

“中国政府将继续坚定不移地奉行独立自主的和平外交政策，同世界各国建立和发展友好关系，反对霸权主义和强权政治，维护世界和平，促进人类进步。”

但如果按照汉语的行文特点将其直译过来便成以了：The Chinese government will unswervingly pursue its independent foreign policy of peace，establish and develop friendly relations with other countries，oppose hegemonism and power policies，safeguard world peace and promote progress of mankind progress of mankind.

这样的英文读起来就显得结构松散，逻辑混乱。但如果按照英文重形合的行文特点，加入某些形式化的逻辑功能词如“by”“so as to”，将其翻译过来就巧妙地把中文句里的意合变成了英文句里的形合。

如：The Chinese government will unswervingly pursue its independent foreign policy of peace by establishing and developing friendly relations with other countries and opposing hegemonism and power policies so as to safeguard world peace and promote progress of mankind.

这样的英文就充分体现了其结构紧凑，逻辑清晰的特点，读上去就地道多了。

2. 汉语篇章的暗示主题与英语篇章的明示主题

中西方在布局谋篇上的一个显著差异是：汉语篇章重铺陈和烘托，不喜欢把主题直白明了地说出来，讲究从旁映射，完全让读者自己去体味、参悟，或者直到文章末了才含蓄点题，在汉民族看来这是一种有深度的表现；相反，英语篇章重事实和逻辑，喜欢明明白白地交代主题，让读者一目了然。

在这方面，中国学生受汉语负迁移的影响是很明显的，他们的英语作文总是表现出主题不鲜明、观点模糊不清的问题，对包括英语专业和非英语专业在内的 200 名中国人民大学的学生进行作文测试，结果发现 59% 的作文没有主题思想。而众多外教老师在分析了中国学生的英语作文后也得出结论：中国人看问题往往从事物的正反两方面出发，采取不偏不倚的“中庸之道”。所以写文章时爱搞平衡，既说优点，又说缺点；既指出好的一面，也指出坏的一面。何去何从要由读者自己作出选择，而不明确提出自己的观点。其实，英语老师们应该帮助学生理解汉语和英语在主题明示与暗示与否问题上的两种价值取向的差异，它们并没有优劣之分，只是为了达到跨文化交流的目的，我们应该尊重他们的价值观，试着从个人立场出发来叙事抒情，明示主题，有结构、有层次地论证主题，才不至于使外国人看得一头雾水。

3. 汉语篇章的螺旋式结构与英语篇章的直线式结构

汉语语篇与英语语篇在阐述主题的方式上也存在差异：汉语语篇的主题往往不是通过直截了当的方式，面是通过曲折起伏、隐喻含蓄、断续离合、迂回间接的方式来阐述；英语语篇则总是以主题段或主题句的方式使篇章显得重点突出，结构紧凑，层次分明，逻辑严谨。正如美国学者 Robert Kaplan（1966）所说：英语思维是直线式的（linear）；汉语思维是螺旋式的（circular/spiral），也就是说，中国人在写文章时，思路是一环扣一环，螺旋式发展的，通过在主题外围做许多铺垫来一步步接近主题，而英语语篇一般按照一条直线展开，往往开头点明主题，接着分点说明，层层深入，最后概括总结，重申强化主题。

由此可见，英语教师应该特别提醒学生在对英语作文谋篇布局时应该有意识地把汉语螺旋式的论述方式转换为英语直线式的论述方式，从而让读者更明确地把握作者的写作意图。

二、文化差异对写作带来的影响

语言至少有两方面的作用，一是其结构，即语音、词汇、语法等，二是其应用，即决定使用语言是否得体的因素，比如说话者是否符合其身份、社会习惯，是否达到了其交际的真正目的。因此，学习和使用英语必须了解与英语密切相关的文化以及中英之间的文化差异。下面仅从中英两种语言在措辞、造句、文体等三个方面来探讨中英文化差异对大学生在英语写作方面的影响。

（一）措辞

同一个事物或概念，在某些语言中可能只有一个词语来表达，而在另一种语言中可能有几个或更多的词语来表达。中英两种文化背景的人在进行交际时，有时会产生理解的困难。比如，英语中 Mary's sister married David's brother 这句话就很难翻译成汉语，因为我们不知道 sister 是指 Mary 的姐姐还是妹妹，brother 又是指 David 的哥哥还是弟弟呢。其实在汉语中，有这种称呼来指各种具体的关系的词语很多，在这就不一一列举了。但从这个例子中，我们知道，对中国学生来说要想进行英语写作，并提高其英语写作能力，首先要在用词上多下功夫。可以说用词准确是写作的基本功，因为词汇是语言的基本要素，是语言赖以生存的基础所以文化差异在词汇方面表现得最为突出。例如，人们往往认为汉语中的"请"相当于英语中的"please"。但是在实际英语的应用中情况却不是这样的。比如让其他人先上车，实际上我们不说 Please，而是说 After you。再比如，当你请人一块用餐的时候，在餐桌上你可能说 Help yourself，而不是简单的一个字 Please 所以用词准确是写作的基础，而用词的技巧又是提高写作质量的关键所在。

词汇所表达的意思是由它的内涵（denotation）和外延（connotation）构成的。而成语、谚语和格言是一个社会的语言与文化的重要组成部分，尤其是成语，不仅很难理解，更主要的是很难运用得当。如果运用得不好或者错误，就会产生误解，至造成对方的不快。比如在邓炎昌和刘润清所编的《语言与文化》中有这样一个例子：一个在美国学习的外国学生坐在窗前看书。她听到有人在喊 Look out!（当心！）她以为人家说"往外看"呢，就把头伸到窗外去看。上面掉下一块板子，差点儿砸到她。她又生气，又害怕，往上一看，见一个人正在修屋顶。那个人说：Didn't you hear me call "look out?"（你有没有听见我喊"look out"吗？）她回答说：Yes，and that's what I did.（听见了呀，所以我才向外看呢。）

再者，英语的词语与汉语的词语尽管在分类上有相同之处，但从词的功能角度分析又与汉语的词语存在着不同之处。比如，在应惠兰教授主编的《新编大学英语》第三册第二课课内阅读的文章的开头有这样一个句子：

I am sitting in a local restaurant offering takeout home-style meals，surrounded by exhausted but happy shoppers，families out for Friday night dinner，and students taking a break from college exams.

我坐在邻近的一家餐馆里，该餐馆提供具有家庭风味的外卖饭菜，并围满了人，有疲惫且快乐的购物者，有周末夜晚就餐的一家人，还有考完试休息一下以便再战的大学生们。

汉语句子中动词用得很多，像“坐”“提供”“围满”“购物”“就餐”“考试”“休息”“再战”等一系列动词形成了动态现象，构成了独特的汉语的写作方式。而英语句子中名词用得很多，形成了静态现象，体现了英语写作中的严密性和庄重性。所以，在英语写作中，如果学生能注意到中英文在用词方面的差异，灵活运用所要表达的词语，这对其英文写作有很大的帮助。

（二）造句

英语句式多为句尾开放的树式结构，语义重心在前；汉语句式为句首开放的竹式结构，语义重心在后。西方人惯于先开门见山，往往是主句在前，从句在后的语序。中国人惯于先介绍外围信息进行铺垫，再层层逼近主题，倾向于偏句在前、正句在后。比如：

能在有生之年，为国家做些事，乃是我最大的愿望和追求。

The wish and pursuit of my life is to do something for my country.

再者，英汉句子中，成分与成分或分句与分句之间的连接方式是不同的。英语句子多靠形合，“以形统神”，非常注重句子的结构完整，外在逻辑形式严谨规范，句间连接依赖于各种语言形态手段，因而句子显得紧凑有序，其关联照应手段是显示的、多样的；汉语句子多靠意合和悟性，句间连接主要靠语义和内在的逻辑关系，连接标记的有无关系不大，句子的形态就会显得很松散，其关联照应是隐示的。例如：

太阳光催开了那些像拳头上的小指儿模样的嫩叶，现在都有小小的手掌那么大了。

The rays of the sun forced to open the tender，fingerlike little buds.They had already grown to the size of a small hand.

坚持干下去，你一定会成功。

You’re sure to succeed as long as you keep at it.

病人发高烧，又抽搐不止，的确很危险。

His case is really serious，because he is suffering from high and continuous convulsions.

英语句子能够形成紧凑严密的树型结构，是因为各种连接词起到了黏合剂的作用。汉语句子的线型结构灵活流畅，是因为没有过多的“黏合剂”，句段之间可以不用任何连接符号，而靠语义上的联系结合在一起。据此，我们可以把个英语句子比作一棵大树，主谓好比是树干，而各种附加和连带成分就好比是树干上的树杈枝丫，句子成分的复杂化则如同树上的树枝和树叶。中国学生未熟练掌握英语句法的内在规律时，很难摆脱母语的思维定式，这无疑影响了学生英语写作的发挥。

（三）文体

首先应该指出，用汉语和英语写作有相同之处：深刻地了解主题，周密地考虑内容，慎重地选择材料，真诚而简洁地表达思想。但是尽管汉英写作具有相同的特征，二者之间的确也存在着一些差异。这主要有两点：首先，在叙述与描写时，与英语文体相比，汉语文体中常因过多使用形容词而显得矫揉造作。当然一篇好的文章里要有形容词，它们可以使文章生色，人物栩栩如生。但是如果使用不当，效果则相反——读者失去兴趣，感到厌烦。而英语文体则直截了当。下面就是选自托马斯佩因在《危机》中的一段：

These are the times that try men's souls.The summer soldier and the sun-shine parrot will，in this crisis，shrink from the service of their country，but he that stands it now，deserves the love and thanks of man and woman……

这是触及人们灵魂的时刻，在这次危急中，那些和平盛世的士兵和处于安逸顺从环境的爱国者将畏缩不前，不为祖国效力；那些经得起考验的人将赢得人们的爱戴和感激。

还有一篇文章，那就是亚伯拉罕·林肯最著名的演说《葛底斯堡演说》（英文：Gettysburg Address），也是美国历史上为人引用最多之政治性演说。文章是：

Four score and seven years ago，our fathers brought forth upon this continent a new nation，conceived in liberty and dedicated to the proposition that all men are created equal…that this nation，under God，shall have a new birth of freedom ; and that government of the people，by the people，and for the people shall not perish from the earth.

87 年前，我们的先辈们在这个大陆上创立了一个新国家，它孕育于自由之中，奉行一切人生来平等的原则。我们要使国家在上帝福佑下得到自由的新生，要使这个民有、民治、民享的政府永世长存。

三、多元文化对英语写作教学的启示

（一）文化导入

为了尽量减少汉语对学生英语写作的负面影响，英语写作教学中，教师应鼓励学生通过多种渠道掌握中西方的文化差异以及这种差异带来的英汉写作上的不同，提高学生实际运用语言的能力。

中国学生的英语学习处于汉语文化环境中，思维、表达、写作无不受到汉语文化的影响，这对于学生了解和使用英语思维、表达，写出地道的英语作文而言是十分不利的。因此，英语写作教学中，教师可以利用图片、音频、视频等教学手段为学生创造有利的英语学习环境，让学生多了解英语文化背景；还可以安排学生和外籍教师、学者等沟通交流，了解英语文化的方方面面。通过多种渠道的了解和接触，学生开阔了视野，加深了对英语的感知力，提高了英语使用能力，久而久之，逐渐学会用英语思考、表达和写作，避免中国式英语。

（二）英汉写作对比分析

文化差异使英汉语篇写作也各具特色。对此，教师不妨有意识地剖析与演示英汉语篇的遣词造句、文章结构等方面，使学生了解二者之间的差异，并在写作时有意识地避免汉语思维的影响，写出更符合英语表达习惯和英美文化的作文。例如，在精读教学中，教师可通过细致地分析课文使学生了解和掌握各种题材和体裁文章的写作技巧、注意事项，如课文是如何发展主题、组织段落、完成连贯的，帮助学生对正确的英语语篇结构形成一个立体的、综合的认识。

另外，教师在批改作文时应指出学生写作中不符合英语表达习惯的语句，并可将其和地道的表达方式加以对比，使学生更清楚地看到差别，并在不断的修改过程中逐渐学会用英语进行思考，形成正确的表达。

（三）读写结合

俗话说，“读书破万卷，下笔如有神”。由此可见，读和写有着密切的关系，读是写的基础。作为语言输入的一种方式，读能够为作为语言输出的写积累语言材料不仅能够使学生知道写什么，还能使他们知道如何去写。因此，英语写作教学中，教师应让学生通过阅读大量题材广泛、体裁各异的英语材料来了解英美人士的思维方式、思想情感、价值观念、道德标准、社会文化、历史传统等各个方面，为英语写作积累素材，培养语感，学习名家写作技巧和经验等。

需要指出的是，要想充分发挥读的作用，教师要让学生养成边读边做读书笔记、读书心得的良好习惯，从而为开拓思路、汲取经验、模仿写作做铺垫，这样学生才能更快、更有效地提高写作水平。

（四）仿写训练

中国学生在写英语作文的时候不自觉地会遵循中文思维，一边想汉语是如何说的，一边将其翻译成英文写出来。这样近乎“汉译英”的写作模式不仅效率低下，还难免汉语思维和表达习惯对英语写作的负迁移作用。为使学生摆脱这种机械低效的写作模式，写作教学中，教师可引导学生仿写英文材料。仿写材料既可以是教材里的课文，也可以是文学名著。仿写时允许学生使用词典等工具书辅助表达。通过仿写，学生不仅能够积累一定的写作素材，还能清楚、快速地了解地道的英语语篇是如何开展的，从而培养良好的英语语感和写作习惯。

第七章　多元文化视角下的大学英语翻译教学研究

第 1 节　大学英语翻译教学概述

一、翻译与翻译教学

（一）翻译的本质

中国以及世界各国悠久的翻译活动都表明，传达作者的原意只是翻译的众多目的之一，偏颇地理解翻译的性质，必然忽视某些重要的事实，例如翻译活动在主体文化中的功能等。功能派翻译理论就是把翻译置于跨文化交际和传播的范畴进行研究，认为翻译是一种有目的的跨文化的互动行为。比如，曼塔莉提出了“翻译行为”这个概念，将翻译行为定义为“为实现信息的跨文化、跨语言转换而设计的复杂的行为”（仲伟合、钟钰，1999）。

众所周知，任何一种语言都不单纯是字、词、句的组合，而是使用该语言的民族的历史、文化、甚至心理感情等各方面的沉积。从一种语言到另一种语言的信息传递过程也不可能只是字、词、句之间的机械转换，而是一种文化迁移和文化转换。文化具有民族性、地域性、时代性，文化也需要传播和发展——不仅在同一文化内部，而且在异质文化之间。因此，异语文化之间需要沟通，而沟通就离不开翻译，由此可知，翻译的本质其实就是跨文化传播和交流，也就是说，跨文化传播是翻译发生的本源，翻译则是跨文化传播的产物和手段，离不开它所在的文化。与其把翻译视为一种跨语言的转换活动，不如把翻译看成是一种跨文化的传播或交流活动更加确切。可以十分肯定地说，翻译本身就是一种文化，就是一种将某种语言所传递的信息用另外一种语言表达出来的跨文化的交际、交流和传播行为。

（二）翻译的跨文化交际功能阐释

人与人之间的交流，文化与文化之间的传播，都离不开语言。语言成就了世界，传播缩小了世界，翻译却沟通了世界。作为一种社会实践活动，翻译既是跨语言的，又是跨文化的，同时还具有传播性。从跨文化交际义上讲，翻译是桥梁，是纽带，是载合剂，也是催化剂；它可以传递思想，丰富语言，开发智力，开阔视野，从其他语言文化中汲取对本族语文化有益的成分，从而变革文化，发展社会，推进历史演进。只有通过翻译，才能把人类社会不同文明推向一个更高的层次和发展阶段。

1. 翻译是一座跨文化交际的桥梁

众所周知，翻译是人类社会迈出相互沟通理解的第一步。无论是东方社会还是西方世界，一部翻译史，就是一部生动的人类社会跨文化传播交流与发展史。随着全球经济一体化步伐的不断加快，世界各国间的科技、经济、文化等领域的交流日渐频繁，对翻译的需要越来越多，翻译的重要性也业已凸现。另外，人类社会越发展，越体现出一种开放与交流的精神，越不能固步自封。而人类社会要想走出封闭的天地，首先必须与外界进行接触，以建立起交流的关系，向着相互理解共同发展的目标前进。自从人类有语言文化、习俗风尚以来，各民族之间为了传递讯息、交流文化，没有一桩事不是凭借翻译来达成的。翻译恰如一座桥梁，把两个相异的文化连接起来，在不同文化之间的交流过程中扮演着至关重要、必不可少的角色。著名诗人歌德就一直呼唤要打破国界、积极进行不同民族文化间的交流。在他看来，翻译在人类文化交流中起着“至关重要的作用”——不仅起着交流、借鉴的作用，更具有创造的功能（许钧、穆雷，2009）。当然，就现实而言，歌德之所以成为世界性的歌德，他的文学生命之花之所以开遍异域，其力量也正是靠了翻译这座桥梁。

2. 文化翻译产生翻译文化

文化是社会经验，是社会习得，它只能在社会生活的实际交往中完成；文化又是历史传统，是世代相传、不断延续的结果。文化帮助我们知道过去，认识现在，明白将来，推动社会有序地向前发展。所以，文化是动态的，处在不断的传播之中，而文化又是多元的，它的传播不是单向、封闭的，而是多维的、交叉的。一个民族语言折射出这个民族纷繁多彩的文化形态，所以文化信息传播不仅是物质文化形式的引入，更主要的是价值观念、思维模式、社会心理、感情传达等精神文化层面的相互接触与认识、选择与吸收，同时也涉及各文化层面上错综复杂的关联以及深层次的转化与变异。在异语文化传播中，文化是翻译传播的内容，翻译传播是文化的羽翼，异质文化借翻译而传播、交融、和延续。

人类社会的发展史是一部各种文化不断相互融合的翻译的历史。多样的文化造就了五彩缤纷的现实世界，而翻译则打通了不同文化社会之间的分割，形成了一种文化信息与另一种文化信息的交流互动，推动了世界文化的共同发展，创造了共享的人类文明。跨越文化障碍而进行的文化信息的传递过程，是人类社会所特有的活动，需要借助符号进行思想交流和文化传播。（雷巧梅、徐美娥，2006）翻译作为跨文化交际的中介，参与文化符号的解码和编码活动，因而同时具有文化和交际的双重性质。翻译的过程本身，既是文化行为，又是交际活动，是发生在语际交流过程中的跨文化信息的传播。一方面受译者自身知识范围、经验、世界观、价值观等因素的制约；另一方面又受其所处社会、文化环境的制约，体现了民族文化的特色。

文化翻译的结果是产生翻译文化。所谓“文化翻译”，简而言之，一方面就像“文学翻译”或“文化创作”等概念一样，仅仅是指一种文化传播行为；另一方面是指对文化进行翻译的活动，是一个对异语文化进行移译的动态的过程。所谓“翻译文化”，它是“文化翻译”的结果。也可从两个层面理解：一是指以翻译理论和实践为研究对象，并在对其进行研究的过程中所产生的文化，包括翻译标准、翻译方法、翻译批评等一系列和翻译研究有关的内容；另一方面是从跨文化传播意义上进行理解，是指通过翻译而输入的源语文化或外来文化，以及该源语文化在与目的语文化融合后而产生的文化，即“第三种文化”，或“杂合文化”。这个过程是从输入到融合再到发展，从简单到复杂，从初级到高级，从一元到二元甚至多元。其实从文化翻译到翻译文化的过程，就是跨文化交际视野下从翻译开始到翻译产生效果后翻译功能的实现过程。

3. 翻译的社会文化功能

翻译的功能主要体现在社会文化层面。社会的变革和文化的发展往往和蓬勃开展的翻译活动有关。翻译可以引发对特定文化乃至社会制度的“颠覆”，也可以助推不同文明向前演进。古罗马的希腊文学翻译导致了拉丁文学的诞生，五四时期的西学东渐及大规模翻译活动促进了现代白话文的形成和发展，并进而推动中国社会历史突飞猛进，这些无疑都是体现翻译的社会文化功能的最佳佐证。

在全球化时代，信息传播与大众传媒的崛起使全球化与文化全球化休戚与共，翻译无疑是跨文化的信息传播，同时也是信息跨文化交际的必备工具与渠道。因而在全球语境下的翻译研究必须摆脱狭窄的语言文字层面的束缚，将其置于一个文化全球化的跨文化语境之中，何况，研究翻译本身也是一个跨文化的问题，尤其涉及多种文化互动关系与比较研究。翻译研究的兴衰无疑也与文化研究的地位如何有着密切的关系。如果我们承认跨文化研究算作一门新兴的跨学科研究的领域的话，那么，以语言转述和文化阐释为特征的翻译研究也应该成为一门独立的人文社会科学分支学科。在跨文化交际研究的大语境下，研究翻译自然也成了一种跨文化现象与活动。由于翻译历来就是一种跨文化交际与文化阐释的重要手段，在人类社会历史文化发展过程中，它的功能也是任何人工智能都不能取代的。

翻译属于跨文化传播活动，本质上拥有跨文化传播的所有属性、特点和功能，因此在跨文化传播中引介异族文化，促进译人语文化的创新和发展方面起着关键的作用。如此也可以把本族文化置于更为复杂广泛的他族文化背景中去审视，同世界文明进行对话和交流。这有利于译人语文化新思维的拓展，而思维的拓展必定会改变原有的思维定势，从而引发新的创造甚至革命。翻译也能够催生强大的力量，通过社会运动的方式，影响和变革译人语社会，驱动译人语社会历史和文化向前推进。事实证明，翻译在世界文明进程中扮演着重要而独特的角色，和人类文化的积累、社会的发展以及文明的进步是紧密结合在一起的。

（三）翻译教学的内涵

翻译的具体形式很多，有口译、笔译、机器翻译等，从翻译的物质形态来说，它表现为各类符号系统的选择组合，具体可分为四类：

1. 有声语言符号，即自然语言的口头语言，其表现形式为电话、谈判和外宾接待等。

2. 无声语言符号，包括了文字符号和图像符号，其表现形式为谈判协议、社交信函、通讯及各种文学作品等印刷品。

3. 有声非语言符号，即传播过程中所谓的有声而不分音节的“类语言”符号，其常见方式为：说话时的特殊重读、语调变化、笑声和掌声。

4. 无声非语言符号，即各种人体语言符号，表现为人的动作、表情和服饰等无声伴随语言符号，这类符号具有鲜明的民族文化性，比如人的有些动作，在不同的民族文化中所表示的语义信息完全不同，不仅如此，它还能强化有声语言的传播效果，如在交谈时。如果伴有适当的人体语言，会明显增强口头语言的表达效果。

这四大类符号既可以表达翻译的原码，也可以表达翻译出的译码，它们即可以单独作为原码或译码的物质载体，也可以由两种、三种、四种共同组成译码或原码的载体。从翻译的运作程序上看实际包括了理解、转换、表达三个环节，理解是分析原码，准确地掌握原码所表达的信息；转换是运用多种方法，如口译或笔译的形式，各类符号系统的选择、组合，引申、浓缩等翻译技巧的运用等，将原码所表达的信息转换成译码中的等值信息；表达是用一种新的语言系统进行准确的表达。

翻译的形式和内容如此纷繁复杂，从中抽象出一个具有哲学高度的翻译的定义也是一项非常艰难的任务。经过分析众多的定义，我们可以将翻译定义如下：翻译实际上是一种特殊形式的信息传播。整个翻译活动实际上表现为一种社会信息的传递，表现为传播者、传播渠道、受者之间的一系列互动关系。与普通传播过程不同的是，翻译是在两种文化之间进行的，操纵者所选择的符号不再是原来的符号系统，而是产生了文化换码，但其原理是与普通传播相同的，翻译教学与英语课上的翻译练习有着本质的不同。两者有着完全不同的目标。英语课上的翻译，分析英语，揭示该语言的结构和特质。与母语作比较等，是为了学习某种英语或在高水平中运用这种语言和深入了解这种语言的文体而采用的一种教学方式，其最终目标是为了学好英语。翻译教学的目的不是为了掌握语言结构和丰富语言知识，也不是为了提高文体水平，而是系统地传播翻译的基本规律、基本理论、方法和技巧，其教授内容是一种思维过程的分析和心理活动的分析，是一种分析和综合的抽象活动，也就是说，教授翻译就是将学生置于翻译活动中去理解将一种语言中的内容转移到另一种语言中去的思维过程，并运用这些规律、理论、方法和技巧去指导翻译实践，提高学生的实际翻译能力。

翻译教学的最终目标是培养学生分析传递信息的能力。包括分析传递具体的语言内容和非语言内容和获得运用语言表达的能力。包括运用母语或英语重新组织信息的能力。

翻译有自身的规律，有自身的方法。翻译教学就是帮助学生了解和掌握翻译的规律性、特异性，获取一种运用特定语言进行跨文化信息传播的能力。翻译教学首先要揭示翻译过程的本质。翻译是一种信息传播，它遵循传播学的一般规律。翻译包括信源、传播、信宿三个基本构成要素。它受到噪音机制的干扰，这些噪音包括信源的清晰与否、准确度如何、传播渠道的选择、传播方式的恰当与否、传者的文化素养、理解能力、喜好憎恶等情感体验以及信宿的接受能力。对信源和信宿的分析研究和准确把握，对传播的正确控制是保证翻译活动顺利完成的关键。翻译教学应该阐明翻译传播的特殊性。

翻译是一种跨文化、跨语言的传播。这种跨文化、跨语言的传播决定了传播渠道的特殊性，它是运用特定的语言进行的一种传播，信息的转换、编码是运用特定的语言在两种文化之间进行的，因此，对该语言所代表的文化的特点应有一个较为充分、深刻的认识和了解。对两种或多种特定语言系统的表达能力应有充分的了解，应能熟练运用。翻译教学要帮助学生形成正确的翻译思维习惯，掌握翻译学的内在规律，熟练运用翻译的基本技巧。同时，我们应明确尽管与翻译联系最为密切的应该是语言学，但翻译并不局限于此。

翻译学是一门综合性学科，它与其他学科，特别是社会科学中的许多学科有着千丝万缕的联系，例如哲学、逻辑学、心理学、社会学、文化学、美学等，翻译的内容更是包罗万象，包括百科知识、语言的和非语言的。翻译活动是一种复杂的思维活动，翻译教学应向学生传授正确的思维方式，如何认识信息，即分析信息所包含的具体语言内容和非语言内容，以及如何传递信息。即运用已吸收的基础文化知识和翻译理论知识。用另一种语言重新组织和架构对应等效的语义信息，使传播得以顺利进行。对翻译活动的一些具体建议或解决翻译中一些特殊难题所必需的某些具体可行的办法，即所谓的“诀窍”。对我们的实践具有重要的方法意义，是翻译教学的有效辅助手段，可避免长期的摸索。但是，翻译教学应侧重培养学生正确的翻译思维能力。

二、大学英语翻译教学的特点和目标

（一）大学英语翻译教学的特点

1. 大学英语教学大纲对翻译教学的要求

全国大学英语考试委员会从 1996 年 1 月的 CET-4 考试起，对其题型做了适当的调整与增加，其中一项就是增加了“英译汉”一题（从四篇阅读材料中挑出若干个句子，要求学生将之译成汉语）。这个考试题型就将“译”作为一种检测手段来考查学生的翻译能力，对考生提出了更高的要求。自此，翻译在大学英语教学和测试中开始占有一席之地。

事实上，“译”和教学中的“听、说、读、写”是密不可分的，甚至于过分重视“译”的作用。具体表现为：“听”，在多数情况下，学生听懂英语即是一种对英语进行“心译”的过程。学生每听到一个句子，都会条件反射般地将之译成汉语；“说”，很多学生在说英语之前是先想好汉语的；“读”，读的时候脑海里面浮现的是汉语的意思；“写”写英语文章之前，是想好汉语文章的。这样的“听、说、读、写”也就是产生“Chinglish”的原因。“译”在学生学习英语的过程中并不是起着绝对积极有效的作用，很大程度上归因于学生在学习英语的过程中达不到用英语进行思维和分析的境界。要解决这一难题，就要正确理解“译”在大学英语学习中的作用，需要深入理解翻译教学在大学英语教学中的必要性的第二个方面：自身的现实生活及将来工作的需要。

2. 大学英语翻译教学的使命

历史需要更多的人来欣赏，社会促使我们更加努力创造。中国要走向世界，就要通过语言的媒介（翻译）传播开来；不同语言之间必然要有交融。英语和汉语，作为世界上最广泛和使用人数最多的语言，联系了中国和世界，让更多的中国人走向世界，更多外面的人了解中国。

在大学英语教学中开设翻译课，可以让学生在进一步加强中国传统文化素养的同时，吸收西方的英语人文知识。威尔金斯在他的《二语教学》一书中指出：“外语学习成功的标准不应是学生能背多少教过的句子、词组和生词，或知道多少语法规则，而是他们能用所学到的语言创造性地表达多少。翻译本身就是一种语言创造。”而英语教学工作者的使命就是把翻译这一语言创造活动普及开来。

（二）大学英语翻译教学的目标

大学阶段的英语翻译教学目标分为三个等级，即基础目标、提高目标和发展目标。

1. 基础目标

基础目标是针对大多数非英语专业学生的英语学习基本需求确定的。具体如下：

能借助词典对题材熟悉、结构清晰、语言难度较低的文章进行英汉互译，译文基本准确，无重大的理解和语言表达错误；能有限地运用翻译技巧。

2 提高目标

提高目标是针对入学时英语基础较好、英语需求较高的学生确定的。具体如下：

能摘译题材熟悉，以及与所学专业或未来所从事工作岗位相关、语言难度一般的文献资料；能借助词典翻译体裁较为正式、题材熟悉的文章，理解正确，译文基本达意，语言表达清晰；能运用较常用的翻译技巧。

3. 发展目标

发展目标是根据学校人才培养计划的特殊需要以及部分学有余力学生的多元需求确定的。具体如下：

能翻译较为正式的议论性或不同话题的口头或书面材料，能借助词典翻译有定深度的介绍中外国情或文化的文字资料，译文内容准确，基本无错译、漏译，文字基本通顺达意，语言表达错误较少；能借助词典翻译所学专业或所从事职业的文献资料，对原文理解准确，译文语言通顺，结构清晰，基本满足专业研究和业务工作的需要；能恰当地运用翻译技巧。

三、大学英语翻译教学现状分析

（一）大学许多英语教师未能达到翻译教学的专业要求

国内英语四、六级考试中，翻译题的分值比例很小，且与其他语法、词汇掌握的考察相比，明显比重偏小，这也导致了国内英语课程设置方面未能将翻译放到足够重视的位置。由于一直未能真正重视英语翻译，高校许多英语教师的实践能力、翻译理论素养及翻译教学水平也明显不能满足新时期英语翻译教学的需求。除此之外，国内高校近年来一直忙于扩招，使得高校学生不断增加，高校教师更多的是忙于授课，根本无暇顾及自身翻译水平能力的提升，也无暇顾及对英语教学方式的改革和优化。尤其是随着语法翻译教学被替代，以及交际教学地位的不断提升，使得英语课程的讲解更趋向于对学生阅读理解和听说能力的培养，更加压缩了英语的翻译生存空间。再加上课堂时间有限，教师对翻译的讲解往往仅限于课后几个可以拿来支撑场面的翻译练习题，而且往往只是一笔带过或是照本宣科，通常是浅尝辄止、稍作发挥，使得英语翻译教学形成一种可有可无的尴尬局面。

（二）传统教学模式带来的束缚

传统翻译教学往往不以学生为主体，教师作为学生翻译的仲裁者，学生往往将教师的参考译文看作神圣不可侵犯，对其不敢有任何的质疑和改动。这种古板的教学模式，显然束缚了学生对译语的创造力和表达的积极性。除此之外，当前外语界被广为接受的交际教学法，给英语翻译带来了新的误区：英语教学更崇尚盲目的单语化，甚至对翻译和母语形成一种完全排斥和否定的态度。经常可见一些高校英语教学中，教师在课堂中采用全英式的教学，目的就是为学生创设一种所谓的英语氛围，以此来提高学生的听说能力。然而这种做法却没能将学生的实际情况很好的考虑到课堂中，而且实际的英语教学中教师的讲解也更多地局限于课本之内，不能真正给学生创设英语的交际氛围和环境，课堂中教师说出来的英语也并非全部规范，增加了学生理解的困难性。另外，由于高校英语教学以阅读理解和听力的训练、培养为主，使得教师在教学过程中不能系统的将一些翻译技巧、翻译常识进行讲解。

从当前国内各高校所使用的英语教材来看，没有设置英语翻译技巧和方法以及翻译理论基础知识的讲解板块。当前精读教材在每个单元后也会设置几个相应的汉译英句子，但这些练习往往以巩固文中所讲的语法、词汇、句型、短句为目的严格意义上来讲，这种“翻译”的练习，并不能真正达到翻译学习的目的，只能作为一种语法词汇的掌握实现综合练习。

另外，目前国内较为重视的英语四、六级考试，尤其是在1996年以前，其试题题型中完全没有涉及翻译这一检测标准，使得翻译教学直接被冷落到英语教学的最边缘地带。

然而英语四、六级考试就如同我国英语教学的重要指挥棒，为改变客观题较多造成“高分低能”的这一现象，国家从1996年1月起对四、六级题型进行了改革，开始增设了英译汉的新题型。2005年6月英语四、六级考试开始了新轮的试点，此次改革实行了710分制，同时在题型设置方面增加了汉译英的新题型。在2013年进行的大学英语四、六级题型改革后，原单句汉译英调整为段落汉译英。翻译内容涉及中国的历史、文化、经济、社会发展等。从此次改革可以看出，翻译教学也在一步步贴近社会。

（三）学生对英语国家文化背景了解不深入

语言是文化的产物和外现，无论是从社会观还是从语言的基本特点来看，语言都带着非常明显的文化特征。语言作为特殊文化背景下的特殊载体，只有在特定文化范围内才具有其本质的意义。语言和文化相互影响相互作用。著名翻译理论家尤金·奈达曾说过：“翻译是两种文化的交流。真正成功的翻译，熟悉两种文化比掌握两种语言还重要。因为词语只能在其相应的文化背景下才能体现出其真正的意义。”然而如果学生不能很好熟悉英语国家的文化，显然无法更精准的理解原语言包含的深刻内涵，甚至是习惯于我国的思维模式来对英语进行分析和理解，这样一来，很容易导致翻译中出现常识性误译，一些错译、漏译现象也便不足为奇了。

第 2 节　大学英语翻译教学策略研究

一、大学英语翻译教学理论

（一）功能翻译理论

1. 什么是功能翻译理论

功能翻译理论起源于20世纪70年代，其创始人是德国的凯瑟琳娜·莱斯（Katharina Reiss），以其1971年的《翻译批评的可能性与限制》一书的出版为标志，主要代表人物是凯瑟琳娜·莱斯、汉斯·弗米尔、克里斯蒂安·诺德、和贾斯塔赫兹·曼塔里。功能翻译理论为英汉互译研究开辟了一个新视角，为一些违反现有翻译标准但却经实践检验十分成功的翻译策略提供了理论依据。功能翻译理论的主要思想表现在其应遵循的三个翻译原则上。

（1）翻译目的论原则。翻译目的理论是功能翻译理论的核心思想。功能翻译派认为，翻译一般是作为一项任务来完成的，翻译过程的发起者决定译文的交际目的，在理想状态下，他会给出需要译文的原因，译文接受者，使用译文的环境，译文应具有的功能以及与原因有关的细节等。在翻译过程中，译文的发起者了解翻译的目的，进而决定了翻译中要采用的策略。

（2）连贯性原则和忠实性原则。功能派认为，译文不可能完全独立于原文，它与原文之间总是存在一定的联系，这就是说译文要连贯且忠实于原文。翻译是涉及原语文本的行为，而原语文本不可能只涉及原语的词和句法结构，因为文本的意义和功能并非语言符号能完全表达的。另外，翻译是通过信息加工提供给读者信息，译文就应该忠实于原文，而忠实的程度和形式则由译文目的和译者对原文的理解程度决定。

（3）充分原则。充分原则是功能派在译文目的论的核心理论基础上，提出的评价译文的总原则，在功能理论框架中，充分性指译文与翻译说明相关的特性，即翻译要充分满足翻译说明的要求。在翻译功能理论中，充分是相对于特定目的的充分，即译文应充分满足翻译要求。

2. 功能翻译理论的突破点

功能翻译理论的突破点主要表现在以下四个方面。

（1）功能翻译把翻译转向以译语接受者为中心。功能翻译理论实现了把翻译从源语文本为导向转向为以译语受者为导向。功能翻译理论认为原文只是提供信息，译者可以根据翻译的要求选择适当的翻译方法，要么忠实原文精神进行意译，要么忠实原文形式进行直译，要么根据目标语受众的要求进行增添、删减或改变，甚至在忠实原文的基础上进行一定的创作。 总之功能翻译理论要求的译文必须连贯、流畅、自然。

（2）功能翻译学者发展了 Nida 的动态对等。丰富的翻译经验使 Reiss 知道，真实情景中的对等是难以实现的，有时甚至是不必要的：目标语文本的功能与源语文本的不同，这促使研究者从关注译作与原作的对等转向关注译作本身，为翻译批评建立了新的动态模式。有些译文因为宗教、民族或商业的原因将之编辑成具有不同意识形态的版本。

（3）功能主义理论将翻译定义扩展成翻译行为。功能翻译学者注意到非语言因素是翻译研究中不可缺少的部分，并顺利完成了这一任务。这些非语言因素体现在译者要考虑客户的目标和文本接受者的期望。功能翻译学派的创新之处在于指出发起人的作用，发起人提供资金，因此，翻译目标常常由发起人决定，而非作者、接受者或译者。

（4）功能翻译理论提高了译者的地位。功能翻译理论提高了译者的地位，赋予译者威信。译者被视为跨文化交际的专家，而非从属于作者的机械的抄写员。译者应是受过严格训练的、富有经验的专家。由此可见，功能翻译学派极大地提高了译者的地位。

3. 功能翻译理论对英语翻译的启示

自从功能翻译理论被引入中国以来，它引起众多研究者的兴趣，在中国译学界产生了重大影响。在大学英语翻译教学中，教师在教学生按照条条框框进行翻译的同时，还要教学生要符合譬如连贯、流畅、自然、通顺等的标准。功能翻译理论为大学翻译教学中翻译方法方面的教学提供了充分的理论依据。在英语教学中，教师应该教学生学会翻译方法，在翻译文学类语篇和非文学类语篇中学会适当进行调整，以实现译文预期功能为目的作出理性选择。

（1）逻辑推理法。语言是个因果网络，句子之间的关系是因果关系，任何一个句子都存在已知信息。在句子模糊不清的地方，译者可以先确定其先决条件是什么，运用逻辑推理方法，求得未知信息，并符合逻辑地用目标语言表达。因此，在大学英语翻译教学中教师可以引导学生运用逻辑推理法进行翻译。

（2）意译法。在功能等值的前提下，在消除语言上的差异的同时，没有保存言语上的特色应该视为意译。改译法也属于意译法。例如，译者在处理带有明显的中国特色而又是外国人难以理解的部分时需要采用改译法，翻译过程中要尽量多的传递原文的信息和内容，尽量少的表露出翻译的痕迹，要增强文章的可读性。同样，译者要改写在中文原文中大量使用的夸张表达和华丽辞藻。

例如，团结湖北京烤鸭店为全聚德挂炉烤鸭。译为：Tuanjiehu Beijing roast Duck Restaurant uses only the finest Beijing Ducks. 因为文中的“全聚德”“挂炉烤鸭”等不为外国客人所熟悉，逐字翻译，外国读者肯定不明白其中的意思。另外，中国人称富裕的地方为“鱼米之乡”。在翻译的时候如果用“ a land of fish and rice”外国客人肯定不知所云，但如果译成“ a land flows with milk and honey”就非常明了，他们也能懂。所以适当的用意译法能更有效的实现原文的交际功能。

（3）删减法。英语翻译中的删减是指适度的缩减原文，使得译文变得简洁。一般来说，删减法主要包括删除一些重复的话语、行话、术语、诗歌、高调的话语和华丽的辞藻。比如说，考虑到中国文化中的特殊的历史时期不会为国外读者所接受，在译文中译者对有关中国独特政治生活的文字可以做简略化处理等。还有对于文中的比喻、拟人之类的修辞手法外国人也不容易读懂，因此，也应用删减法，使译文变得简洁、易理解。

例如，张家界山的形状千姿百态；有的似猛兽，有点像剑戟，有的像窈窕淑女，有的像关西大汉。译为：Various shapes can be discerned in its peaks of animals swords and humans. 文中像“窈窕淑女”，“关西大汉”这样的具中国文化的内容则直接用了 humans，易于让国外读者接受。

（4）增译法。英语翻译中的增译法是指根据英汉两种语言不同的思维方式、语言习惯和表达方式，在翻译时增添一些词、短句或句子，以便更准确地表达出原文所包含的意义。这种方式多半用在汉译英里。汉语无主句较多，而英语句子一般都要有主语，所以在翻译汉语无主句的时候，除了少数可用英语无主句、被动语态或“ There be…”结构来翻译以外，一般都要根据语境补出主语，使句子完整。另外，有些时候增添一些解释性的词语，可以把意思更加完整明白地表达出来。

例如，“天上彩虹，人间长虹。”这是长虹电视机的广告。翻译为：Let the rainbow in the sky：Send his twin brother to you to keep your spirit high. 译文在翻译时用了增译法，采用了修辞格，运用了拟人和比喻手法，把“长虹电视机”比作“天上彩虹”，并比作两兄弟，彩虹是被世界每一个人所期望看到的审美景观，通过 To keep your spirit high 的增补，极大地刺激译文接受者的好奇心，给人留下很深的印象，同时刺激购买欲望。

（二）关联理论

1. 关联理论对翻译活动的指导意义

关联理论的提出者斯波博和威尔森在《关联性：交际与认知》一书中指出：言语际的过程，实际上是在相同语境下“明示—推理”的过程，即说话人在其话语表达中设置“明示”刺激，而听话人根据所提供的“明示”刺激努力寻找关联，在相关认知语境下领会其信息意图和交际意图完成“推理”过程。

2. 关联理论视角下大学英语翻译教学的策略

关联理论视角下的大学英语翻译教学，必须打破传统词汇教学、语法教学的禁锢，拓宽学生的思路，明确学生在两轮“明示—推理”活动中的双重责任。大学英语教师应提高学生的“解码”能力，使学生从更多的角度理解翻译行为。教师在大学英语翻译教学中，可从以下几个方面对学生的翻译实践活动加以引导。

（1）对语境的关注

在翻译活动中，学生需要自发自动地对原作者的明示进行推理，这一活动过程实际上是根据语境条件对目标话语的一种语用加工过程。而当交际对象、环境等语境因素不同时，同一编码意义的话语将会产生不同的关联性意义。关联理论的语境观，不仅包含静态因素，如周围环境、任务关系等，而且包含动态因素，如说话人的心理变化等，它能为译者提供较充分的翻译依据，也会对翻译结果造成直接的影响。

（2）对词义的关注

以威尔森为代表的认知语用学派提出，交际中词汇所传递的信息，未必是其自身编码含义。被词汇所编码的概念，在实际交际中可能被扩充或缩减以满足交际目的。英语中每一个词汇都具有某特定语言属性，而由于语境不同，词汇经常超越其归属范畴产生新的含义。因此，所谓的交际词义，是指译者在语境中根据词汇的编码含义进行语用推理后产生的新含义。在大学英语翻译教学中较为常见的词性活用、双关都属于这一类型。因此，大学英语教师应在教学中着重指出词汇的显性意义和蕴含意义的关系，从而培养学生活学活用、随机应变的翻译技能。如某大学英语教材中有这样一段话：“ Life becomes enjoyable not just by handing in assignments on time and shivering on the edge of life.” 句中 shiver 的显性意义为“颤抖”，而在此句中，该解释并不符合原作者的表达意图。因此，译者需根据该词汇的显性意义合理推理其蕴含意义。根据对语境和该词汇编码含义的分析，译者可以发现本句中的隐喻（将人生看作泳池）并得出结论，“shiver” 应被译为 “犹豫不决” 或 “畏缩不前”。

（3）对文化的关注

语言是文化的载体，不同文化背景的语言间必然存在差距。因此，翻译过程也是两种不同文化互相转换的过程，一旦忽略了文化因素的影响，极有可能造成对原作者说话意图的理解产生偏差。如将谚语 “ Love me，love my dog” 直译为中文 “爱我就爱我的狗”，不符合目标语文化，容易引起误解。而根据关联理论，译者将其翻译为“爱屋及乌”，虽然语言的显性意义变化较大，但蕴含意义却与原作者意图更加契合。在大学英语翻译教学中，教师需要引导学生从不同的文化视角来进行推理活动，从而更好地表达原作者的交际意图。

（三）释意理论

1. 什么是释意理论

释意理论由法国释意派理论创始人塞莱斯科维奇于1975年出版的论文《言语、语言和记忆——交传翻译的笔记研究》和勒代雷于1981年出版的《同声传译——理论与实践》作为标志，释意理论学派由此诞生。此后，释意理论在曲折中发展进步，逐渐被广泛应用于口笔译、应用文翻译、法律翻译、科技翻译、文学作品翻译中，话剧、电影剧本、字幕、广告等领域有时也会应用释意理论进行语言翻译。

勒代雷在1994年出版的《现代翻译——释意模式》一书中，对有关释意理论争议的核心问题作出介绍及分析，对释意理论在促进翻译理论及翻译实践的发展中所获成就作出充分肯定，是一篇较为客观、全面的有关释意理论的综述作品，该作品对释意理论翻译模式的发展产生了重大影响。和主流翻译学派不同，释意学派不单单只关注语言方面的问题，更为关注的是译者在翻译中的地位以及作用对译者在翻译过程中的思维过程较为重视。实际上，任何事物都是作为过程存在的，翻译也是如此。在翻译的过程中，译者始终都处于“语言—思维”“思维—语言”的心智活动中，大脑一直保持在对作品原文的概念意义、形象意义以及逻辑关系进行分析梳理的状态下，同时在译入语当中寻找相应的词语和句式，以期对原文的意义作出准确的传递，这两种思维活动是双向的，也是循环往复的，一直到最终成形译文。从某种意义上来讲，翻译研究工作若是离开了对语言的分析，也就失去了研究的对象，若没有对翻译思维进行探讨，也便没有抓住翻译工作的本质；所以，要使翻译理论或技巧具有可操作性，就必须要对译者在翻译过程中的思维过程予以足够的关注。释意学派通常这样认为：翻译并非是从源语到目的语的单向解码过程，而是理解思想和重新表达思想的动态过程，是译者通过语言符号及自己的认知来对原文的意思作出自己的理解和解释，译者需要追求的是与原文意思或效果的对等，而并非语言单位的相同。释意理论较为注重对原语（source language）和译入语（target language）之间“意义对等”的建立，而非“词语对应”。意义对等和词语对应的区别主要就在于“词语的对等在语言间建立，而意义的对等建立在篇章间，即建立在字词、音义段、固定的语法或表达式间”。译者对于原文要遵守“做到字字了解，但无字字译出”的原则，译者需要忠于原文文字所组成的语意，而并非文字本身。译者的经验就是对释意理论核心思想的最好注解。释意派理论的翻译程序一般是：理解原文，然后脱离原语的语言外壳，最后通过译入语对已经理解了的原语内容及情感作出自己的表达。

2. 释意理论在大学英语翻译教学中的应用

（1）帮助学生通过语言符号和自我认知来解释原文意思

释意学派对于原文的理解一般认为是：译者通过语言符号和自己的认知补充来对原文意思作出的一种解释；对言语的理解应主要包括对篇章意义、信息、作者想表达的意思和信息输出者对原文情感的理解与领悟。所以，在大学英语翻译教学的过程中，教师要引导学生对篇章的结构意义（包括词义、句型以及文章的文体风格）作出充分理解，把握作者的真实意图和情感，通过影视资料或文字材料帮助学生了解一定的文化背景知识，从而增强学生通过语言符号和自己的认知补充对原文意思的解释能力。例如小仲马在《茶花女》中对玛格丽特有这样一段经典描写："Upon an oval of indescribable loveliness, place two dark eyes beneath brows so cleanly arched that they might have been painted on." 在翻译成汉语时就翻译成"在一张流露着难以描绘其风韵的鹅蛋脸上，嵌着两只乌黑的大眼睛，上面两道弯弯细长的眉毛，纯净得犹如人工画就的一般"。

从这里就可以看出，释意理论在英语翻译中的美化加工，译者经过对原文情感的理解和领悟，将原作作者要表达出的语意、情感，通过自己的认知理解，将原文的精髓表达出来，同时加以释意理论的理解，而并非字字译出，给文章增添了更多的文学气息，忠于原著风格。再比如当学生阅读到一些著名人物传记等作品时，若直接阅读往往会有很多学生不知所措，这时就需要通过引导学生了解相关影视资料或文字材料等信息，来对当时的社会背景及历史时期进行初步的了解。例如在对《 A Long Walk to Freedom(曼德拉传)》进行阅读后翻译时，教师就可以通过播放相关电影或纪实视频，帮助学生了解一代黑人领袖曼德拉当时所处的社会背景，所作出的卓越功绩等信息，让学生有情感上的认识，这样会比对单纯文字资料的了解程度更为深刻和具体。当然，其他人物传记等相关资料也是如此，通过使学生了解该人物所处的历史时期、社会背景、人生遭遇等信息，让学生对作品内容能有更生动的理解，从而更好地学习，达到教育目的。

（2）运用"释意"打破学生"词对词"的思维定式

塞莱斯科维奇提出"脱离语言外壳"概念：语言的语音、字词及句子开始逐渐淡化并消失，意义以意识的状态出现……"脱离语言外壳"使语意在原语和译入语之间适当转换，这是英语进行释意翻译的理想状态；然而在翻译实践中，大学生的"顽症"——逐字对译（word-for-word）翻译方式着实让教师头痛不已。究其原因就是由于学生的思维在构成原语的"只字片语"上过于集中，把语言的意义看作了字词单纯的组合拼凑，将翻译当作机械的拆词和拼词过程，从而忽略了语言的内在含义。他们并没有意识到正是语言的内在含义，即原语当中被理解后的情感与内容对译者在译出语当中的选词及表达形式上起到了决定作用。因此，教师要着重培养学生把关注的重点从"只字片语"上转移到整句、整段、甚至整篇上面，从句子或篇章整体入手对语言的内在含义进行把握，而不总是纠缠于对篇章语言只字片语的理解。

例如在一次日常练习时，当教师说到“ a lucky dog”时，不少学生便闹出了笑话，单纯的逐字对译“word-for-word”，直译成了“一只幸运的小狗”，几乎没有学生会联系文章的前后语句和语境，进而联想到“幸运儿”这一词语上。这正反映出了学生惯有的逐字对译“word-for-word”汉译英翻译的思维定式，这就需要教师在日常学习中培养学生结合语境分析语意的能力，变通僵硬思维，使思维变得活跃起来，从而更好地服务于理解和翻译。在现实翻译实践中，不少学生不敢大胆尝试，只局限于对词语的理解，而不敢在语境中展开联想，这是当代大学生英语学习中的通病，对文章的翻译不懂得变通，致使在其面对大篇幅的文章和一些生僻的词语时不知从何着手进行翻译。这时就需要教师对学生给予多一些的鼓励，鼓励学生大胆联系，充分发挥联想能力，引导学生学会结合文章上下文内容及语境因素等其他相关条件，对文章作出深一步的理解。

（3）注重训练学生在翻译中思维的程序化

勒代雷指出：释意理论是有关“翻译程序的基本理论”。根据对释意理论的理解，可以将翻译过程分解成以下步骤：首先，学生对需要翻译的原文进行阅读并理解，根据自己对原语的语言知识和文化知识的了解，完成对原文文本要素（单词、词组、句子等）的分析与理解，有意识地做一些于文章原意无损的释意性变通；其次，引导学生通过联想和想象，比照他们在译入语的学习实践中已得到的、早已储存的相关知识与经验，确定译入语当中的哪些形式是能够被直接用来构建译文的，哪些则是需要经过变通才可以使用的；最后，按照译入语的行文习惯进行综合整理，从而产生译文。

简而言之，就是根据释意理论在英语翻译教学中的程序化翻译训练过程，例如汉译英翻译程序可以用“Ca → Cb → Ea → Eb(其中 C 表示汉语，E 表示英语)”表示出来，英译汉可以用“Ea → Eb → Ca → Cb”表示出来。这样的程序化翻译过程经实践表明，可以有效减少对于原语的错误理解，提高了译文的准确性。

释意理论的翻译程序一般分为三个步骤：一是理解原文，二是脱离原语语言形式，三是用译语表达出理解了的原语内容及情感。三个步骤有机结合，从而完成整个翻译行为。释意理论着重阐明翻译过程中所需遵循的这种思维过程，认为这思维过程使得语际间的翻译成为可能。

二、改进大学英语翻译教学现状的策略

（一）从源头提升大学英语教师的翻译素养

当前高校很多英语教师的翻译水平还不能满足现在翻译教学的需求，因此教师首先必须从翻译理论及时间方面加强学习；同时在英语翻译中应不断的积极探索，形成自己独特的翻译教学理论，以此为学生的英语翻译学习做好榜样。和学生一起共同学习、共同进步。只有教师牢固的掌握了英语翻译的技巧和理论，才有可能为学生讲解的透彻明白。

（二）组织编撰新型教材

在条件允许的情况下，可以成立相应的研发小组，编撰相应专业以及能够适应当代大学生综合素质提升的英语翻译教材，编撰过程还必须充分考虑教材的难易程度，以及教材自身的系统性，教材必须与翻译理论基础知识、翻译技能训练相互融合。只有在有针对性的教材下才能培养出适合当代社会发展需求的高素质人才，只有在有高度针对性的教材帮助下，大学生们的翻译训练才能做到更加精细化、更具针对性，才能在翻译过程充分发挥他们应有的优势。

如果条件不够允许，也可以将已有的教材作为学习的基础，同时根据学校自身情况进行相应的改革，以此来满足英语翻译教学的基本需要。可喜的是，近年来，国内中小学外语教学的改革力度很大，同时也收到了很好的效果，这使得大学新生的英语水平整体处于一个不错的阶段。一方面是大学新生英语水平的不断提高，方面是与此成反比的四个学期的基础英语课程，这种反差很容易导致本来英语底子不错的大学新生，对英语学生失去了兴趣和动力。因此必须有针对性地对英语教材进行改革，以此来适应新时期英语教学的形势需求。

除此之外，改善传统的知识检查方式，增加翻译检测内容。教师可从平时的实际教学中增加英语翻译的基础训练，自行测试时，也可增加翻译的数量，让学生最大程度的多于翻译练习，以此来有效提升学生英语翻译的重视程度及水平。

（三）充分了解中西文化的语言文化背景差异

文化作为翻译的基础，在翻译教学中，可通过对原文和译文的深入比较，来加深学生对英汉文化差异的了解。同时通过一些典型例句的学习，还可充分了解两种语言的文化渊源，从而在以后的翻译中能够从宏观上进行整体把握。这样一来，翻译实践过程中，就可以实现不但知其然，而且知其所以然。

然而翻译能力的培养是一个系统复杂的过程，除了国家相应对策的支持外，同时还需要教师充分的给学生营造相应的翻译语境，让学生认识到翻译的重要性；传授给学生翻译的技巧和方法，以此来满足当今社会对复合型人才的需求。

三、大学英语翻译教学方法探究

大学教师应根据我国学生的国情和所教学生的学情筛选出有利于学生翻译学习的教学方法，并把多种翻译教学方法灵活地运用于课堂上，切实提高学生的翻译水平。下面整理几种常用的翻译教学法。

（一）图式教学法

所谓图式教学法，就是运用图式理论，激活学生的背景知识，然后，在大脑中形成不同的模式。图式是一些知识的片断，是大脑对过去经验积极组织，学习者将储存的信息对新信息起作用的过程。也就是说学习者如何将这些新信息融进原储存的知识库中就是图式的过程。如果面对的新信息在大脑中没有现存的类似图式，就会对所学知识的理解产生消极影响。

英语教师在教学过程中，要在传授新知识的同时，激活学生头脑中已经储存的知识结构，使新信息更容易被理解和吸收并融合到已有的图式中，从而能正确地理解所学的新知识。因此，我们将“图式”引入翻译教学方法的研究之中，利用背景知识去激活相应的内容或形式图式，以求得对原文的正确理解。教师有必要在练习之前介绍翻译目标语篇的体裁、句式结构，以及语篇结构，尤其注意背景知识的提供。翻译时，如缺乏背景知识或不能恰当地运用背景知识，就不能成功地激活图式。只有这样，才能训练学生杜绝逐字死抠，把握鸿篇全局的翻译习惯。教师也可以根据课堂需要给学生提供一些图式，这些图式只有被激活才能正确理解语言，然后根据这些材料进行翻译。

（二）推理教学法

推理教学法源于人类的基本思维形式，即由已知判断推出未知判断。推理教学法应用到教学过程中，主要指的是教师在教学中引导学生从已知现象推出未知现象或本质。

进行英语翻译时，有些文本需借助合理的推理才能更好地理解它，涉及的思维活动包括分析、综合、演绎、归纳等。翻译时学习者在看到文本内容后，教师要引导学生根据现有的知识和经验作出推理，把文本中的所有内容都联系起来，这样学生更容易充分理解每个句子。翻译时采用推理教学法可以增加信息的容量，把握事物之间的联系，促进对语言的理解。学生对某一语言的掌握，总要经过日积月累，从一些旧结论推出新结论，从而形成完整的知识框架。教师要在课堂中给学生教授一些推理的技巧和方法，可以从作者的暗示或者联系上下文进行推理，或者利用文本中的解释和定义对某些词句进行推理等，以使英文翻译能够顺利进行。

（三）猜词教学法

学生的概念能力是指一种洞察复杂环境程度的能力和减少这种复杂性的能力。具体地说，概念技能包括理解事物的相互关联性，从而找出关键影响因素的能力，确定和协调各方面关系的能力以及权衡不同方案优劣和内在风险的能力，等。

一些学生英语基础较差，词汇量不够，如果对关键词不理解，词句、段落就不能形成概念，这样很容易对内容进行胡乱猜测，所以要指导学生使用猜词策略。

翻译中的猜词策略主要有以下几种：（1）以定义为线索猜测词义。（2）以同义词、近义词为线索猜测词义。（3）以反义词和对比关系为线索猜测词义。（4）以列举的句子为线索猜测词义。（5）以重述为线索猜测词义。（6）以因果关系为线索猜测词义。（7）以生词所在的前后文提供的解释或说明为线索猜测词义。（8）根据普通常识、生活经验和逻辑推理推测生词词义。

（四）语境教学法

语境教学法就是通过创设具体的语言环境来导出或解释新的英语单词的一种教学方

法。运用情景教学法主要可从如下几方面入手。

1. 创设情景来呈现词汇。在英语教学中，我们也可以把情景理解为语境。在我国，学生们缺少英语学习的语境，而英语水平的提高需要学生在一个轻松、自在的接近母语环境中进行长期的练习，而教学所要做的就是尽可能地为学生提供这种接近母语的语境。

2. 通过阅读呈现词汇。词汇是阅读的基础，在听、说、读、写四种语言技能中，词汇与阅读的关系最密切。因此，高校英语教师应该教会学生在日常阅读中积累词汇，让学生们在阅读英文时就像平时阅读中文那样，会不自觉地去学习一些新的词汇一样，比如非典、申奥等。再一点就是在欣赏内容、欣赏文字的同时，去培养一种语言的感觉，就像我们平时不怎么费脑子就脱口说中文一样。

第 3 节　多元文化视角下的大学英语翻译教学

一、英汉翻译中的文化差异

文化是一个复杂的整体，其中包括知识、信仰、艺术、道德、法律、风俗、宗教以及人作为社会成员中的一分子所获得的任何技巧与习惯。它是人类后天习得的，并会一代一代传承下去。正是文化的这一特点使得不同地区、不同国度的人们在后天的习得过程中，由于地域、气候、群体组织形式和整个所属生态环境的不同而引起人们在价值观、人生观、道德观、思维方式、宗教信仰、风俗习惯等方面产生了大差异，即文化差异。而文化差异在两种语言中所造成的理解障碍，往往比语言障碍本身更严重。因此要在两种语言之间进行翻译，除了知晓两种语言之外，还必须深刻理解两种文化之间的异同点。

（一）地理位置的迥异对文化差异形成的影响

我国位于北半球，亚洲大陆的东南部，东临太平洋，西北深入亚洲大陆。全国约有90% 的土地处于温带和亚热带，气候具有鲜明的大陆性季风气候特点。而英国地处西半球，北温带，气候则是海洋性气候。这一巨大差异决定了每年给英国人带来春天信息的是西风。所以对于英国人来说，西风是温馨的，雪莱的《西风颂》正是对春天的讴歌。而中国文化中，西风则不免给人萧瑟、悲凉、让人伤怀之意："昨夜西风凋碧树，独上高楼，望尽天涯路。"（《蝶恋花》晏殊）而与之相反，在中国东风是春天的象征："等闲识得东风面，万紫千红总是春。"（《春日》朱熹）故人们总是将"东风"视为吉祥之兆，古语道："万事俱备，只欠东风。"

在中国，自古朝至今，南面为王，北面为朝，南尊北卑的传统认识一直盛行，人们常把"南"的方位放在前面，如"南来北往""从南到北"等，而英美人理解汉语中的"从南到北"则用"from north to south"来表达，"北面的房间"在英语中则说成" a room with a southern exposure"。又比如，在方向性的表达中，"东南、西南、东北、西北"在英语表达中与中文表达正好相反" southeast、southwest、northeast、northwest"。

（二）习俗文化差异

习俗文化指的则是贯穿于日常社会生活和交际活动中由民族的风俗习惯形成的文化。例如，在中国结婚时喜庆的事情，新娘总是喜欢穿大红色的衣服，因此红色在中国习俗中是吉祥、如意、喜庆的意思。而在西方，婚礼上新娘往往穿着白色婚纱，白色在西方表示圣洁无瑕，而在中国只有家中有人故去才会披麻戴孝，身穿白衣。又如在中国人尽皆知的传统京剧中，画上白脸的人物，往往是为了表明他是个奸佞的小人，而英语中“ a very white man”则表示的是非常忠实可靠的人。英汉习俗的差异另外比较典型例子是对狗、猫的认识。在中国，狗往往使人联想到低级的、龌龊的东西，因此与狗有关的习语大都含有贬义，如狐朋狗友、狗改不了吃屎、狗仗人势、狼心狗肺等。在西方英语国家，狗则被认为是人类最好的朋友。英语中有关狗的习语大部分都没有贬义，如“ help a lame dog over a stile”（雪中送炭），“top dog”（最重要的人），“luck dog”（幸运儿），等。与此相反，中国人十分喜欢猫，认为猫可爱、温顺，用“馋猫”比喻嘴馋，常有亲昵、撒娇的意味，而在西方文化中，猫是魔鬼的化身。因而“ The women is a cat”的真正含义是“她是一个居心叵测的女人”。鲁迅笔下曾赞美“俯首甘为孺子牛”，这正说明了中国人对于牛的感情和态度。“老黄牛”是中国人心目中憨厚、老实、勤恳的代名词，而与我国大部分农耕都靠牛不同西方都靠马，所以外国人对马情有独钟。他们觉得马是吃苦耐劳能为他们带来收成的保证，故他们将“力大如牛”翻译成“ as strong as horse”。

（三）宗教文化差异

不同民族在崇拜和禁忌方面表现出来的不同体现了人类文化中极为重要的部分——宗教文化。对中国影响深远的三大宗教是儒教、道教和佛教。道教中的玉皇大帝，佛教里的菩萨，在欧美文化中都是不存在的。而在西方，基督教认为是上帝创造了世界，并且世界上所有的事物都是按上帝的意愿安排的。对于中西宗教文化方面存在的差异，在翻译时尤其要注意，这种误解往往会造成重大的理解偏差和不当，严重者会伤害宗教者的感情。例如《红楼梦》中刘姥姥说的“谋事在人成事在天。”有人把这句话译为“ Man proposes，God disposes.”似乎神形兼备，但译文却使信奉佛教的刘姥姥有着改变宗教信仰之嫌了。于是，可以看出该翻译中的“天”与“God”并不能完全互换。如果用“ Heaven”来代替“God”或许能更减小这种差异。

（四）历史文化的差异

对历史典故的误解和费解往往是由于对这个国家和民族历史文化的不了解而产生的，要进行恰当的翻译，首先应了解它们的历史背景。例如：“八仙过海，各显神通”译为：“Like the Eight Immortals crossing the sea，each showing his powers.”并在后面注明：“the Eight Immortals：the eight immortals of Taoism in Chinese folk lore.”又如，“东施效颦”这一成语典故，在中国几乎是家喻户晓，但对于对中国文化知之甚少的外国人来说，光从字面翻译中是无法了解其文化内涵的，故将其翻译成“ Tang Shih imitates Hsi Shih.”还要在后面注明：“ Hsi shih was a famous beauty in the ancient kingdom of Yue.Tang Shih was an ugly girl who tried to imitate her way.”。

（五）思维方式的差异

不同的思维角度决定了语言的不同表达方式和风格。汉语的思维模式是因果循环式，而西方人的思维方向是线性单方向。例如：在中国，很多人认为两个人结为夫妻是前世有缘，所以今生才相聚。而在西方，结婚只是两个人相爱的延续，不存在原因和结果。在中国，传统文化一向崇尚“以人为本”。《孝经》中提到“天地之性人为贵”，荀子也强调：“人有气、有生、有知，亦且有义，故最为天下贵也。”这种将人置于自然之上又融于自然的文化观念，潜移默化地影响了汉语言。所以，汉语习惯以动作的执行者作为句子的主语，而英语则常把陈述的重点放在行为、动作的结果或承受者上，并以此作为句子的主语，所以英语中的被动语态要比汉语使用的频繁得多。如：

English has been studied for 3 years off and on at the spare time school.

我们已经在夜校里断断续续地学了三年英语了。

Plastic bags full of rubbish have been piled in streets.

人们把装满垃圾的塑料袋子堆放在街上。

在这些句子中，英语的表达都是以动作的承受者为主语，句型为被动语态而翻译成汉语则应遵守汉语习惯，以动作的执行者为主语，使用主动语态。这种现象正好印证了中国“以人为本”的思维模式。在英汉语言的翻译中，明白此思维模式的不同，就可以使译文地道而又自然。中西思维方式的不同还体现在表达方式上，英语民族重直线思维，在表达思想时直截了当，要点放在句首说出，再补进次要内容。而汉民族重曲线思维，习惯于从侧面说明、阐述外围的环境，最后点出中心。在语言表达上表现为英语句式结构多为前重心，头短尾长。 Research had been centered on the improvement of natural building materials before synthetics were created. 而汉语句式结构多后重心，头大尾小。同样这句，汉语则说合成材料造出之前，研究工作集中在改进天然建筑材料上。

综上所述，两种语言之间的翻译不仅是两种语言传递互换，更是两种文化的碰撞。作为语言工作者，除了要熟练掌握两国语言文字，还必须对两种文化有深入的研究和理解，这样才能使翻译工作不仅仅停留在字面上，更提高到文化意义层面，使翻译在语言上更精准，在文化上更贴切。

二、文化差异对翻译带来的影响

翻译不仅是一种语言间的活动，更是一种文化之间的信息交流活动。某种程度上来看，译者对英汉文化差异的正确解读对翻译的成败起着至关重要的作用。概括来说，文化差异对翻译的影响主要体现为以下两个方面。

（一）翻译空缺

翻译空缺就是指任何语言间或语言内的交际都不可能完全准确、对等。更何况，英汉语言分属不同的语系，翻译的空缺现象在英汉语言交际中表现得尤为明显，给翻译的顺利进行带来了障碍。在英汉翻译教学中，教师应该提醒学生注意这现象：英汉翻译中常见的空缺有词汇空缺和语义空缺两大类。

1. 英汉词汇空缺

尽管不同语言之间存在一定的共性，但同时也存在各自的特性。这些特性渗透到词汇上，就会造成不同语言之间概念表达的不对应。这和译者所处的地理位置、自然环境，所习惯的生活方式、社会生活等相关。

有些词汇空缺是因生活环境的不同而产生的。例如，中国是农业大国，大米是中国南方主要的粮食，所以汉语对不同生长阶段的大米有不同的称呼，如长在田里的叫“水稻”，脱粒的叫“大米”，而煮熟的叫“米饭”。相反，在英美国家，不论是“水稻”“大米”还是“米饭”都叫 rice。

语言是不断变化发展的，随着历史的前进、科技的进步，新词汇层出不穷。例如，1957 年 10 月第一颗人造地球卫星发射成功后就出现了 sputnik 一词，而该词随即也在世界各国的语言中出现了词汇空缺。再如，1967 年 7 月，当美国宇航员登上月球后，英语中首次出现了 moon craft（月球飞船），moon bounce（月球弹跳），lunar soil（月壤），lunar dust（月尘）等词，这也一度成为各国语言的词汇空缺。

因此，教师在英汉翻译教学中要特别注重词汇空缺现象的渗透，要求学生认真揣摩由词汇空缺带来的文化冲突，指引其采用灵活的翻译方法化解矛盾，翻译出优秀的文章。

2. 英汉语义空缺

英汉语义空缺是指不同语言中表达同一概念的词语虽然看起来字面含义相同，但实际上却存在不同的文化内涵。以英汉语言中的色彩词为例，它们在大多数情况下都具有相同的意义，但在某些场合，表达相同颜色的英汉色彩词却被赋予了不同含义。

因此，教师在日常的翻译教学中要不断引起学生对语义空缺现象的注意，遇到空缺时尽量寻求深层语义的对应，而不是词语表面的对应。

需要说明的是，语义空缺还表现在语义涵盖面的不重合，即在不同语言中，表达同一概念的词语可能因为语言发出者、语言场合等的不同而产生不同的含义。例如，英语中 flower 除了作名词表示“花朵”以外，还可以作动词表示“开花”“用花装饰”“旺盛”等含义，而这种用法是汉语中的“花”所没有的。相应地，汉语中的“花”作动词时常表示“花钱”“花费”等含义，这也是英语中的 flower 所没有的。可见，英语中的 flower 和汉语中的“花”表达的基本语义虽然相同，但在具体使用中，二者差别极大。因此，教师应引导学生注意词语在语言交际中产生的实际语义，从而在翻译时实现语义空缺的弥合。

（二）文化误译

文化误译是由文化误读引起的，是指在本土文化的影响下，习惯性地按自己熟悉的文化来理解其他文化。文化误译是中国学生在英汉翻译中经常出现的问题。例如：

It was a Friday morning，the landlady was cleaning the stairs.

误译：那是一个周五的早晨，女地主正在扫楼梯。

正译：那是一个周五的早晨，女房东正在扫楼梯。

英美国家有将自己的空房间租给他人的习惯，并且会提供打扫卫生的服务。房屋的男主人被称为 landlord，房屋的女主人被叫成 landlady。所以该例中的 landlady 应译为“女房东”，而不是“女地主”。

John can be relied on；he eats no fish and plays the games.

误译：约翰为人可靠，一向不吃鱼，常玩游戏。

正译：约翰为人可靠，既忠诚又守规矩。

该例中的 to eat no fish 与 to play the game 的字面意思为“不吃鱼，经常玩游戏”，但在这句话中显然是讲不通的。实际上，这两个短语都有其特定的含义。英国女王伊丽莎白一世规定了英国国教的教义和仪式，部分支持此举的教徒便不再遵循罗马天主教周五必定吃鱼的规定，于是“不吃鱼”（eat no fish）的教徒就被认为是“忠诚的人”。而玩游戏的时候总是需要遵守一定的规则，因此 play the game 也意味着必须守规矩（follow principles）。不了解这些文化背景，想要正确翻译是不可能的。

可见，在英汉翻译教学中，教师应引导学生不断地扩充英语文化背景知识，要求学生在英汉翻译时根据具体语境，并结合文化背景，准确地理解原文的含义，然后选择恰当的翻译技巧进行翻译，切忌望文生义。

三、多元文化对英语翻译教学的启示

（一）多元文化意识的培养

1. 重视不同文化背景知识的传授

当前的英语翻译教学中，教师如果只从词汇、语法、句法等字面层次来教授翻译内容，忽视从文化差异方面进行分析和判断，往往会导致学生学习翻译效果不佳，尤其是对中西语言文化差异的问题还会出现误解和误译。

例如在翻译“I got a photo from Jack with his John Hancock behind as a token of our friendship.”时，学生可能不假思索地翻译为“杰克送了我一张背面写有约翰·汉考克的照片作为我们友谊的信物”。实际上，学生的误译在于他们对 John Hancock 这个人名的历史文化背景不了解。John Hancock 是美国独立战争时期的一位领袖人物，他在《独立宣言》上第一个签下了自己的名字。为了表明自己反对英王统治和建立一个独立国家的政治立场，他的签名粗大醒目，比宣言的主要起草人 Jefferson 和 Franklin 等人的签名大两倍还多。由于他是《独立宣言》的第一个签名者，而且签名又独具特色，后人便用他的大名

John Hancock 作为“亲笔签名”的代称。因此，这句话的正确译文应为：“杰克送了我一张背面有他亲手签名的照片作为我们友谊的信物”。

又如美国《时代周刊》曾把尼克松访华说成是“Nixon’s Odyssey to China”，其中“Odyssey”原为古希腊诗人荷马的一部英雄史诗，描写英雄奥德赛在率领希腊联军攻陷古城特洛伊之后所经历的一段漫长而艰辛的归程。源于这个故事，在英语中“Odyssey”成为漫长历程后最终取得成功的意思。在这里用来比喻中美关系正常化所经历的一段漫长过程，不能不说意味深长。但是，如果学生不了解奥德赛的故事，就难以翻译出“Nixon’s Odyssey to China”的真正意思。因此，教师在教学中必须多引入不同社会文化背景知识的传授，加强自身文化修养，引导学生培养文化的敏感度。

2. 进行不同文化差异对比

在英语翻译教学中，除了加强对其他国家文化背景知识的传授外，还可以采取通过对不同国家之间文化差异的对比来提高学生的多元文化意识培养。例如在翻译“这位小姐，德行温良，才貌出众，鲁老先生和夫人因无子息，爱如掌上明珠”时，可以翻译为“I know the young lady，and she is virtuous，gentle and beautiful.Because Mr.and Mrs.Lu have no son，they treat her like the apple of their eye.”

“like the apple of one’s eye”来自《圣经》。古时候人们注意到眼睛的瞳孔像苹果，便把瞳孔称为 apple of the eye，由于它是人身上宝贵的东西，所以英语用它来指代珍贵或宠爱的人或物，与汉语“掌上明珠”的含义类似。虽然“ apple”与“明珠”形象不同，但英语读者对“ the apple of one’s eye”非常熟悉，所以翻译时应充分了解不同语境中的文化差异，通过对比教学来增强学生多元文化的意识。

3. 进一步加强本国语和文化的学习

英语翻译教学的一个重要目的，是促进对外交流的平衡发展，学生能对本国优秀的文化通过翻译介绍给外国人，同时还能对外国的文化和事物，用准确的表达介绍给国人。比如在旅游英语翻译中，旅游景点的介绍经常涉及中国的历史、地理、宗教信仰以及民族风情等各个方面，这就要求译者具有丰富的文化背景知识，对翻译中涉及的中国传统文化元素能够准确适当地传达给受众，让外国游客领会旅游景点的文化内涵，同时也向外国游客传播了中国的文化。因此，在英语翻译教学中，教师应鼓励学生加强汉语表达能力，增强中华文明的学习和认知，进一步培养学生对本国文化的认同感和自豪感。

（二）注重翻译中的跨文化意识

如今，随着文化全球化的深入，使以前无法翻译的文本都能流畅通顺地译从翻译技巧角度看，倘若翻译者能够挖掘某些语句的文化内涵而不是逐字翻译，便能从整体上握原文要义，译文文本能使读者一目了然。

1. 表达意义的融合

语言中存在不同的意象。然而，面对同一个意象，来自不同文化的人们观点未必一致。比如，汉语可能会用“鼠”作为喻体形容胆小的人，正如成语“胆小如鼠”一样。在英语中，同样形容胆小的喻体却是“ chicken(鸡)”或“hare(野兔)”，因而他们会用“chicken- hearted”或“as timid as a hare”形容胆小懦弱的人。

这一点可以通过许多例子证明。同样的意思在不同文化中会用不同意象表达。在翻译中，有时就需要通过意译而不是直译表达。

2. 文化渗透和语言适应

随着政治、经济、社会和人类生活的发展，文化渗透现象已经普遍存在，并对语言的语法、句子结构和语篇构成产生了深远影响。正如语言适应理论所述，语言应用的过程就是持续选择的过程，在此期间，语言的应用必须适应沟通交流的社会语境。要适应语境，则须考虑多方面因素，主要包括心理素质、社会情境和物质世界状况等。

（三）积极开展网络教学与第二课堂教学

从目前来看，我国的英语翻译教学仍沿用传统的教学策略和教学工具。在科技、经济、生活发生巨大改变的今天，传统的教学策略与工具已经无法更好地提升学生的翻译能力。基于此，教师应积极主动地探索新的翻译教学策略与教学工具并身体力行。

互联网是一种信息技术，是信息传播、整理、分析、搜寻的一种技术，其主要任务是传递信息。互联网中存储海量的信息，且这些信息、资源的更新也非常及时。因此，在翻译教学中教师应充分发挥互联网的优势，将网络作为翻译课堂教学的补充，既可以实现由教师现场指导的实时同步学习，也可以实现在教学计划指导下的非实时自学，还可以实现通过使用电子邮件、网上讨论区、网络通话等手段的小组合作型学习等。

另外，由于翻译课堂时间十分有限，所以教师还应在课下开展一些有益学生增加文化知识、提高翻译水平的活动，如要求学生阅读英文原版书刊、杂志等；观看英文电影、电视，听英文广播，等。

（四）对翻译教育者的启示

跨文化翻译中的错误的出现都有其缘由，也都能为翻译教学提供相应启示。

一方面，英语学习者习惯于逐字翻译。这点似乎很普遍，教育者应运用多种方式增强学习者的跨文化意识。例如，教育者可以有意识地在课堂中增添文化素材，如创设模拟情境等，并采用有效的文化对比策略，培养学习者的跨文化交流能力。

另一方面，无法准确理解英语语言的结构是导致翻译不当的一大原因。因此，教育者有必要引导学习者阅读一些外文文章或外国文学作品等。这样，学习者将会自然而然地习惯于英语的语言结构。

值得注意的是，一些英语学习者缺乏对文化差异的理解也会导致翻译不当。教育者需要引用更多丰富且实用的跨文化素材，使学习者不仅从书中习得翻译知识及技巧，还能够切实行动，从做中学。

参考文献

[1] 胡文仲 . 跨文化交际学概论 [M]. 北京：外语教学与研究出版社，1999.

[2] 朱家科 . 大学英语教学中的文化教学 [M]. 武汉：华中科技大学出版社，2009.

[3] 丁清梅 . 中西方文化背景差异下的翻译研究 [M]. 北京：中国书籍出版社，2014.

[4] 肖婷 . 多元文化与英语教学 [M]. 天津：天津科学技术出版社，2017.

[5] 沈银珍 . 多元文化与当代英语教学 [M]. 杭州：浙江大学出版社，2006.

[6] 周玉忠，瞧秀梅 . 多元文化背景下英语教师教育及教学改革探索 [M]. 阳光出版社，2014.

[7] 郭辉，王永红，张哲华 . 多元文化理念与当代英语教学探索 [M]. 长春：吉林大学出版社，2012.

[8] 苏广才，邹红 . 中西文化差异比较与教学实践 [M]. 郑州：郑州大学出版社，2015.

[9] 古卡连科 . 多元文化教育的理论与实践 [M]. 北京：人民教育出版社，2012.

[10] 余寒丹 . 基于语言、文化差异的英语教学研究 [M]. 北京：中国水利水电出版社，2014.

[11] 李庆本 . 中外文化比较与跨文化交际 [M]. 北京：北京语言大学出版社，2014.

[12] 姚丽，姚烨 . 英汉文化差异下的英语教学探究 [M]. 北京：中国书籍出版社，2014.

[13] 葛瑞红 . 大学英语教学中跨文化交际意识培养分析 [J]. 安徽文学 (下半月)，2016 (6)：145-146.

[14] 刘艳芳 . 应用型本科英语教师文化素养研究 [J]. 桂林师范高等专科学校学报，2018(1)：126-129.

[15] 库博 . 多元文化视阈下英语教学现状及未来发展趋势 [J]. 校园英语（下旬），2018，(8)：133.

[16] 李焱 . 多元文化视角下的大学英语教学 [J]. 校园英语，2015(31)：29.

[17] 冯改 . 大学英语教学模式问题与对策研究 [M]. 北京：中国商务出版社，2017.

[18] 田会轻 . 当前大学英语教学模式反思 [M]. 青岛：中国海洋大学出版社，2017.

[19] 闫洪勇 . 大学英语教学与教师专业发展研究 [M]. 西安：西安交通大学出版社，2017.